KB208942

프로그램을 활용한
원어로 설교 작성하기

헤이스 출판사

헤이스는 문서사역을 통해 하나님 나라 건설에 이바지하며 교회를 섬기는 일에 참여하고자 설립된 출판사입니다. 헤이스는 '하나'란 의미를 가진 헬라어로서 예수님이 우리의 하나 됨을 중보하신 기도를 따라 주님과 온전히 연합하고자 소망하는 마음으로 지은 이름입니다.

개정판

프로그램을 활용한

원어로 설교 작성하기

구 자 수 지음

추천사

강신유 목사

구자수 박사님은 우리 한국교회에 숨은 보석과 같은 분으로, 한국 교계에는 잘 알려져 있지 않지만, 원어 전문가이며 탁월한 원어 설교가이기도 한 목회자이며 학자입니다. 보수와 진보를 떠나서 항상 본문이 말하고자 하는 내용이 무엇인지를 분명하게 드러내는 일에 충실하게 원어를 통해 밝히려고 힘써 오신 분입니다. 늘 많은 시간을 기도와 묵상으로 보내며 연구하는 가운데, 이번에 원어로 설교 작성하기에 관한 '개정판'을 쓰셨는데, 부족한 제가 추천을 하기가 좀 송구하기도 합니다.

그동안에 원어로 설교하기를 어려워하는 목회자들도 이 책을 보시고 책에서 제시하는 방법을 따라 가다 보면, 원어 설교가 그렇게 어려운 일만은 아니라는 사실을 알게 될 것으로 믿어 의심치 않습니다. 원어를 다룬다고 하더라도 학자들에 따라서 얼마든지 본문에서 말하고자 하는 내용과 전혀 다르게 해석할 수도 있습니다. 그러나 구자수 박사님은 첫 책에서 할 수 있는 한, 본문이 말하고자 하는 내용에 쉽게 접근할 방법은 없을까 고민한 흔적이 보이며, 그에 대한 이론을 제시했습니다. 이번에 개정판과 함께 4년 만에 출간하는 2권에서는 원어 프로그램을 활용하여 해석하는 과정을 설명하였으므로, 원어를 잘 모르는 누구라도 이 책들(1, 2권)을 보시면 큰 도움이 될 것으로 확신합니다.

저 자신도 30년이 넘게 목회를 하면서 가장 힘든 부분이 설교를 작성하는 것입니다. 항상 본문이 말하고자 하는 내용이 아니라면 어떻게 하나 하는 두려움이 있습니다. 그래서 본문을 강해하면서도 제가 신뢰할 만한 분들은 어떻게 해석했는가를 확인하기도 합니다. 자기가 해석하는 것이 옳은 것인지 확인을 해본다는 것은 대단히 중요한 문제라고 생각합니다. 이 시대에 이단들이 활개를 치고 있는 것은 기성교회 설교자들에게도 전혀 책임이 없다고 말하기 어려울 것입니다. 본문을 정확하게 해석하고 강해하는 일에 힘을 기울였다면, 아마도 성도들은 좀 더 나은 분별력을 가지게 되었을 것으로 생각되기 때문입니다.

이단들은 자기들이 가장 올바른 진리를 가지고 성경대로 믿는 자들이라고 주장합니다. 문제는 일반 신자들이 분별하지 못하니까 그 말을 믿고 따라가는 데 있습니다. 이때 이런 귀한 책이 나와서 누구라도 쉽고 올바르게 성경을 해석하며, 본문이 말하고자 하는 내용을 원문으로 해석하여 가르친다면, 성도들도 쉽게 이단들의 미혹을 분별하고 물리칠 것으로 확신합니다. 그런 의미에서 보면, 이번에 내놓은 이 '프로그램을 활용한 원어 설교 작성하기'(개정판)야 말로 꼭 필요한 시기에 출판된 것이라고 생각합니다. 구자수 박사님과 오랫동안 교제하면서 느낀 것이 항상 성경이 말하고자 하는 것을 제대로 찾아서 말해야 한다고 하는 확고한 신앙을 소유하고 있다는 것입니다.

아마 이 책을 읽고 따라 하신다면 원어로 설교하는 것은 결코 어려운 일이 아닐 것입니다. 목자에게 유익한 많은 책들이 출판되고 있어도 목회자(설교자)라면 꼭 이 책을 접해 보았으면 합니다. 저는 1권을 읽고 습관적으로 원어 사전을 찾아보는 버릇이 생겼을 정도로 번역이 정확한 뜻인가를 살펴보고 있습니다. 이 다음에 우리가 천국 가서 하나님 앞에 서서 설교를 평가받게 된다고 하더라도 성경이 말하고자 하는 것을 정확하게 말했다면 좀 더 당당해지지 않을까 생각합니다.

더구나 이번에 출판한 책은 컴퓨터를 활용하여 설교를 작성하게 하는 것이므로 컴퓨터를 다루는 법도 배우며, 원어 연구 프로그램을 준비하여 일단 도전해 보시라고 권하고 싶습니다. 각고의 노력으로 또 하나의 자식과 같은 책을 출간하는 구자수 박사님께서 한국교회를 위해 귀한 수고를 하신 것에 감사하며, 한국교회 목회자들에게 이 책을 기쁨으로 추천합니다.

강신유 박사(Ph. D), Major in Practical Theology
평택대학교 피어선 신학대학원(Ph. D)
현, 광주 주원교회 담임 목사
현, 광신대학교 실천 신학 교수
현, 광주 교단협의회 이단 대책 위원장
현, 한국 이단 상담소 협회 광주 상담소 소장

추천사

고영윤 목사

요즘 드는 생각이 한글 성경으로 성경을 연구하고 설교하는 것이, 마치 소경으로 코끼리 다리를 만지는 경우는 아니라고 할지라도, 약시를 가진 사람이 자연을 보는 경우와 같지 않을까 생각한다. 마찬가지로 여러 번역본을 대조하거나 주석을 참고할 경우에도 본인이 옳고 그름을 최종적으로 판단해야 하기 때문에 원어에 대한 이해가 없으면 바른 판단하기가 어렵다. 종교개혁자들이 생각했던 것처럼 ad fontes 즉, 원문으로 돌아가야 한다.

현실적으로 목회자들이 원문으로 돌아가서 성경을 연구하기란 쉽지 않다. 원어로 성경을 연구한다는 것은 과정과 시간이 필요하다. 신학교에서 배운 문법을 가지고 원어 성경을 자유자재로 강독하기란 어려운 일이다. 초급, 중급 문법, 구문연구, 본문 강독의 과정을 거쳐야 한다. 본문 연구 과정에서 기존에 문법을 벗어난 부분들은 고급 문법서를 찾아가면서 연구해야 한다. 그 외에도 신·구약 석의법, 성경 해석학을 익혀야 한다. 시간에 쫓기는 목회자들에게는 실제적으로 불가능한 일이다.

그래서 성경연구 프로그램을 사용하여 성경을 연구하는 경우가 많다. 물론 원어 성경을 가지고 직접 강독하면서 연구하는 것보다는 그 맛과 깊이가 덜 하다. 그러나 성경 프로그램을 통해서라도 원어 성경을 대하는 것은 그렇지 않은 경우보다 훨씬 낫다.

오늘날 성경을 구속사적 관점에서 파악하여 예수 그리스도만을 높이는 설교를 보기가 힘들다. 구속사적 설교는 고사하고 성경 본문이 원래 말하고자 하는 계시를 선포하지 아니하고, 성경을 자의적으로 해석하여 자기 목소리를 내는 설교가 대부분이다. 오늘날 설교는 청중이 듣고 감동 감화를 받도록 듣기 좋은 소리를 하는 연설인 경우가 대부분이다. 성령께서 그 당시 청중들에게 계시한 원래 목적을 파악하여 오늘날 현대 청중들에게 맞게 선포하는 것이 설교이다.

바른 복음 선포를 위해서는 단어 연구, 문맥 분석, 더 나아가 정경적 분석 및 역사적, 문화적 배경을 이해해야 한다. 그러나 이러한 작업이 이루어졌다고 해서 해석자가 성경을 객관적으로 파악한다는 보장이 없다. 이단들뿐만 아니라 자유주의 신학자들도 성경을 가지고 자신들의 신학을 개진한다. 그러나 결과는 전혀 다르다. 왜냐면 거기에 자신들의 신학이 전제되어 있기 때문이다. 이처럼 성경을 해석하는 데 있어서 신학적 관점이 매우 중요하다. 구자수 박사는 개혁주의 입장에서 성경을 해석하려고 하시는 분이다.

구자수 박사는 신학이란 교회와 목회 현장을 돕는 것이어야 한다는 생각을 가지고 계신다. 그는 목회자들에게 성경 프로그램을 통해 원어 성경을 접하게 하는 것이 가장 현실적인 방법이라고 생각한다. 그는 실제적으로 교회에서 오랫동안 목회자들을 상대로 교육을 하고 계신다. 구자수 박사는 목회 현장에 있는 목회자나 선교 현장에 있는 선교사 그리고 성경을 깊이 연구하려는 평신도를 위한 참고서를 개발하려고 늘 생각하고 계셨다. 그 결실을 맺어 『원어 설교 작성하기』 초판을 출판하기에 이르렀다.

　『원어 설교 작성하기』에는 신·구약 주해방법, 성경 해석학, 원어 연구를 위한 헬라어·히브리어 핵심 문법, 원어 연구를 하는 데 있어서 잘못된 방법, 설교자에게 필요한 석의 방법 등 원어 성경연구를 위한 기본적 도구를 간략하게 제공하고 있다. 아쉬운 점은 각 내용이 요약적으로 설명되어 있기 때문에, 원어 성경을 깊이 연구하려는 자들에게 부족함이 있을 수 있다는 아쉬운 생각이 들었는데, 이를 위한 실천편(2권)이 금번에 함께 출판된다고 하니 감사할 일이다. 또 이번 개정판에서는 세계적인 성경연구 프로그램 즉, 바이블 웍스, 로고스 바이블, 어코던스 등에 대한 간략한 설명이 곁들여 있다. 그리고 바이블 웍스나 로고스의 툴에 대한 자세한 설명을 해 놓은 책들이 출판되어 있으므로(김한원 목사 저) 그것들을 참고하면 되겠다는 생각이다.

　『원어 설교 작성하기』를 출판하기 위해 저에게 읽고 평가해 주기를 부탁하여 서로 토론한 지가 얼마 지나지 않은 것 같은데, 벌써 개정판을 출판하게 되었으니 진심으로 축하하며, 계속해서 좋은 책들을 많이 출판하여 한국교회에 기여하기를 바란다.

고영윤 박사(Ph. D), Major in Systemical Theology
칼빈신학교(현 칼빈대학교)
총신대학교 신학대학원(M. Div)
서울성경신학대학원대학교 조직신학(Th. M, Ph. D)
현, 대한예수교장로회(합동 개혁) 총회신학교(일산) 교수
현, 부천개혁신학원 조직신학 교수

들어가는 말

「원어 설교 작성하기」란 제목으로 책을 출간한 지 벌써 4년이 흘렀다. 그러나 더 정확하게 말해서는 「프로그램을 활용한 원어로 설교 작성하기」이다. 주의 종들에게 원어로 설교를 쉽게 작성할 수 있는 방법이 있다고 제안하며 도전을 주기 위한 목적으로 썼다. 그러나 얼마나 효과가 있었는지는 필자는 모른다. 아니 알 필요가 없을지도 모른다. 어차피 본서는 많은 사람이 즐겨 읽을 책도 아닐뿐더러, 그런 것을 의식하며 쓴 책이 아니기 때문이다. 다만 하나님께서 본서를 이용하여 꼭 필요한 자들의 손에 쥐어져 하나님의 말씀이 올바로 전해지는 것으로 감사한다.

이제 약속대로 두 번째 책을 써야 할 시기가 지났음에도 1권을 개정하는 일에 손을 댈 수밖에 없는 필자의 무능을 탓할 수밖에 없다. 다행스러운 것은 이번에 두 번째 책(2권- 원어 설교를 위한 해석법)도 동시에 출판을 추진하고 있다는 것이다. 아마도 개정판과 제2권이 엇비슷하게 출간되지 않을까 생각한다. 그리고 그렇게 되길 바란다.

원어를 말한다고 해서 다 올바른 종이거나 같은 종류의 종이 아닐 수 있다는 점도 알고 주의해야 한다(왕상 13:18). 참으로 이 시대에 신자들에게 성경을 올바로 주의 깊게 읽는 방법에 대해 체계적으로 가르치는 교회가 얼마나 될까? 마지막 세대는 분별을 필요로 하는 세대임을 기억해야 한다. 어리석은 여자처럼 가만히 들어오는 자에게 미혹 당하지 않도록 바른 신학과 바른 신앙에 입각한 성경연구를 하며 가르치는 일에 힘써야 할 줄 안다(딤후 3:6). 뱀처럼 가만히 들어와 미혹하는 사탄의 일에는 주의 종이나 일반 성도를 구별하지 않음을 알고 깨어 분별해야 한다(벧후 2:1; 유 1:4).

> "사랑하는 자들아, 영을 다 믿지 말고 오직 영들이 하나님께 속하였나 시험하라 많은 거짓 선지자가 세상에 나왔음이니라"(요일 4:1)

주의 종이라면 할 수 있는 대로 원어를 통해 바르고 깊은 의미를 찾는 일이 필요하다는 생각에는 변함이 없다. 그리고 오늘날은 그 일이 가능해진 시대를 살고 있기 때문에 더욱 강력하게 권하는 마음으로 책을 썼다. 왜냐면 컴퓨터와 같은 문명의 이기가 상당히 발전하여 너무 쉽게 통계와 자료, 사전 등을 활용하기 쉬워졌기 때문이다. 과거에는 성경신학자들의 전유물처럼 여겨지던 원어가 이제는 일반 신자까지도 배우며, 최소한 이해를 할 수 있는 시대가 되었으므로, 주의 종들에게는 더욱 필요한 시대라고 여겨졌기 때문이다. 일반 신자들도 원어로 성경을 보고 이해하는 정도인데, 하물며 주의 종들은 어떠해야 하겠는가? 그런 일이 가능해진 것은 컴퓨터 프로그램의 발전으로 인한 결과다. 본서도 컴퓨터 프로그램을 통한 설교 작성하기를 통해 과거보다 노력을 덜하고도 빠른 설교 작성을 할 수 있다는 점을 제안하고자 쓰여졌다.

종교개혁을 주도했던 마틴 루터는 성경을 원어로 연구함으로써 하나님의 은혜를 발견, 그 은혜를 통해 죄에서 자유를 얻을 수 있다는 진리를 깨달았다. 따라서 필자는 하나님께서 오늘날

엔 얼마든지 쉽게 원어를 해석하여 깊고도 올바른 의미를 찾을 수 있도록 여러 가지로 허락하셨음에도 불구하고, 목회자가 원어를 연구하지 않는다면 중대한 나태의 죄에 속하지 않겠느냐고 반문하고 싶을 정도다. 사실 원어를 연구하여 하나님의 말씀을 준비할 기회가 있다는 것은 목회자로서는 얼마나 행복한 일인가? 우리 앞서 원어를 연구하고 여러 가지 사전이나 자료를 만든 선진들의 수고는 후손인 우리에게 말할 수 없는 감사의 조건들이다. 그들의 노력을 생각할수록 나태한 우리들이 부끄럽기 짝이 없다. 하나님은 우리의 게으름과 엉뚱한 것에 마음을 빼앗긴 죄악에 대해 반드시 책임을 물을 것이다.

성경주해에 있어서 가장 근본적인 문헌학적 전제는 모든 주해가 타당하고 또 믿을만하려면 반드시 원어로 행해져야 한다는 것이다. 칼빈의 주석들은 교회사에 있어서 최초이고, 과학적이고, 문헌학적인 주석으로 간주된다. 기독교 신앙의 가장 주된 교리들은 오직 원어로 된 성경의 타당하고 책임 있는 해석에 기초해서만 정립될 수 있다. 이것이 모든 건강한 학문의 원리이다. 현대어 혹은 자국어로 번역된 성경만을 가지고 해석하며, 설교하는 목회자들은 항상 자신과 원전 사이에 있는 장벽을 둔 채 작업할 수밖에 없다. 성경 원어에 대한 지식 없이 정확한 해석을 하기가 얼마나 어려운가에 대한 예는 수없이 많지만 한 가지만 예로 들어보겠다(버나드 램, 성경해석학, 164-166).

에베소서 5:1에서 바울은 그리스도인들에게 "하나님을 본받는 자"가 되라고 격려한다. 이때 "본받다"라는 단어가 대다수의 영어 성경에는 imitators로 번역되어 있다(NASV, NIV, ASV, RSV 등). 영어의 imitation은 원본을 쉽게 복사하는 것이라든지 혹은 탁월한 성품을 인위적으로 흉내 내는 것을 가리킨다. 그런데 이 단어가 헬라어로 미메테스(3402, μιμητής)로서 "모방자"이다. 여기서 하나님은 우리에게 이상적인 것(ideals)으로 이바지하는 어떤 속성을 지닌 형이상학적인 존재로서가 아니라,

그의 본질 면에서 그리스도 안에서 사실적으로 계시된 분으로 모방되어야 한다는 사상이 나타나는 주요 구절이다.

구약에도 하나님을 모방할 것을 가르치는 구절이 있다(레 11:44-45; 벧전 1:16에 인용됨). 신약의 산상수훈에도 하나님을 모방할 것을 가르치고 있다(마 5:48). 이들 본문에 쓰인 헬라어의 의미가 히브리 전통을 따른 위대한 개념들 가운데 하나라는 사실을 알 수 있다.

주의 종들에게 감히 원어 성경을 대하는 일에 두려워 말라고 권면하고 싶다. 이 책은 학자가 아니라 일선에서 목회하는 종들을 위하여 썼다. 이 책에서는 가급적 목회자들이 확인하고 이용이 쉽게 한글로 된 책이나 번역서를 위주로 참고했으니, 필요한 분들은 그 책들도 구입하여 이용하고 확인하길 바란다. 그리고 원어도 스트롱 번호와 문법분해까지 기록하여 금방 확인하고 분별이 용이하게 만들었다. 지금은 주님의 도우심 아래서 '하고자 하는' 종들에게는 얼마든지 원어를 통해 설교 작성이 가능한 시대를 살고 있다.

필자는 1권(또 개정판)에서는 원어 성경을 통해 설교를 작성하는데 필요한 이론을 정립하고 맛보기를 제시하는 정도에 만족할 것이다. 이어서 원어 설교를 작성하기 위해 원문을 주석(해석)하는 요령을 2권에서 다룰 예정이다. 1권에서는 "원어 해석에 필요한 기본준비"로 신·구약주해방법을 먼저 소개했고, "개신교 성경해석법"은 오늘날 성경해석이 너무 자의적이고 흐트러진 면이 없지 않다고 생각하여, 다시 기억하자는 차원에서 버나드 램의 성경 해석학에서 필요한 부분만 요약하여 실었다. "원어 연구를 위한 간추린 문법 정리"에서는 본서에서 소개하거나 참고한 문법책에서 해석을 위해 필요한 부분들을 선별해 정리했다. "잘못된 원어 해석방법들"을 다룬 항목에서는 현재 한국에 나타나는 원어에 대한 여러 가지 해석방법들에 대해 성경해석법에 어긋난다고 생각되는 주장들을 분별하라는 차원에서 소개했다. 모든 잘못된 사례를 다루지 못한 한계가 있음을 양해 바란다.

부탁하건대, 함께 주의 종 된 형제들이여, 하나님의 은혜로 주신 말씀의 맛에 취하여 힘 있게 전하는 일에 전념하길 바란다. 맡겨진 성도들과 함께 이 맛을 나누며 즐거워하면 좋겠다. 그것이 하나님의 기뻐하시는 뜻이라고 생각한다. 때를 따라 양식을 나누어 줄 자가 누구인지를 찾는(눅 12:42) 하나님 앞에 "제가 여기 있나이다. 나를 써 주소서"라고 이사야처럼 나서는 종들이 많아지기를 소원한다. 하나님이 허락하시면 우리는 할 수 있다(히 6:3). 이것은 하나님이 분명히 약속한 사실이다.

감사할 분들이 많다. 첫째는 부족한 종을 오래 참으시며 양육하여 이 책을 쓸 수 있도록 인도하신 우리 하나님 아버지의 은혜가 너무 커서 헤아려 필설하기 어렵다. 책을 쓰는 데 아낌없는 조언과 용기를 불어 넣어준 동료 목사님들, 물질과 격려로 지원을 아끼지 않은 큰빛교회 교우들에게도 진한 사랑과 감사를 전한다. 필자의 목회 전반에 친구이자 동료로서 지금까지 필요할 때마다 힘이 되어 주며, 본서 출간에 물질과 추천서로 힘을 더해 준 강신유 박사에게 참으로 감사드린다. 오랜 필자의 벗 강 박사는 이단에 빠져 방황하는 영혼들을 안타깝게 여겨 목회 초기부터 그들을 수렁에서 건지는 사역을 시작하여 수많은 영혼을 건져내었고, 그로 인한 핍박도 감수하며 지금까지 충성하는 종이다. 또 서울성경신학대학원대학교에서 함께 공부하며 조직신학을 전공한 동료, 고영윤 박사가 함께 개혁주의 신학을 세워나가는 가운데 지금까지 교제를 나누며, 필자를 사랑하는 마음으로 내용에 대한 조언을 아끼지 않았으며, 기꺼이 추천서를 써 준 것에 감사드린다. 부족한 종을 끝까지 사랑하시는 하나님의 은혜와 가장 가까이서 지켜보며 함께 동반자의 길을 걷는 아내에게도 진한 사랑과 감사의 마음을 보낸다. 모든 것을 합력하여 선을 이루시는 하나님께만 영광을!

2020. 3. 10
인천에서 구 자 수 목사

목 차

Ⅰ. 원어 연구의 필요성과 자세

I. 원어 연구의 필요성과 자세

하나님의 종으로 부름 받은 자라면 "하나님이 말씀하시기를" 이라고 말할 수 있어야 하지 않을까? 당연한 이야기를 왜 하는가. 우리 중 상당수의 목회자들은 실제로 "하나님이 말씀하시기를"이라고 선포하지 않고 있을 가능성이 높기 때문에 하는 말이다. 무슨 말인가 하면, 우리는 번역된 성경을 사용하기 때문에, 누군가의 해석을 통한 성경을 가지고 말할 수밖에 없다는 의미다. 번역도 일종의 해석이기 때문이다. 그래서 "개역 성경이 말하기를", "공동번역이 말하기를" 혹은 "NIV가 말하기를"이라고 해야 정직하고 옳다는 이야기다. 엄밀하게 말해서 번역 성경 자체가 곧 하나님의 말씀은 아니지 않는가.

그렇다면 원어라고 해서 진정한 하나님의 말씀이라고 할 수 있을까? 물론 완벽한 사본은 없다고 보아야 할 것이다. 하지만 현존하는 사본이 그래도 원본(하나님의 말씀)에 가장 가깝다는 것도 부인할 수 없는 사실이다. 그래서 많은 사본 학자들이 '원본에 가장 가까운 내용은 무엇일까?' 고심하며 지금도 연구에 연구를 거듭하며 찾지 않는가. 원어 사본이 번역본과 다른 점은, 사본은 서기관들이 필사(원본 그대로를 옮기는 것)를 목적으로 한 것이지 해석을 목적으로 옮긴 것이 아니란 점이다.[1]

우리 주의 종들이 원어를 학습하여 성경을 해석해야 하는 목적은 말씀을 통해 자신을 계시하신 하나님을 드러내며 아는 것

---

[1] 물론 일부 사본에서 필사자의 실수가 있으며, 그들의 해석이 일부 포함된 것이 있지 않을까 추정하기는 하지만. 예를 들면, 한 사람의 필사자가 각주에 표시해 놓은 것을, 다음 필사자가 본문에 아예 삽입하는 방식으로 첨가되지 않았을까 추론한다.

에 있다. 우리가 자격이 있든 없든 우리를 바라보고 설교를 듣는 성도들은 목회자를 신뢰하고 있다는 점을 간과하면 안 된다. 그래서 목회자들은 하나님 앞에서 자기 사명을 감당하기 위해 최선을 다해야 하는 책임이 있다는 점을 꿈에서라도 잊으면 안 될 것이다.

원어를 연구하기 전에 먼저 번역 성경(한글 성경)부터 꼼꼼히 잘 읽는 습관이 중요하다. 실제적으로 번역 성경 읽기조차 제대로 훈련되지 않은 관계로 오해와 왜곡된 설교를 하는 경우가 많기 때문이다. 번역 성경을 올바로 읽는 준비가 되지 않은 사람은 원어를 공부해도 마찬가지다. 그것은 성경의 전체적인 내용파악조차 되지 않은 상태이기 때문이며, 성경을 다루고 보는 방법과 시각이 중요하기 때문이다. 우리가 원어로 성경을 연구해야 하는 이유는 다음과 같다.

원어 연구의 필요성

1. 번역 성경에서

이런 말을 하면 우리가 가진 한글 성경에 대한 의심과 불신이 깊어질까 우려하는 분이 계신 데, 그보다 더 무서운 것은 오해하여 굳어지는 신앙이다. 차라리 번역에는 오류가 있음을 인정하며 공개하고, 바른 의미를 찾고자 부단히 노력하는 모습을 보여주는 것이 더 진실하고 성경을 신뢰하게 만드는 길이라고 생각한다. 번역 성경은 원문을 자국의 언어로 해석하여 옮기는 일이기 때문에 당연히 번역자들의 사상과 생각 그리고 지식이 포함되지 않을 수가 없다. 자기 모국의 언어로 번역하는 일이 필요한 일이지만, '번역은 반역'이란 말도 있듯이 상당히 신중해야 하며, 언제나 겸손하게 임해야 한다. 어떤 번역 성경이든지 번역 성경은 오늘도 또 오류를 고치기 위해 개정에 개정을 반복하며 공을 들이고 있지 않은가? 심지어 헬라어 신약 성경은 알랜드 네슬(헬라어 사본) 28판까지 나올 정도로 바른 원문을 찾아 오늘날도 개정을 반복하고 있는 실정이다(현재 UBS는 5판까지 나옴).[2]

---

2) UBS(세계성서공회연합회(United Bible Societies))는 "의미가 잘 통하고, 정확하며, 수준 높은 번역을 하는 데 있다"는 3가지 원칙을 제시하고 있다. UBS는 2000년 남아프리카공화국 미드란드에서 열린 세계회의에서 "성서의 원어에 충실하면서도 메시지를 잘 전달하기 위해

2. 말씀의 정확성과 깊이가 있기 때문이다.

실제 대부분의 번역 성경은 의역이 상당 부분 들어갈 수밖에 없기 때문에 원문을 통하여 정확하게 뉘앙스를 이해하는 것이 필요하다. 특히 히브리어의 의식구조와 사고방식을 아는 것은 중요하다. 물론 신약 헬라어에 관한 지식도 마찬가지다. 원어를 연구한다는 사람들 가운데는 신약시대에 주로 아람어를 사용하던 때라는 것을 들어, 헬라어를 아주 도외시하는 경향이 있는데, 이는 아주 위험한 발상이다. 성경은 일단 쓰여진 원문 언어와 보존된 상태 그대로를 인정하며 출발하는 것이 가장 바람직하며(참고. 시 12:6-7), 난해한 부분의 정확한 이해를 위하여 히브리적 사고와 관용어구 그리고 문화이해 등을 동원할 필요가 있다. 자기 임의로 얄팍한 지식, 혹은 상식이나 영성을 내세우며, 성경에 자기 잣대를 들이대는 것은 실로 위험하기 짝이 없는 태도다. 마치 자기가 하나님이라도 된 것처럼 교만하게 원어 성경을 난도질 하듯 다루는 것에는 소름마저 돋는다.

3. 시대적 요청이기 때문이다.

어떤 목사들은 꼭 원어를 해야 설교할 수 있고, 깊이 있게 알 수 있는 것인가를 묻는다. 또는 원어를 하면 교회가 부흥되는지를 묻는 우매한 목사도 있다. 교회의 외적 부흥을 원한다면 차라리 총동원 전도법을 배우거나 갖가지 전도 세미나가 많으니 그것을 배워 사용하는 것이 나을 것이다. 먼저 알 것은 반드시 설교를 위해 원어를 연구하는 것이 주목적은 아니며, 교회의 외적 부흥을 위한 것은 더더욱 아니다. 하나님을 바로

쉽게 이해할 수 있는 일상어로 번역한다."는 방침을 내세운 바 있다. 대한성서공회는 "UBS는 각 나라가 성경 번역을 하는 데 정책 자문 역할을 하고 있다"면서 "성경 번역은 UBS가 주창한 기본원칙 아래 각국의 성서 공회 상황에 맞게 진행된다"고 설명했다.

알고, 하나님의 참뜻을 왜곡시키지 않고, 전하는 종으로서 사명을 다하기 위해서 원어를 연구하는 것이다.

지금 이 시대는 많은 부분에서 열리는 시대다. 이제 신자들도 웬만한 지식을 갖춘 때이므로 말씀을 전하는 목회자들도 한 단계 업그레이드되어야 한다고 생각한다(딤전 4:15). 컴퓨터가 발달하고 책(혹은 사전) 종류도 풍성하여 얼마든지 원하기만 하면 연구할 수 있는 환경이 만들어졌다. 하나님이 허락하셨으니 시대적 요청을 따라 원어를 연구해야 할 때라고 생각한다. 과거처럼 크게 힘들이지 않고도 연구하며 공부할 수 있도록 프로그램이 많이 개발되었으니 활용하는 것이 필요하다. 학자가 되라는 이야기가 아니라 올바르고 신실한 목자가 되라는 이야기다. 때에 맞는 양식을 공급하는 차원에서라도 원어 연구가 필요한 때가 되었다고 생각한다.

목회자가 원어를 숙달했다면 설교에 참신함과 생기가 느껴질 것이며, 비로소 성경은 온전한 하나님의 말씀으로 살아 역사함을 느낄 수 있다. 또 신앙은 다양한 언어와 예증을 통해 끊임없이 새로워질 것이다. 말씀을 연구하여 신앙생활에 적용이 이루어지지 않는다면, 성경주해는 한낱 지식을 얻는데 만족하는 학문적 유희로 끝날 위험이 다분하다. 더구나 말씀을 적용하면서 산다는 것은 원어를 이해하여 주해하는 것보다 더 어려운 일이다. 설교는 신자의 삶에 말씀이 적용되도록 돕는 역할을 한다. 그래서 설교자는 성경 본문 연구는 물론 적용에도 능해야 한다. 자기가 깨닫고 전한 말씀대로 현실의 삶에서 스스로 적용하는 모습에 본을 보여야 함은 두말할 필요도 없다. 그렇기 때문에 올바른 주해와 적용은 참 교회를 세워나가는 일에 핵심이 되는 거룩한 일이다.

원어 연구에 필요한 자세

먼저 학자가 되려면 전문신학대학원에 가서 체계적으로 공부하라. 그렇지 않고 목사로서 말씀을 좀 더 정확하게, 깊이 보고자 하는 열망이 있는 종이라면 얼마든지 또 어느 정도까지는 독학으로도 원어를 연구하는 일에 도달할 수 있다. 얼마나 희소식인가? 신학교 시절에 원어라면 잠시 읽고 쓰는 정도로 만족하며 학기를 때우던 시절에 비교하면 복된 날이 찾아온 것 아닌가? 그럼 원어 연구에 있어 필요한 것들로는 어떤 것들이 있는지 알아보자.

1. 원어(말씀) 연구에 대한 열망의 자세가 있어야 한다.

가장 먼저 원어를 연구해야 하는 필요성과 하나님의 올바른 진리를 찾고자 하는 열망이 있어야 한다. 원어 연구법을 배워 설교의 어려움을 잠시 때우려는 정도의 자세로는 반드시 중간에 장애물을 만나 포기하게 될 것이다. 허튼소리나 할 정도의 수준에서 원어 설교라고 사용하다가 오히려 교계에 큰 해를 끼치는 사이비한 존재로 전락할 위험도 따르게 될 수도 있다. 내가 왜 원어 설교를 해야 하는지 스스로 정체성을 가지지 못하면 반드시 낭패를 보게 된다. 주를 사랑하고 말씀을 사랑하는 진정한 마음이 준비되지 않았다면 더 기도하고 시작해도 늦지 않을 것이며, 그런 노력이나 시간을 투자하기 싫은 사람은 아예 발도 들여놓지 말기를 권한다.

무조건 아무나 다 할 수 있다고 부추기기는 싫다. 그렇다고 아무나 할 수 없는 일이란 뜻은 아니다. 누구든지 말씀을 사랑하는 하나님의 사람들이라면 평신도라도 얼마든지 가능하다. 그러나 정로를 걸어야 하며 연구하려면 출발부터 제대로 하라는 이야기다. 이 시대는 원어 연구가 과거에 비해 많이 수월해진 것이 사실이다. 또 원어로 설교 준비하는 것도 얼마든지 가능한 때가 된 것도 가상이 아닌 현실이다. 원어 주석을 보지 않아도 어느 정도까지는 해독이 가능하다는 말을 감히 하고 싶을 정도다. 심지어 원어 주석은 자기가 연구한 것을 비교하며 확인하는 정도의 참고용으로 써도 될 정도로 시대적 자료준비나 활용이 너무 편해졌다. 컴퓨터 프로그램을 활용할 경우 나이 60이 넘은 신자들도 가능하다는 것을 실제로 20년 가까이 적용한 임상을 통해 확인했다.

2. 원어 연구에 시간과 물질을 투자할 마음이 준비되어야 한다.

원어에 관계된 책(최소한 원어 성경, 단어 사전, 성구 사전 등)을 구입하려고 해도 수십만 원이 소요되며, 컴퓨터 프로그램을 활용한다고 해도 십수만 원이 필요하다. 또 컴퓨터를 다루는 법부터 시작하여 각종 프로그램을 다루는 법까지 배워야 자유자재로 원어 연구를 할 수 있다. 책으로 연구하는 것도 가능하고 때로는 필요하지만, 거기에는 한계가 있을 수밖에 없다. 그래서 필자는 컴퓨터 프로그램을 통한 원어 연구를 적극 추천한다. 하나님의 말씀을 바르고 깊이 있게 알고자 하는 일에 물질과 시간을 투자하기 머뭇거리거나 힘들어한다면 아예 시작을 하지 말라. 물질이 없어서 못할 경우에도 길은 있기 마련이므로 기도하며 아버지께 간구하라. 아니 강구(講究)하고 또 강구(强求)하라. 하나님의 자녀들에게 정말 필요한 일인데 아버지가 안 주실 리가 만무하다. 하나님이 가장 기뻐하시는 일은 하나님을 알고 전파하는 일에 힘쓰는 일임을 믿고 구하라. 그리고 실행에 옮길 준비를 차근차근히 하라.

3. 원어 연구에 필요한 최소한의 문법적 지식을 습득해야 한다.

이 부분에서 많은 사람이 좌절하며 넘어지고 포기한다. 한국적 상황에서 수십 년 동안 영어를 배울 때, 문법에 신물이 났던 트라우마가 있기 때문일 것이다. 아무리 힘들게 배워도 제대로 써먹지 못하는 벙어리 영어 신세이기에 불신이 깊어진 것이다. 이것은 한국 교육의 폐단이다. 그러나 아무리 그럴지라도 우리는 하나님의 말씀을 연구할 사람들이다. 그렇다면 감수할 것은 해야 하며, 세상은 어떠하든지 우리가 마땅히 할 일이라면 굳세게 밀고 나가야 한다. 그러나 원어를 한다고 하면서 객관적으로 검증된 문법을 무시하며, 주관적인 해석이나 자기가 만든 문법으로 해석하는 독선적 경향을 자주 봐왔다. 그런 사이비한 원어 연구 집단들이 있기에 이 항목을 더욱 강조해야 할 것이다. 별의별 원어 연구법이 다 있을 정도다. 그래서 오히려 원어를 접하는 것이 더 이단이나 사이비한 자리에 빠질 위험이 있다고 하는 소문까지 돌 정도다. 일면 맞는 이야기다. 그러므로 함부로 원어 연구(공부)하는 곳이라고 해서 다 믿고 따르거나 배우지 말라. 그런 자들의 미혹은 열심 있는 종이나 신자들에게 더 위험하다. 하지만 항상 미혹은 열심은 있으나 기본도 준비하지 않고, 쉽고 빠른 것만 찾는 자들에게 찾아온다는 사실 또한 잊지 말아야 한다.

문법을 공부하라고 해서 학자가 될 정도는 필요 없다. 또 문법을 안다고 해서 모든 성경이 풀어지는 것도 아니다. 그리고 정말 어렵고 난해한 구절 외에 웬만한 구절들은(대략 60- 70%) 단어연구와 원어에 대한 기초적인 문법 정도로도 충분히 소화해 낼 정도가 된다고 생각한다. 그렇기에 필자는 주의 종들과 신자들에게 원어로 성경을 읽고 연구하라고 권할 수 있는 것이다. 이제는 여러분도 원어로 성경을 해석하고 설교도 준비할 수 있다고… 기본적인 문법을 공부하는 일에 추천할만한 것은 다음과 같다.

▸ 김정우 역, 「주옹-무라오까 성서히브리어 문법」, 기혼출판사.
▸ 신윤수 역, 「게제니우스 히브리어 문법」, 비블리카 아카데미아.
→ 이상의 두 권은 구약 문법에 대한 하나의 종합서로 인식하여 까다로운 문법을 풀어야 할 때만 참고하기를 권한다. 시작할 때는 부담스럽기 때문이다.

원어 연구를 시작하기 전에 먼저 읽기를 권하는 책으로는 「구약 원어성경 주석에서 강해까지」 (키쏨, 크리스찬 출판사) 그리고 고전에 속하지만 「프로테스탄트 성경 해석학의 교과서 성경 해석학」 (버나드 램, 생명의 말씀사), 최근에 출간된 「헬라어 성경 읽기 가이드」 (벤자민 L. 머클, 로버트 L. 플러머, CLC) 등이다. 기초적으로 참고할 문법에 관한 책으로는

〈구약〉
▸ 권성달, 「구약성경 히브리어」, 도서출판 그리심.
▸ 이용호, 「히브리어 기초문법」, 도서출판 대서.
▸ 게리 프라티코, 마일스 반벨트, 변순복 옮김, 「베이직 비블리칼 히브리어」, 도서출판 대서.

〈신약〉
▸ 장석조, 「신약성경 헬라어」, 도서출판 그리심.
▸ 윌리엄 D. 마운스, 「마운스 헬라어 문법」, 도서출판 복 있는 사람.
▸ 한천설, 「성경 헬라어」, 서울: 도서출판 그리심, 2012.

이상은 어디까지나 필자가 소개하는 것이고, 독자들의 선호
도에 따라 얼마든지 다른 문법서들의 취사 선택이 가능하다.
다양하고 많은 문법책들이 쏟아져 나오지만, 학자가 되는 것이
아닌 이상 목회자가 설교를 목적으로 원어 연구를 위한 준비로
서는 이 정도면 적당하다고 생각한다. 지나치게 많은 문법책은
머리만 복잡해지고 혼란 내지는 의욕마저 상실할 수도 있다.
그리고 문법책마다 특성은 있지만, 거의 비슷하다는 점도 선택
하는데 염두에 두면 좋을 것이다. 실상 중요한 것은 성경해석
의 실제적 적용에 필요한 구문론이다(이 부분은 2권에서 다룰 예
정이다).[3]

4. 다른 번역 성경과 주석들을 참고하라.

자기가 번역하거나 해석한 것만이 옳고 전부라는 독선에 빠
지지 않기 위해서라도 다른 사람들이 연구해 놓은 것과 비교해
보라. 미리 남의 것을 보고 거기에 맞추어 연구하며 따르라는
이야기가 아니라, 자기가 배운 또는 가지고 있는 지식을 동원
하여 열심히 연구한 후, 나온 결과를 가지고 다른 사람들의 연
구와 비교 검토하라는 이야기다. 이것은 우리의 겸손과 신학적
안전을 위해 필요한 안전망과 같다. 성경과 신학 중 어느 것이
먼저고 중요하냐는 질문은 우문(愚問)이다. 당연히 성경이다.

---

3) 원어 연구를 위해 좀 더 자료가 필요하다면, 본서 '부록'에 일부 분류
하여 소개해 놓았으니 참고 바란다.

성경에서 신학도 나오는 것이고, 성경에서 모든 것이 출발한다. 하지만 신학이란 수백 년에 걸쳐 보완되고 또 검토되며, 검증되어 우리에게까지 전달되었으므로 무시해서는 안 된다. 물론 신학이 전부는 아니지만 만일 신학을 무시한다면 그것은 교만의 극치이며, 미혹 당하는 일의 지름길이기도 하다. 성경과 대조하여 신학도 개혁해야 할 필요성이 있을 경우에는 언제든지 성경을 따라야 한다. 다만 많은 객관적인 검증을 거쳐야 한다는 것은 두말할 필요가 없다.

대개 사이비한 자리에 빠지는 이유가 이 신학의 부재 때문이다. 그렇기 때문에 신학이 부족할수록 겸손하게 다른 사람들이 연구한 실적을 통해 자기의 연구를 비교 분석할 줄 알아야 한다. 성경을 최우선으로 하여 연구하되 그것이 앞서 연구한 사람들의 내용과 무엇이 같으며, 차이는 무엇이며, 깊이는 어떤가? 등을 비교하라. 혹시 신학적인 문제나 견해 차이가 나타나는 경우 성급하게 발표하지 말고 삼가 조심하며 신중하게 반복 조사하라. 그것이 지혜다.

5. 성령께 전적으로 의지하라.

성경의 진정한 저자는 성령이시다. 성령은 하나님의 깊은 것까지 통달하신다(고전 2:10). 따라서 성령의 인도하심과 감동하심이 없는 연구는 껍데기에 그칠 위험이 많다. 그러므로 연구하기 전, 연구하는 도중 그리고 끝난 후 점검할 때 등, "무시로" 성령 안에서 기도하라(눅 21:36; 엡 6:18). 인간의 노력과 열심이 필요하지만, 반드시 없어서는 안 되는 부분이 바로 성령의 도우심(조명)이다. 어떤 분은 인간의 노력 99%와 성령의 도우심 1%가 필요하다고 말하면서 인간이 아무리 많은 노력을 기울여 연구했어도, 성령의 도우심 1%가 없으면 말씀에 생명력과 새로움이 나타나지 않는다고 말하기도 했다.

함께 연구하는 동아리 모임이 있으면 더욱 좋다. 함께 기도하고 의논하며 토론할 기회가 주어지기 때문이다. 말씀을 사랑하는 사람들끼리 시간을 정하여 모임을 가지면서 연구하라. 서로의 정보를 공유하며 조금이라도 더 앞선 사람이 리드를 해준다면 더욱 좋다. 지나치게 학적으로 치우치지는 말되, 항상 성경 안에서 해결하려는 노력을 하라. 개인의 견해가 위험성이 노출될 때만 신학적 점검을 하되, 그 외는 주경신학[4]의 틀 안에서 성경을 연구하는 것이 바람직하다.

노파심 때문에 여러 주의사항을 직설적으로 말하다 보니 글을 읽는 과정에서 불편해할 분도 있었을 것이나 조심하는 것은 얼마든지 좋은 일인 줄 알고 이해해 주기 바란다. 그간 원어를 연구하며, 또 목회하면서 보고 듣고 느낀 바가 많아, 원어를 시작하려는 분들과 원어 연구를 통해 설교하기 원하는 분들에게 몇 마디 조언한 것으로 이해해 주기 바라고, 앞으로 원어 연구를 통해 더 올바르고 풍성한 말씀 사역이 되길 바란다. 필자는 앞으로도 그간 훈련된 방법이나 노하우를 통해 원어 연구를 최대한 쉽게 접근할 수 있는 방법을 나누길 기대한다. 또 필자 역시 배움과 연구를 지속적으로 행할 것이다.

원어 연구에 도움이 되는 컴퓨터 프로그램

▶ **슈퍼바이블**, 원어성서원.

---

4) 성경해석 주해를 신학적으로 논한 것을 주경신학이라고 한다. 주경신학은 말씀으로 말씀을 해석하여 교회에 말씀이 충만하도록 하기 위한 중요한 학문이다.

한국에서 목사나 일반 성도에 이르기까지 원어를 아주 '쉽게' 접하며 다룰 수 있는 최상의 프로그램으로 추천한다. 신구약 원어 성경은 물론 여러 번역본들을 비교연구할 수 있도록 되어 있다. 원어 사전이나 주석을 간편하게 참고할 수 있을 뿐만 아니라, 간단한 원어 구문을 연구하기에 용이하도록 설계되어 있다. 가격도 비싸지 않기 때문에 누구나 구입하여 사용하기 편리하다는 장점이 있다.

▸ **바이블렉스 10.0**, 브니엘.
단어연구나 기타 신학 사전 등을 활용하기 좋도록 편집되어 적극 추천한다. 특히 헬라어의 고전적 의미와 70인역에서의 의미, 신약성경에서의 의미 등으로 분석한 사전활용이 탁월하다. 스마트폰 앱으로도 출판되어 언제 어디서든지 활용할 수 있다는 장점도 있다.

▸ **바이블 웍스**(Bibleworks 10.0)
이 프로그램은 세계적으로 잘 알려진 성경연구 프로그램이다. 그러나 한국적 상황에서 아쉬운 것은 모두 영어로 되어 있어 언어에 약점을 가진 사람들에게는 그림의 떡이다. 영어가 되는 사람들은 이 프로그램 사용법을 배워 활용하면 풍성한 열매를 얻을 수 있을 것이다. 바이블 웍스가 좋은 점은 프로그램뿐만 아니라 추가 모듈 가격이 다른 것에 비해 싸고, 비평장치를 구매하여 BHS뿐만 아니라 BHQ까지 함께 제공된다는 점이다. 다만 이 프로그램을 활용하려면 배우는 시간을 많이 투자해야 한다는 어려운 점이 따른다. 현재 국내에 이 프로그램을 활용하는 법을 배우는 모임이 있을 정도로 어렵다는 것이 장애물이 될 것이다. 그래도 다행스럽게 간단한 설명서도 최근 발간되었다(김한원, 바이블웍스 길라잡이, 세움북스). 바이블 웍스의 최고 장점은 바로 한 절을 중심으로 다양한 번역본을 비교할 수 있다는 점이다. 영어 성경의 모든 버전이 기본으로 내장되어 있다(한글 성경은 추가로 자료를 구해서 설치하면 된다).

▸ 로고스 바이블 8.0(Logos Bible 8.0)

이 프로그램 역시 세계적인 프로그램으로 정평이 나 있고, 많은 사람들이 사용하고 있다. 한국에도 애용가들이 많아 한글판도 나와 있다. 한글판이라 함은 전체가 한글로 되어 있다는 이야기가 아니라 한글 번역 성경도 추가되어 있고, 영어는 물론 한글로 된 다른 자료들도 계속 추가할 수 있도록 되어 있다는 이야기다. 바이블 웍스 사용법을 출간한 김한원 목사가 '로고스 8 완전정복'이란 책을 출간하여 이 프로그램을 사용하고자 하는 사람들이 도움을 받을 수 있다. 그런데 이 프로그램 역시 가격이 만만치 않아 쉽게 결정하기 어렵고, 기본적인 것과 많은 자료들이 영어로 되어 있어 사용하기에 부담을 느낄 수도 있다. 로고스 바이블의 장점은 계속적인 자료 추가가 가능하다는 점이다. 그래서 사용자에 따라 어떤 이들은 수천만 원 가치의 자료를 소유하고 연구하는 사례도 있다.

▸ Accordance

이 프로그램 역시 영어로 되어 있다. 어코던스의 장점은 맥(Mac) 컴퓨터를 사용하는 자들에게 있다. 어코던스는 화면을 자유롭게 분할하는 옵션이 훨씬 강력하다. 어코던스가 가장 좋은 것은 다양한 사본들을 비평장치가 아니라 텍스트를 통해 직접 비교할 수 있다는 점이다. 그래서 사본 비교하는 전문적인 연구를 할 때 직접 확인할 수 있으니 좋다. 바이블 웍스나 어코던스 프로그램에 대해 자세히 알아서 활용하고 싶은 분들은 캐논스터디(http://www.canonstudy.com) 사이트를 활용하기 바란다.

▸ 참고사항

영어가 되시는 분들은 성경연구를 위해 다음의 사항도 참고하라고 여기에 소개한다(https://parkschina.tistory.com/3).
1. 맥(mac)에서 사용할 수 있는 성경 프로그램으로는 Eloquent와 BibleTime 등이 있다.
2. 윈도우(Windows)에서 사용할 수 있는 성경 프로그램으로는 The Sword Projects가 있다.
3. Eloquent/BibleTime, 그리고 The Sword Projects 모두 The CrossWire Bible Society에서 무료로 운영하는 프로그램이다. 상당히 만족스러운 프로그램임에는 분명하다.

어쨌든 자기가 감당할 수 있는 프로그램을 구입하거나, 무료로 이용할 수 있는 프로그램을 선택하거나 최선을 다해 활용하면 하나님이 함께 하시며 도우실 것으로 확신한다.

Ⅱ. 원어 해석에 필요한 기본 준비

II. 원어 해석에 필요한 기본 준비

이 장에서는 기본적인 준비를 다루고자 한다. 원어를 다룬다고 해서 기본을 무시해선 안 된다. 원어만 안다고 해서 바로 올바른 성경해석과 설교가 작성되는 것은 아니기 때문이다. 성경을 해석하는 방법을 아는 기본지식과 자세가 따라야 탈선하지 않고 바른 이해와 전달이 가능해진다. 그런데 해석학이 성경을 읽거나 이해하는 일과 무슨 상관이 있는가? 하나님의 백성들은 수천 년 동안 해석학에 의지하지 않고도 성경을 읽고 이해하지 않았는가? 우리는 과연 성경을 단순하게 읽기만 해도 다 올바로 이해할 수 있을까? 하나님의 말씀을 이해하는 데 성령의 도우심은 필수적이다. 그러나 성령의 도우심이 언어 전달의 원리를 따라 성경 본문을 해석해야 할 필요성을 대체시키지는 않는다.

성경해석이 필요한 이유는 창조주 하나님께서 말씀하신 것을 피조물인 인간이 이해해야 하기 때문이다. 즉 우리가 미련하기 때문에 해석이 필요하다(눅 24:25-27). 예수님 당시에 사두개인의 합리적 성경해석은 부활을 비롯한 초자연적인 것을 부인하는 자유주의 신학 사상을 만들어냈고, 바리새인들의 율법주의적인 해석은 개종한 자들을 배나 지옥 자식으로 만드는 모순을 낳았다(마 23:15). 주께서 이런 잘못된 성경해석을 비판하시고 바른 성경해석을 제시하신 것(마 22:23-33)을 통해, 오늘 우리는 성경해석을 바로 해야 할 필요가 있음을 알게 되었다.[5]

성경해석의 목표는 분명하다. 하나님의 말씀을 올바로 깨달

---

5) 권성수, 『성경 해석학 I』, (서울: 총신대학교 출판부, 2008), 13.

아 하나님의 역동적 생명의 역사가 우리의 마음에 깊숙이 영향을 미쳐 변화된 행동을 낳게 하는 것이다(눅 24:32-35). 성경을 올바로 풀어 전하므로 인격의 내면과 뜨거운 교류가 일어나는 열매가 맺혀져야 한다. 참된 성경해석은 지식으로 끝나는 것이 아니라 행동으로까지 이어지는 역동적인 변화를 목표로 한다. 성경해석이 행함으로 열매 맺히는 일에 역사하지 않는다면, 그 성경해석은 지식욕을 만족시키는 언어유희로 끝날 것이다.

구약 주해방법

　구약을 해석하는 것은 오직 기록된 성경들을 해석하는 작업이다. 이것은 기사와 율법, 예언에 적용되며, 의심 없이 찬송시와 같은 다른 자료에도 동일하게 적용된다. 율법은 이스라엘의 행위를 위한 명백한 규범으로서 역할을 한다.[6] 시가서와 지혜서는 오경을 개인 생활과 관련해서 해석한 것이고, 역사서와 예언서는 오경을 민족적 차원에서 해석한 것으로 이해할 수 있다. 이는 계시의 진전이란 차원에서 단순한 인용이 아니라 해석에 기초한 진전이라고 보는 것이 사실이다.[7] 최초의 구약해석은 후기의 필자들이 초기의 글들을 연구하고, 깊이 숙고하고, 적용하며, 강해하고 또 인용하는 형태로 구약 자체 내에서 이미 나타났다. 구약 내에 있는 구약 예언의 연구와 재적용은 다니엘 9:24-27에서 명백하게 예증 된다. 묵시는 영감된 구약해석에 대한 하나의 실습으로 간주되어 왔다.[8] 이런 전제된 지식을 가지고 구약주해방법을 알아보자.

---

6) John Goldingay, 『구약해석의 접근방법』, 김의원·정용성 옮김, (고양: 크리스챤 다이제스트, 2004), 158.
7) 권성수, 14.
8) John Goldingay, 158-159.

1. 본문설정

해석할 본문을 선택했으면 히브리어 본문과 번역문을 비교해 보라. 번역 성경의 장·절 구분을 너무 믿지 말라. 단락이 원문과는 상이하게 구분되어 있는 경우가 많다. 해당 본문의 읽을 수 있는 판본과 역본들을 가능한 많이 참고하는 것이 좋다(그러나 목회 현장에서 일하는 주의 종들은 BHS로 충분하다). 히브리어 본문과 일치하지 않는 듯이 보이는 단어들이나 어구들을 찾아내라.

2. 사역(私譯)하라

선택한 본문의 의미와 관련하여 중심적이거나 중추적으로 보이는 단어들에 대해서 어휘사전 분석을 참고하되, 반드시 성구사전을 통한 연구를 해야 한다. 대부분의 단어들은 기본적으로 하나의 의미만을 가지지 않고 여러 가지 뜻을 나타내며, 단어와 개념도 서로 다르다는 것에 유의하라. 따라서 번역은 필연적으로 해석자의 선별을 의지할 수밖에 없다. 그러므로 히브리어 원문과 번역한 사역이 자신의 마음속에서 동일한 것으로 느껴지는가를 확인하라. 좋은 사역이란 전달하고자 하는 특정한 원문의 내용을 왜곡함이 없이 독자들에게 원문과 동일한 전체적인 인상을 주는 해석이다.

특히 문법적이며 사전적인 자료들을 주의 깊게 검토해야 하지만, 거의 틀림없이 본인의 사역에 개정작업이 따라야 할 것이다. 해당 본문의 특정한 대목에서 선택하는 단어들이 문맥 전체와 잘 부합해야 하기 때문이다. 단락 전체에 관하여 잘 알면 알수록 특정한 부분에서 적절한 단어, 어구 혹은 표현을 선택함에 있어서 적절한 감각을 갖게 될 것이다. 각 부분은 전체에 부합해야 한다.[9]

예를 들어, 히브리어 바이트(בַּיִת)가 선택한 본문에서 "집"을 의미한다고 파악했다면, 구약 전체에 걸쳐 이 단어의 용례를 살필 때 "다윗의 집"(בַּית דָּוִד) 같은 경우, 이 단어가 "가문, 왕조, 혈통" 등을 의미할 수 있음이 드러난다. 그러므로 현재 자기가 선택한 본문에서는 바이트가 과연 어떤 표현으로 번역하는 것이 가장 잘 어울리는지 판단해야 한다.

3. 역사적 배경

자신이 선택한 본문의 배경은 무엇인지, 해당 본문이 있는 대목에 이르기까지 어떤 사건들이 진행되어 왔는지, 본문과 병행되는 다른 성경은 없는지 등을 살피는 것이 중요하다. 해당 본문에 대해 알게 된 여러 정보가 본문에 대한 해석에 어떤 영향을 미치는지 주목하라. 해당 본문의 전부 혹은 일부가 고대 이스라엘에만 직접적으로 관련될 정도로 제한적인가, 아니면 오늘날까지 연계될 수 있는 내용인가를 파악하는 것도 필요한 일이다.

사건 또는 개념이 이스라엘 특유의 것인가, 아니면 다른 지역에서도 일어나거나 표현될 수 있는 일인가? 해당 본문이 지니는 위치로부터 도출되는 함의들은 무엇인가 등 역사적이며 지리적인 배경을 아는 것도 올바른 해석에 큰 도움이 된다. 해당 본문과 관련하여 이스라엘 외부, 내부, 연대, 기후, 경제, 문화, 관습 등 전반적인 역사적 배경을 섭렵한다면 좋은 해석의 무기를 가진 셈이 된다.

---

9) Douglas Stuart, 『구약주석방법론』, 박문재 옮김,(고양: 크리스챤 다이제스트, 2008), 32. 폭넓은 맥락들(주석 본문이 속한 성경의 한 책, 구약성경 전체, 성경 전체) 및 직접적인 맥락들(선택한 주석 본문이 속한 단락, 장, 그 주변의 장들) 속에서 자신이 번역어로 선택한 단어, 어구 또는 표현의 사용을 평가하도록 노력해야 한다. 그 차이가 중요할 수 있기 때문이다.

4. 문학적 배경

역사적 배경과 문학적 배경은 어느 정도 중복을 피할 수 없다. 해당 본문은 그것이 속해 있는 성경의 한 책 또는 대단락에 삽입된 것인가 덧붙여진 것인가, 도입부인가 마무리인가, 보충인가 독립적인가, 필수적인가 더하는 것인가 등 문학적 기능을 검토해야 한다. 해당 본문의 양식, 유형, 목적, 성격 등을 분석하고, 주변 내용들과의 관계와 위치 등을 파악해야 한다.

세부적으로는 해당 본문이 특별한 문학적 또는 역사적 상황과 관련하여 쓰여졌는지 구별하는 데 도움을 주는지, 저자의 의도를 통찰하게 해 주는 요소는 없는지를 살피는 것이 필요하다. 저자는 어떤 사람이며, 그의 정체성은 어떤가, 저자의 의도가 신학적으로 무엇을 말하는지를 살펴 어떤 독특한 특징들을 분석하라.

5. 양식

해당 본문이 어떤 종류의 문학 양식을 가지고 있는지 살펴야 한다. 산문, 격언, 시, 역사, 묵시, 예언 등 정확하게 가려내라. 다른 유형의 본문과의 비교를 통해 본문을 해석하는데 특별한 가치를 지니고 있는 요소들이 무엇인지를 분별해낼 수 있는 장점이 있다. 양식 분석의 주된 목적은 선택한 본문을 비슷한 양식의 다른 본문과 비교해서 도출되는 지식을 활용하는 데 있다. 그러므로 하나의 양식을 가능한 한 아주 구체적으로 서술해서 독특한 것이 남아 있지 않도록 하는 것이 가장 좋다.

6. 구조

개요를 작성할 때 해당 본문의 인위적인 산물이 아니라 자연스러운 산물이어야 한다. 해당 본문으로 하여금 스스로 말하게 하라. 개요는 해당 본문 속에서 주요한 정보 단위들이 논리적으로 어떻게 짜여질 수 있는지에 대한 최선의 판단에 따라야 한다. 주요한 구분들을 위주로 개요를 작성한 후에 계속해서 문장들, 절들, 어구들 같은 좀 더 세밀한 구분들을 행해 나가라. 개요는 억지스럽거나 인위적인 느낌을 주지 않는다면, 할 수 있는 한 자세하게 작성하는 것이 좋다. 그 개요를 근거로 전체적인 구조에 관한 내용을 고찰해 나갈 수 있기 때문이다.

적절하게 범위가 설정된 단락은 어느 것이나 독자들을 위하여 분석되어야 할 구조적 패턴들을 지니고 있고, 그 결과들은 독자들을 위하여 해석되어야 한다. 특히 예상치 않은 패턴들 또는 독특한 패턴들을 지적하라. 왜냐면 그러한 것들이 본문을 다른 본문으로부터 구별되게 하고 다르게 만듦으로써 그 본문이 지니는 특별한 성격과 의미에 기여하기 때문이다.

패턴들 특히 전개들, 반복들, 독특한 형태의 어구들, 중심적인 또는 주축이 되는 단어들, 병행법들, 교차대구법들, 수미쌍관법들, 그 밖의 반복적이고 점층적인 패턴들 같은 중요한 특징들을 찾아내도록 하라. 패턴을 찾아내는 열쇠는 대체로 "반복"과 "전개"이다. 어떤 개념, 단어, 어구, 표현, 어근, 또는 그 밖의 식별 가능한 특징의 반복에 대한 증거를 찾고 반복의 순서를 분석하라. 이런 분석으로부터 매우 도움이 되는 통찰들이 나올 수 있다.

7. 문법적 자료들

문법에 대한 정확한 이해는 해당 본문에 대한 적절한 해석에 필수적이다. 동사의 어근만이 아니라 특정한 동사의 변화들 속에 내재하는 의미의 뉘앙스들을 적절하게 고려했는지를 확인하

라. 구문상의 사소한 차이들도 의미에 있어서 중요한 차이를 가져올 수 있다. 해당 본문의 어떤 부분에 대한 명확한 해석을 불가능하게 하는 모호성들이 있는지 살피고 대안을 제시해야 한다.

히브리 성경의 주요한 본문들은 페르시아 시대(포로기 이후)의 특유한 정서법(철자를 쓰는 방식)으로 되어 있다. 왜냐면 주후 1세기의 랍비들이 공식적으로 선택한 본문들은 페르시아 시대의 글에 대한 사본들이었기 때문이다. 따라서 고대의 형태론적 특징들이 있는지 여부를 파악할 필요가 있다. 형태론이란 접미어들과 접두어들 같은 단어의 의미에 영향을 미치는 부분들을 가리킨다(중급 수준의 히브리어 지식이 요구된다).

8. 사전적 자료들

단어와 개념은 서로 다르다는 점을 기억해야 한다. 특정한 개념은 서로 다른 단어들 또는 표현들을 통해서 나타내질 수 있다. 예를 들면, 누가복음 10장에 나오는 선한 사마리아인의 비유에서 이웃을 사랑하라는 개념을 설명하지만, 비유의 내용에는 사랑, 이웃, 내 몸과 같은 단어가 등장하지 않는다. 뜻이 분명치 않거나 독자들에게 주의를 환기시키지 않는 경우에는 그 의미를 잘 파악할 수 없는 개념들, 단어들, 표현들을 독자들을 위하여 정의하도록 노력하라. 고유명사들은 거의 언제나 관심을 둘 필요가 있다. 관용어도 마찬가지인데, 관용어는 정의상 문자 그대로 즉 단어 대 단어로 번역될 수 없는 표현이기 때문이다.

큰 것에서 작은 것의 내림차순으로 작업하면서 본문해석에 있어서 중요하거나 핵심적인 것이라고 생각되는 것들을 다 골라내라. 그 다음에 가장 중요한 것으로부터 별로 중요하지 않다고 생각되는 순서로 해석해나가라. 본문의 의미는 그 개념들의 의미에 의거하여 세워지기 때문에, 개념들이 명확해질수록 해당 본문은 더 명확하게 이해될 가능성이 커진다.

가장 중요한 단어들 또는 표현들에 대해 "단어연구"(개념연구)를 하라. 이 과정을 거쳐서 얻어낸 결론을 요약하라. 다양한 의미 범위들을 고찰하는 가운데 단어 또는 표현이 지닌 특별한 신학적 의미를 간과하지 말라. 단어들의 결합도 마찬가지로 개념들을 전달해 주기 때문에 가급적 귀납적으로 연구하도록 힘쓰라. 신학 사전으로부터 바로 결론을 얻어내기보다는 스스로 연구하여 얻어낸 결론들을 신학 사전에 비추어 검토하는 방식으로 진행하는 것이 바람직하다.

9. 성경적 배경

이 단계에 이르렀으면 이제부터는 더 이상 해당 본문의 개별적인 특징들에만 관심을 집중시켜서는 안 된다. 이제부터는 하나의 완결된 단계로서의 본문이 실제로 좀 더 넓은 일련의 진리의 맥락 속에 어떻게 부합되는지 관심을 기울여야 할 때다. 지금까지 고찰해 온 결과를 종합하는 능력이 필요한 단계란 의미다. 그 방법을 세 가지로 정리하자면 다음과 같이 말할 수 있다.

1) 해당 본문이 다른 곳에서 어떻게 사용되고 있는지를 분석한다. 해당 본문 전부 또는 일부가 다른 성경에서 직간접적으로 인용되거나 쓰이고 있는지, 있다면 그 차이는 무엇이며, 어떻게 해석되었는지를 비교하라.

2) 해당 본문과 성경의 나머지 부분과의 관계를 분석한다. 해당 본문은 그 본문이 속한 대단락, 책, 성경 전체 속에서 교의학적(메시지를 가르치거나 전달하는 것으로서)으로 어떻게 기능

하는지를 살피라. 목표는 해당 본문의 전체적인 메시지가 성경의 전반적인 계시 속에서 어떤 위치에 있는지를 알아보는 것이다.

3) 성경을 이해함에 있어서 해당 본문의 취지를 분석한다. 성경의 다른 곳에서 무엇이 해당 본문을 전제하고 있는지, 성경의 다른 요소들이 본문을 이해하는 데 어떤 도움을 주는지를 살핀다. 본문이 없을 경우 성경 전체적인 구도나 내용에 문제가 되지는 않는지를 파악한다.

10. 신학

이제 조직신학적 입장에서 해당 본문과의 연계성을 갖는데 필요한 세 가지 절차를 점검한다.[10]

1) 본문의 신학적 위치는 해당 본문은 기독교 신학을 포괄하는 계시 전체 속에서 어디에 해당하는지, 어떤 교리들과 관련이 있는지를 점검한다.

2) 해당 본문에 의해서 제기되거나 해결되는 특정한 문제들을 찾아내라. 본문에서 다루어지고 있는 일반적인 교리의 분야들을 넘어서서 구체적이고 특정한 문제들을 찾아내라. 본문이 말하는 주제가 얼마나 분명하게 다루어지고 있는지, 어떤 교리를 분명하게 밝히고, 또는 어떤 교리적 난제를 제기하는지를 밝혀내라.

---

10) 신학이 신학이라 불리는 이유는, 우리가 하나님을 더 잘 이해하면 할수록 우리는 인생이 무엇이며, 어떤 진리들과 실천들이 필수적이거나 중요한지, 어떤 가치들이 하나님에 대한 불순종을 잘 예방해 낼 수 있는지를 더 잘 이해할 수 있다는 사실에 있다.

3) 해당 본문의 신학적 기여를 분석하라. 본문의 기여는 신학적으로 얼마나 중요한지, 전체적인 기독교 진리 체계와 신학적으로 어느 정도나 합치하는지를 제기해야 한다. 본문의 접근 방식이나 연구방식이 본문에 대해 지금까지 다루어왔던 혹은 알려진 방식과의 차이는 있는지, 있다면 그 우월성은 무엇인지를 점검해야 한다. 본문이 가지는 신학적 가치를 최선을 다해 끌어내되, 억지로 끌어내려고 하거나 집어넣는 잘못을 범하면 안 된다.

11. 적용

본서의 목적이 논문이나 기타 연구를 위한 것이 아니고, 설교를 돕는 목적으로 쓰는 것이기 때문에 반드시 적용이 필요하다. 주석의 단계로부터 적용까지 자연스럽게 이어져야 할 것이다. 주석은 성경이 기록될 당시에 내용과 의미를 찾아내는 것이라면, 적용은 그 내용이 품고 있는 진리의 내용을 오늘 현재에 살아있는 하나님의 말씀(양식)으로 제시하는 것이다. 적용은 개인의 주관적인 판단 여부에 맡기는 것이 아니라, 신자들 모두에게 공통적인 삶의 지침으로 주어져야 한다. 적용에 있어서 객관성이 확보되어야 한다는 의미다.

특정한 본문에 대한 적절한 적용은 삶의 문제들을 검토하는 것으로 출발점을 삼는다. 본문은 삶의 어떤 측면에 관계되는지, 오늘날 개인 또는 공동체의 삶 가운데 어느 정도나 유효한 것인지를 제시해야 한다. 해당 본문 속에 포함되어 있는 모든 가능한 삶의 문제들을 찾아내어, 그런 문제들이 본문으로부터 오늘날의 상황으로 옮겨질 수 있는지를 확인해야 적용이 가능해진다.

1) 적용의 성격이 무엇인지 분명하게 하라.

정보를 제공하는 것이 주목적인지, 실천적 지시사항을 위한 것인지를 분명하게 제시해야 한다. 물론 정보 제공과 동시에 지시하는 경우가 많을지라도 좀 더 구체적일 때 효과적이라는 의미다.

2) 적용이 가능한 분야를 분명히 하라.

믿음으로 받아 간직할 문제냐, 아니면 행동으로 옮겨야 할 문제냐를 분명히 하라는 이야기다. 사실 믿음이란 행위를 수반하는 것이지 근본적으로 분리할 수 있는 문제는 아니다. 그럼에도 특정 본문에서 발견되는 주제는 둘 중 하나에 집중될 수 있기 때문이다. 그날에 선택한 본문의 강조점을 확실하게 제시하란 의미다.

3) 적용의 대상을 확인하라.

개인인가 공동체인가의 구분이 필요하다. 해당 본문 속에서 드러나는 대상이 누구인지 알고 적용하라. 전체를 대상으로 하는지, 개인이라면 어떤 부류의 사람들인지(강한 자, 약한 자, 부자, 가난한 자, 교만한 자, 겸손한 자, 직분자, 일반 신자 등)를 확인하고 적용하라. 또 적용의 범주가 사회적, 경제적, 도덕적, 종교적, 영적, 가족적, 금전적인 여부도 중요하다.

4) 적용의 한계를 밝히라.

본문이 오해되어 잘못 적용하는 사례도 많다. 따라서 어디에 적용해서는 안 되는지를 밝히는 것도 중요하다. 본문이 이중 적용의 경우에 해당하는 사례도 있으므로, 어떤 적용이 해당 본문에서 가장 중심적이고 자연스럽게 도출되는지를 결정해야 한다. 적용의 보편성과 긴급성을 분별하여 순차를 따라 제시해야 혼선을 막을 수 있다. 적용은 반드시 해당 본문에 근거해서 도출되어

야 하고, 선입견이나 개인적인 사견에 의해 해당 본문을 꿰어맞추는 식이 되어서는 안 된다.[11]

끝으로 한 마디 부언하자면, 본서에서 제공하는 이론적인 부분들은 늘 기억하면서 본문과 씨름하되 혹 잊을 경우 다시 한번 상기하는 차원에서 책을 펴 볼 수 있도록 제공하는 것이다. 목회자가 이 모든 것을 어떻게 빠짐없이 다 충실하게 적용하며, 설교하고, 목회할 수 있을까 염려하지 않아도 된다.

---

11) 이상의 구약주해방법은 Douglas Stuart의 『구약주석방법론』 26-70를 중심하여 요약 정리한 것이다.

신약 주해방법

신약을 해석함에 있어 가능한 해석의 방법들을 몇 가지 제시하고자 한다.

첫째, 하나의 구절을 해석할 경우 여러 가지 다양한 연구방법들이 모색되어야 한다. 본문 연구 및 언어연구, 배경연구, 자료, 양식, 문맥 연구 등이 중요한 역할을 한다.

둘째, 본문 이야기를 단순한 역사로 다루는 '역사적인' 차원이 있고, 저자 자신이 이해한 의미를 충분히 전달하는 '저자의' 차원이 있고, 그 이야기로부터 타당한 간접적인 통찰력을 얻을 수 있는 '해석자의' 차원이 있다.

셋째, 본문이 원 저자가 의도한 최초의 독자들에게 무엇을 의미했는가를 발견하는 것이다.

넷째, 본래의 독자에게 의도된 본문의 의미를 뛰어넘어 얼마나 오늘날의 우리를 위한 의미에까지 도달할 수 있을까를 찾는 것이다.12)

구약주해방법이나 신약 주해방법이 어떤 차이가 있을까? 특별한 차이는 없다. 다만 신구약의 위치와 특성상 약간의 차이

---

12) I. Howard Marshall, 『신약해석학』, 이승호·박영호 옮김, (고양: 크리스챤 다이네스트, 2007), 19-20.

는 존재한다. 여기서는 그 차이에 근거한 종합과 요약을 제시하고자 한다.

1. 신약의 원전 석의

설교 석의를 위한 간편한 지침을 요약해본다.

1) 문장구조분석

본문의 구조를 분석하는 것은 본문을 이해하는 데 도움이 된다. 구조분석은 단락 나누기부터 시작한다. 본문은 어떻게 나누는 것이 좋은 방법일까? 이에 대한 구체적인 내용은 히브리 사고방식이란 주제하에 2권에서 다루려고 한다.

(1) 반복표현법

마태복음에서 Καὶ ἐγένετο συετέλεσεν ὁ᾽Ἰησοῦς(예수님이 말씀을 마치셨다)가 5회 등장하는데(7:28; 11:1; 13:53; 19:1; 26:1), 예수의 가르침이 끝나고 새로운 단원을 시작하는 담화 표지에 해당한다.[13] 수미쌍관으로 단락이 구분되는 경우도 반복표현법에 해당하는데, 대표적으로 마태복음 4:23과 9:35에서 나타난다(참고. 막 8:22-10:52).

(2) 평행법

서로 유사한 내용을 가지기도 하고(동의적 평행법), 대조되는 내용으로 나타나기도 한다(대조적 평행법). 평행법은 단순한 반복이 아니며, 선행하는 행을 구체화하거나 그 의미를 분명히 정의하거나 혹은 강화시키고 대조시키는 반복이다.[14] 따라서 평행법

---

13) 신현우, 『신약 주석학 방법론』 (용인: 킹덤북스, 2014), 95-96.
14) William W. Klein, Craig L. Blomberg, & R. L. Hubbard, 『성경

은 단어의 의미를 파악하는 데 도움을 주고, 문장이나 구절, 단락을 해석하는 데 서로 도움이 된다.

2) 본문을 확정하라

본문을 확정하라는 말은 번역본을 가지고 설교 본문을 선택하라는 의미가 아니라 설교 본문으로 선택할 원문을 확정하라는 의미다. 즉 신약 사본으로는 현재 네슬-알랜드 28판, UBS 5판, 스테판 사본 등 다양한 사본이 있기 때문에, 그 가운데 자신이 하나를 본문으로 선택하여 연구해야 한다는 뜻이다. 이 부분은 어느 정도 사본에 대한 기본적 지식을 필요로 한다. 그러나 사본 상 특성의 차이는 있지만, 크게 다르지 않고, 두 종류 이상의 사본을 함께 비교하며 연구할 수 있다면 더할 나위가 없이 좋을 것이다.15)

3) 문법분석

문법은 어형론(단어의 종류와 구조에 대한 조직적 분석-명사 변화, 동사 활용 등)과 구문론(큰 구조 속에서의 단어들의 배열과 상호관계)으로 구성된다.16) 본서는 문법의 최소한의 기본적 요소들을 안다(기초 헬라어를)는 전제하에 쓰여진 책으로서, 아직 용어들의 뉘앙스에 대해 상당히 어려움을 겪는 사람들을 염두에 두었다. 문법책은 앞에서 추천했으니 참고하기 바라고, 기본적인 문법에 대한 요약 역시 본서의 한 장을 할애하며 정리해두었으

해석학 총론』, 류호영 옮김, (서울: 생명의 말씀사, 2008), 441.
15) 그런 차원에서 슈퍼바이블은 두 개의 사본을 상호비교하기 좋도록 쉽게 구성되어 있기에 유용한 프로그램이다.
16) William W. Klein, Craig L. Blomberg, & R. L. Hubbard, 392-393. '어형론'은 개개 단어의 형태에 관심을 두는데, 전형적으로 단어들이 한 언어 속에서 그들의 기능을 나타내고자 어떻게 어형이 변화되는가를 살피는 일이다. '구문론'은 의사전달을 목적으로 언어 내의 다양한 구성요소들을 결합하기 위하여 언어체계를 기술하는 일이다.

니 도움이 되기 바란다. 여기에서는 해석을 위한 헬라어 문법적 요소들에 대해 보충적 설명을 하려고 한다.

(1) 동사
동사의 문맥과 관련하여 이해할 때, 신약의 동사는 표현되고 있는 동작의 법, 시상, 시제, 종류 그리고 태 등을 나타낸다. 해석자는 각각의 문장에서 표현하고 있는 동사의 법과 일관되게 해석해야 한다. 영어에서 시제는 주로 시간에 중점을 두지만, 히브리어나 헬라어 같은 언어는 동작의 종류와 시상을 나타낸다. 즉 저자의 관점에서 동작의 종류를 구체화한다.[17] 시제 형태(현재, 부정 과거형 등)는 시제를 가리키기보다 동작을 서술하는 방식과 관련된다. 저자가 동작의 성격을 어떻게 제시하고 있는가를 주체적으로 보여준다는 의미다. 따라서 시제 형태를 무조건 시제로 해석하지 않도록 주의해야 한다. 현재형, 미완료 과거형은 "진행", "반복"을 의미하며, 부정 과거형은 진행인지 아닌지 구분하지 않는다고 보는 것이 좋다.[18] 현재형에 담긴 기본적 의미 역시 현재의 시간이 아니라 본질 혹은 미완료(진행)적 동작 방식에 대한 생생한 기술이다.

(2) 관사
헬라어는 부정관사가 따로 없다. 그러나 관사가 없다고 해서 반드시 불확정적인 것은 아니다. 어떤 것을 불확정적으로 나타내려면 부정대명사(τις)를 사용한다. 관사를 가진 명사와 없는 명사가 함께 쓰일 경우 관사 있는 명사가 주어이고, 두 명사가 모두 관사를 가졌을 경우 앞에 나온 명사가 주어다(참고. 요 1:1).[19]

---

17) William W. Klein, Craig L. Blomberg, & R. L. Hubbard, 411-413.
18) 신현우, 78.
19) 신현우, 79.

(3) 연결사

문법을 논할 때 연결사(접속사 또는 관계대명사)는 반드시 다루어야 할 중요한 요소다. 연결사가 한 문장의 여러 부분들이 어떻게 하나의 전체를 이루고 있는가에 대한 표지로서 의의를 가진다. 해석자가 반드시 주목해야 하는 연결사의 목록을 도표로 제시하니 참고하라.[20]

형태	항목	연결사의 예
시간 혹은 연대기 형태	시간	…후에, …하는 한, …전에, 지금. 그동안, …이래로, 그때에, …까지, …할 때, 언제라도, …하는 동안
장소 혹은 지리적 형태	위치	곳, 옆에, …위에, 위쪽에, …밑에, …아래, …에(at)
	방향	…에(to), …를 향해, …로부터
논리적 형태	연속	그리고, 또한, 이외에, A와 B 모두, 더구나, 게다가, 마찬가지로, 그 결과, A뿐만 아니라 B도
	대조	비록 …할지라도, 그러나, 그런데, 훨씬 더, 그럼에도 불구하고, 그렇지 않다면, 여전히, 반면에
	목적	…하기 위해서, 그래서 …하기 위해
	결과	그래서 …한다, 결과적으로, 그래서, 그런 연유에서, 그렇다면
	추론	그러므로, 그러기에, 그러고 나서
	이유	…이므로, …때문에, 왜냐하면, 반면에, …하기 때문에, 이유는
	조건	마치 …인 듯, 만약 …하지 않는다면, …하지 않기 위하여, …을 전제로 하여, 만약 …라면.
	양보	비록 …하지만, 그렇더라도, …에도 불구하고, 만약 …않는다면, …하는 동안에.

---

20) William W. Klein, Craig L. Blomberg, & R. L. Hubbard, 414-416.

양태적 형태	동인/수단	…에 의해, …를 통해, …를 수단으로
	방법	…식으로, …대로
	비교	또한, 이와 같이, …처럼, A와 같이 B도, 정말로, 사실상, 마찬가지로, 그러기에, 역시, 더구나, …보다.
	예	예를 들어, 사실은, 말하자면
강조적 형태	강조	정말로, 오직, 마지막으로

(4) 태

태(능동태, 중간태, 수동태) 중에 헬라어에만 있는 중간태를 이해하는 것이 가장 까다로울 것으로 여겨 보충 설명하려고 한다. 중간태는 주어가 행동을 하여 혜택을 받거나 주어가 직접 참여하는 것을 의미하는데, 주어가 가장 강하게 작용하는 것을 나타낸다. 문맥에 따라 "자기 자신을 (위하여) …하다"로 번역한다.[21]

(5) 미완료형

미완료 형태는 시제와 관계없이 계속 진행되는 동작을 가리킨다. 또는 어떤 "시도"(conative)를 의미하기도 한다.[22]

(6) 부정 과거형

부정과거(aorist)는 신약에서 가장 많이 쓰이는 형태로 기존 문법에서는 과거의 단회적인 사건을 가리키는 것으로 이해했으나 글자 그대로 어떤 사태를 불확정적으로 기술하는 것을 의미한다. 따라서 단회적인 사건뿐만 아니라 반복된 사건을 가리키기도 한다(빌 2:12).[23]

---

21) 신현우, 80.
22) 신현우, 81.
23) 신현우, 81-82. 부정과거 시제는 어떤 사건을 개념화하여 붙잡는 시제 형태일 뿐 그 사건 자체가 단회적이라고 서술하는 문법 형태가 아

(7) 분사

분사의 시제와 무관하게 주동사보다 순서상 먼저 등장하는 분사는 주동사보다 먼저 일어난 동작을 가리키고, 나중에 등장하는 분사는 동사 또는 후속 동작을 가리킨다. 분사의 시제 역시 문맥을 통해 확인해야 한다.[24]

(8) 가정법

가정법의 기본적 의미는 저자나 화자 생각의 투사다. 실제 공간이 아니라 가상의 세계에서 이루어지는 것을 의미한다. 현재형은 동작의 진행을 함축하고, 부정 과거형은 그런 함축 없이 동작을 기술한다. 예를 들면, εἰ(조건을 나타내는 기본 불변사) + 직설법을 실재가 전제하는 것으로 이해하여 "…이라면" 대신에 "…이므로"로 해석해 왔으나 전제되는 것이 실재가 아닐 수도 있다(마 12:27).[25]

4) 단어분석[26]

표면상 단어는 아주 간단해 보인다. 사람들은 각 단어를 연결하여 더 큰 단위의 사고로 결합하여 의미를 전달한다. 단어가 가지는 성격에 대해 중요한 이슈들을 정리하면 다음과 같다.[27]

니다. 부정과거가 동작의 시작을 나타내기도 하기 때문에 부정 과거형의 실제 시제는 문맥에 의해 결정된다.

24) 신현우, 82-83. 기존 문법에서 현재분사는 주동사와 동일한 시간에 진행 중인 동작을 묘사하고(…하면서), 부정 과거분사는 주동사보다 먼저 일어난 동작을 묘사한다(…한 후에)고 가르쳤다. 그러나 예외가 있기 때문에 새로운 주장이 제기되었다.

25) 신현우, 83.

26) 2권에서 히브리어를 다룰 때 특별히 세부적인 연구방법을 제시하고자 한다.

27) William W. Klein, Craig L. Blomberg, & R. L. Hubbard, 361-372.

① 단어는 임의적인 표지이다.
② 단어는 의미영역을 갖는다.
③ 단어의 의미는 중첩된다.
④ 단어의 의미들은 시간의 경과에 따라 변한다.
⑤ 단어는 내포적 의미와 외연적 의미를 가진다.

단어연구의 목적은 저자가 문맥에서 그 단어를 사용하여 전달하고자 했던 뜻이 무엇인지 가능하면 정확하게 이해하는 데 있다. 이 과정에서 주의해야 할 것 두 가지를 먼저 말해두는 것이 안전하다.

첫째, 어근의 함정에 빠지지 않도록 주의하라.
어떤 단어의 어근 혹은 어원을 아는 것은 그것이 아무리 흥미 있는 일일지라도 주어진 문맥에서 나타내고자 하는 그 단어의 의미에 대해서는 아무것도 말해주지 않는 경우가 대부분이기 때문이다. 원어를 한다는 사람 중 많은 사람이 이 함정에 빠져 잘못된 해석을 내리는 경우가 많음을 알고 주의하는 것이 필요하다.

둘째, 과도한 단어분석의 위험을 피하라.
어떤 문맥에서 특정 단어들의 사용을 지나치게 중요시하여 지나치게 의미 분석을 시도하는 경우가 있는데, 이는 저자의 의도를 왜곡할 수 있다. 저자가 단순히 즐겨 사용할 수도 있고, 다양성을 위해(사랑을 말하고자 할 때 ἀγάπη(26)와 φιλέω(5368)를 번갈아 사용하는 경우), 언어유희나 두운법 때문에 혹은 문체상의 즐거움을 주기 위한 다른 이유 등이 있다.[28] 다음 세 단계의

---

28) Gordon D. Fee, 『신약성경 해석방법론』, 장동수 옮김, (고양: 크리스챤출판사, 2003), 122-123.

분석을 참고하라.

(1) 본문에서 특별히 연구해야 할 중요한 단어들을 가려내라. 특별한 경우에 있어서 단어의 일반적인 뜻뿐만 아니라 특정 문단의 문맥을 아는 것이 필요하다. 문단이나 단락에서 주제로 떠오르거나 반복되는 단어들에 유의하되, 언뜻 보기보다 문맥에서 더 많은 중요성을 지닐 수 있는 단어들에 유의하는 것이 좋다.

(2) 현재 본문의 문맥 속에서 주요한 단어들의 의미영역을 확정하라. 단어가 신약성경에 출현하기 이전 시기에서의 용례를 살펴보는 것이 중요하다. 그 단어가 역사적으로 어떻게 사용되어 왔는가에 대한 느낌을 갖는 것이 필요하다(BDAG 사전이나 Biblelex 프로그램을 활용하라). 동일 저자의 다른 글에서 사용된 용례를 확인하라.

(3) 문맥을 주의 깊게 분석하라. 선택의 폭을 좁힐 수 있는 단서가 되는 내용이 문맥 안에 있는가를 조사하라.[29]

5) 문학적 문맥

본문에 쓰인 단어의 뜻을 파악하기 위해 사전에서 출발할 수는 있지만, 사전적인 의미만으로는 한계가 있다. 사전은 그 단어가 가질 수 있는 여러 가지 의미들을 알려준다. 해석자가 선택한 본문에서 그 단어가 어떤 의미로 사용되었는지 알려면, 그 용례를 파악해야 한다(성구 사전 이용). 단어 자체가 가지는 의미가 다양하기 때문에 해당 문맥 속에서 가장 적합한 의미를 찾는 것이 해석자의 과제다.

"단어들은 상호문맥 속에서 작용하며, 문맥으로부터 진정한 의

---

29) Gordon D. Fee, 123-125.

미를 얻는다."(Bock). "의미는 문맥에 의존한다."(Gorman)고 진술한다. 단어의 의미는 문맥 속에서 저자가 의도적으로 중의법을 사용하는 경우를 제외하고는 오직 하나다. 치섬(Chisholm)은 "한 단어의 의미를 특정 문맥에서 파악할 때, 해석자는 가능한 의미들 가운데 오직 하나의 의미만을 선택해야 한다."고 주해의 원리를 제시한다. 물론 어떤 단어나 어구가 문자적인 의미 대신 비유적인(figurative) 의미를 가질 수도 있다. 그러나 이런 경우에도 그 의미는 문맥을 통해서 드러나며, 여전히 단어의 뜻은 기본적으로 하나다.

'상징'의 예를 들어보면, 누가복음 13:6에서 포도원에 심겨진 무화과는 무엇을 가리키는가? 구약에서 무화과는 종종 이스라엘을 상징한다.[30] 물론 한 단어는 동일한 책에서도 여러 가지 의미로 쓰일 수 있기 때문에 용례와 함께 항상 문맥이 고려되어야 한다. 이같이 용례와 문맥은 주해를 위해 서로 보완해주는 해석학적 순환 관계에 있다. 칼빈은 근접문맥뿐만 아니라 원격문맥을 통해서 본문의 의미가 드러난다고 보았다.[31]

성경해석의 기본원리는 본문이 의도한 의미는 본문이 속한 문맥의 의미와 일치해야 한다는 것이다.[32] 문맥 연구의 범주로는 가장 가까운 문맥부터 성경 전체로 확대되어 나간다. 물론 가장 영향을 끼치는 중요도는 인접 문맥에서부터 성경 전체로 확대될수록 줄어드는 것이 사실이다.

6) 역사적/문화적 배경연구

본문을 이해하기 위해서는 저자가 전제하는 배경 지식이 필요하다. 그런 정보는 어떤 역사적 사실일 수도 있고, 문화적/종교적 관습일 수도 있으며, 지리적 정보나 언어적 표현방식(관용

---

30) 렘 8:13; 24:5,8; 호 9:10; 미 7:1.
31) 신현우, 151-159.
32) William W. Klein, Craig L. Blomberg, & R. L. Hubbard, 315.

어)일 수도 있다. 그러므로 해석자가 성경을 바로 해석하기 위해 주변 문헌을 사용할 필요가 있는데, 도움이 되는 것은 동시대 문헌들이다. 이런 문헌으로는 쿰란 문헌이나 중간기 시대 문헌 혹은 랍비 문헌(미쉬나, 탈무드, 미드라쉬 등) 등이 있다. 이것들 가운데 신약 해석에 우선 중요한 것은 중간기 및 1세기 유대 문헌들이라 할 수 있다. 구약의 외경 또한 중요한 문헌에 속한다.[33] 칼빈도 언어, 문화, 역사, 종교적 배경을 활용하여 성경을 주해했다.

성경에 기록된 문헌이나 사건들은 수천 년의 시간 간격을 가진 때로부터 유래한다. 고대의 언어, 문화, 생활양식의 반영을 넘어서 현재 우리와 다른 사람들에게 그들의 메시지를 기록한 것임을 알아야 한다. 성경 구절들은 우리에게 하나님의 말씀으로 주어졌다고 성급하게 말하기 전에 다른 민족에게 전해진 하나님의 말씀이었던 것은 부인할 수가 없다. 따라서 성경은 언제나 간접적으로 우리에게 다가온다. 성경해석에 있어서 왜 역사적이며 문학적인 배경연구가 중요한지 이해할 수 있을 것이다. 그 중요성은 다음 세 가지로 말할 수 있다.[34]

(1) 성경 본문의 올바른 의미를 이해하고자 한다면, 원래의 화자와 청자의 **시각**(perspective)을 이해할 필요가 있다. 전형적으로 저자와 독자 모두는 동일한 문화적 배경과 정보를 공유하고 있고, 동 시간대에 살았기 때문에 성경은 일일이 그들의 시각에 대해 언급하지 않는다. 따라서 성경 해석자는 동일한 언어와 세계관을 가지고 있던 성경이 기록된 시대로 돌아가야 하는 상황을 이해할 필요가 있다. 성경 저자는 오늘의 우리 상황을 염두에 둘 이유가 전혀 없었다. 그러므로 우리는 그들의 시각을 따라 그들

---

33) 신현우, 165-168.
34) William W. Klein, Craig L. Blomberg, & R. L. Hubbard, 342-346.

의 저작들을 이해해야만 한다.

(2) **사고방식**을 알아야 한다. 성경 기록에 나타나는 각각의 문화나 규범에는 정적이며 감정상의 강화를 규제하는 가치체계를 보여준다. 그것은 문화별로 다를 수 있다(눅 13:32의 여우는 교활함이나 가치 없음을 나타냈다). 성경 계시는 특정한 문화권 내에서 전달되었고, 모든 인간의 언어는 문화적으로 제한을 받는다는 사실을 인정해야 한다.

(3) 앞의 두 가지(시각과 사고방식)가 본래의 수신자들에게 의도되었던 의미를 발견하기 위하여 역사적/문화적 배경을 알아야 될 중요성을 강조한다면, **상황화**는 성경의 메시지를 오늘날의 세계에 정확하게 표현해내는 일에 초점이 있다. 좋은 해석자는 고대 성경 시대와 현대 사회 두 세계를 산다. 해석자는 성경 시대와 현대 세계를 모두 알므로 이들 사이의 차이를 연결할 수 있도록 해야 한다.

2. 신약의 구약사용

신약에 구약의 인용이 많이 나타나는데, 이는 단순한 인용만이 아니라 해석적 인용도 많이 나타난다. 예수님과 사도들은 구약을 해석하면서 점진적 계시를 나타냈다(갈 3:16; 고전 10:1-4). 이것이 성경 자체 속에서의 성경해석이다. 이러한 성경 속의 성경해석은 우리의 성경해석의 정당성과 필요성을 강력하게 뒷받침한다.[35] 신약의 저자들은 그리스도가 새로운 어떤 것을 세운다고 생각하기보다는 오히려 옛 언약을 성취한다는 종말론적 차원에서 이해했다. 따라서 신약의 저자들은 구약

---

35) 권성수, 14-15.

을 인용하는 방식에 있어서 동등하게 중요한 것은 상호본문성에 입각해 사용했다(눅 1:26-38과 삼하 7:14-15을 보라).[36]

일단 신약에서 구약참조 구절을 확인하고 나면, 신약의 저자가 어떻게 해석하고 있는지에 대한 연구에 착수할 수 있다. 신약에 담긴 구약을 이해하는데 Gregory K. Beale은 아홉 가지 방식을 제시했다.[37] 여기서는 그에 대한 개관만을 실을 예정이다.

1) 구약 참고 구절을 확인하라.
   구약 참고 구절이 인용인가, 암시인가? 만일 구약 참고 구절이 암시라면 구약 참고 구절이 암시라는 확증이 따라야 한다.
2) 구약 참고 구절이 등장하는 신약의 넓은 문맥을 분석하라.
3) 구약의 폭넓은 문맥과 인접 문맥을 함께 분석하면서 특히 인용이나 암시가 등장하는 단락을 철저하게 해석하라.
4) 구약 본문에 대한 신약의 이해와 관련이 있을지도 모르는 초기 및 후기 유대교에서의 구약 본문 사용을 살펴보라.
5) 신약, 70인 역, 마소라 본문, 탈굼 역, 초기 유대교 인용구(사해 두루마리, 외경, 요세푸스, 필론) 등의 본문들을 비교하라. 다양한 차이점들에 밑줄을 긋거나 이를 색깔별로 구분하라.
6) 저자의 본문 상의 구약사용을 분석하라(저자는 어느 본문에 의존하고 있는가? 또는 저자가 사역(私譯)을 하고 있다면 구약 본문의 해석과 어떤 관련이 있는가?).

---

36) Gordon D. Fee, 146-147.
37) Gregory K. Beale, 『신약의 구약사용 핸드북』, 이용중 옮김, (서울: 부흥과 개혁사, 2013), 80-100. 저자는 성경 기자의 의도를 완벽하게 해석하는 것을 전제하는 것이 아니라 한 본문을 살펴볼 수 있는 다른 시각과 더 나은 이해를 제안하는 것이라고 부언 설명한다.

7) 저자의 해석학적인 구약사용을 분석하라.

8) 저자의 신학적인 구약사용을 분석하라.

9) 저자의 수사학적인 구약사용을 분석하라.

복음의 요약으로 유명한 고린도전서 15:3-4에는 "성경대로"란 표현이 반복하여 나타난다.[38] 중심요지는 예수 그리스도의 죽음과 부활이 성경대로 이루어졌다는 이야기다. 그 외에도 구약에 기록된 예언을 성취하는 차원에서 인용되거나 문맥적으로 징조가 적용된 것으로 말한다(눅 24:44-47; 롬 15:4). 그 대표적인 것이 모형론이다.[39] 송영목은 모형론은 예표(예상)와 상응(일치)의 두 가지로 나눌 수 있다고 말한다. 두 가지의 공통점은 성경 자체에 근거한 역사적 해석이라는 점이다. 신약 특히 구약을 해석하는 신약 본문에는 구약의 경우보다 더 분명하게 모형론이 나타난다.[40] 구약 이스라엘은 신약 교회의 모형도, 대체도, 상징도 아니다. 교회는 전혀 새로운 공동체로서 이스라엘이라는 참 감람나무에 접붙임을 받은 것이다. 하나님의 선택받은 대상이라는 공통점은 있어도 분명히 구별된다. 혈통적 이스라엘과 이면적 유대인으로서의 교회는 서로 다른 존재들이다.

해석자의 임무는 본문이 과거에 의미했던 것이 아니라 궁극

---

38) 그때 당시의 "성경대로"란 표현은 구약을 가리킨다.

39) 폰 라드를 포함하는 많은 학자들은 모형론을 신구약의 관계를 약속과 성취의 관점에서 접근하는 것과 관련된 역사에 대한 해석이라고 말한다. 송영목은 넓게는 성경해석, 좁게는 신약의 구약사용 연구에서 모형론을 어떻게 이해하느냐에 따라 견해가 달라진다고 말하며, 불필요한 오해와 혼동을 방지하기 위해 좀 더 정확한 정의가 필요하다고 한다. 송영목, 『신약과 구약의 대화』, (서울: CLC, 2010), 359-360.

40) 송영목, 361-367. 모형론의 기본원칙은 ①철학적이라기보다는 역사적이어야 한다. ②모형과 실체 사이에는 일치하는 면이 있어야 한다. 다윗 왕은 미래에 등장할 왕의 모형; 사 11:1; 55:3-4; 렘 23:5; 겔 34:23-24; 암 9:11.

적으로 오늘날 의미하는 것이 무엇인지를 끌어내는 것이다(히 1:1-2). 심지어 바울은 그리스도 이전에는 성경 이해도 불가능함을 말한다(고후 3:14-16). 1세기에는 관례적으로 하나의 사실을 변경된 인용 속에 끼워 넣음으로 강조를 만드는 일에 만족했다(미 5:2 → 마 2:6). 또 다른 관례는 한 구절에서 일부분을 취하여 다른 한 구절의 일부분과 결합함으로써 혼합인용을 만드는 일이다(행 1:16-20 → 시 69:25 + 109:8).[41] 우리가 알아야 할 것은 우리는 항상 해석된 본문을 다루고 있다는 사실이다. 인용 구절 자체만 보면 상관이 없어 보일 수도 있는 이유(단수, 복수, 또는 시대적 상황, 대상이 다름 등)가 여기에 있다. 이런 것들을 "해석된 본문을 인용"한다고 말한다.[42]

'인용'은 "기록하기를"(마 1:2), "이루려 하심이라"(마 2:15) 등과 같이 지시하는 특징이 있지만, 그 외 '암시'나 '반향'은 잘 드러나지 않는다. 대표적으로 요한계시록에는 인용이 거의 나타나지 않는다. 암시는 인용보다 간파하기가 매우 어렵다. 암시란 절(節)일 수도, 구(句)일 수도, 한 단어일 수도 있기에 신약의 저자가 독자들이 구약과의 연관을 고려해야만 한다고 의도했다는 것을 항상 확신할 수 있는 것이 아니다.[43] 어떤 학자는 요한계시록에 '인용'의 표현은 하나도 없을지라도 '암시'는 250-1,000회에 이른다고 말하기도 한다. 즉 사람에 따라 보고 느끼는 것이 다르다는 이야기다. 일부러 의도하지 않은 사소한 암시가 발생할 때, 학자들은 그런 현상을 "반향"이라고 부른다. 암시는 단지 자연스럽게 발생한다. 캐어드(Caird)는 요한계시록 저자가 바로 이 반향을 지속직으로 사용했다고 주장한다.[44]

---

41) 이런 방법은 가끔 '카라쯔'(charaz) 방법이라고 언급된다. Walter C. Kaiser, Jr., 『신약의 구약사용』, 성기문 옮김, (고양: 크리스챤 다이제스트, 2003), 20.
42) Steve Moyise, 『신약의 구약사용 입문』, 김주원 옮김, (서울: CLC, 2011), 21-23.
43) Walter C. Kaiser, Jr., 16.

구약을 인용할 때 신약에서 본질적인 대다수의 인용과 암시는 70인역(LXX)을 반영한다. 물론 히브리 성경(맛소라)에 부합하는 일부 인용문들도 있다.45) 그러나 히브리어 및 헬라어 성경 모두46)와 전혀 다른 히브리어와 헬라어 성경 모두의 요소를 반영하는 것도 있다.47)

카이저는 프레드릭 가드너(Frederic Gardiner)의 신약이 구약을 인용할 때에 사용하였던 네 가지의 일반적인 유형들에 대해 신약의 구약 인용의 모든 현상을 적절하게 포괄하는 것으로 이해한다.48) 그리고 이어서 잭 와이어(Jack Weir)의 구약을 해석하는 신약의 다섯 가지 방법론을 소개한다.49)

(1) **문자적/역사적** 방법론; 구약의 인용이 자체의 원래적 문맥에서처럼 신약에서 동일한 의미를 지니는 것.

(2) **페쉐르**50) 방법론; 구약 본문들을 원래의 역사적 상황은 고

---

44) Steve Moyise, 23-24.

45) 마 2:15,18; 9:13; 12:7; 27:46.

46) 마 4:7; 13:14,15; 19:4.

47) Walter C. Kaiser, Jr., 21. 마 15:4; 19:5,18,19; 막 12:36; 요 10:34.

48) Walter C. Kaiser, Jr., 24. ①논증의 목적을 위해서, ②모든 시대에 유사하게 속하는 일반적인 진리의 표현으로서, ③예화로서, ④원래의 용도, 저자들이 말하고자 했던 것과는 상관없는 단순히 거룩하고 친근한 단어들이 표현된다. Frederic Gardiner, "The New Testament Use of the Old" In *The Old and New Testament*, (New York: James Pott, 1885), 312.

49) Walter C. Kaiser, Jr., 27-28.; Jack Weir, "Analogous Fulfillment: The Use of the Old Testament in the New Testament," Perspectives in Religious Studies 9 (1982): 67-70.

50) 쿰란 공동체가 쓰는 해석방법을 페쉐르(פשרים, 해석)라고 하며, 예언서에 등장했던 과거의 사건이나 대상을 현재의 맥락에서 이해하는 방식을 말한다. 왜냐하면 이들은 성서의 의미를 종말론적으로 보았고, 동시에 현재를 마지막 때로 인식했기 때문이다. 페쉐르 방법은 사도 바울이 구약을 인용할 때 주로 활용하는 방법이다(갈 3:16; 고전 10:1-4). 바울은 구약의 내용을 신약에 인용할 때 그리스도의 죽음과

려하지 않고, 신약의 저자들이 당시의 사건들에 직접적으로 적용하여 가끔은 공동체의 새로운 신학적이며 역사적인 필요성에 적합하도록 하는 과정 가운데 그런 구약 본문들을 수정하는 것.

(3) **유형론적** 방법론; 구약의 유형(type)과 신약의 원형(antetype), 즉 개인들(아담), 관행(희생 제사), 직책(제사장), 사건들(출애굽 사건), 행위(구리 뱀을 높이 듦), 그리고 사물(장막) 사이의 하나님이 제정하신 유사성들에 초점을 맞추는 것.

(4) **알레고리적** 방법론은 제시될 수 있는 신학적 개념들을 통해 구약 본문의 역사적 상황과 저자의 참 의도를 단순히 심상과 배경물 정도로 여기는데 반하여, 신학적 내용에 초점을 맞추는 것(갈 4:21-31; 히 7:1-10).

(5) **신학적** 방법론은 일반적 전통들 내에서 하나님의 목적, 언약, 구속사 혹은 구약 배경에 대한 기독론과 같은 신약의 신학적 동기들을 설정한다.

부활을 정점으로 이룩된 구속 성취의 관점에서 해석한다. 바울은 신약의 맥락에서 구약을 해석한다.

3

히브리 사고방식

원문을 제대로 해석하는 과정에는 또 하나의 걸림돌이 있다. 그것은 히브리 민족의 특성인 그들만의 사고방식과 문화에 대한 지식이다. 그들이 사용하는 관용어라든지, 어떤 문제에 대해 어떻게 생각하고 이해하는지 등에 대한 사전지식이 없으면, 그들의 언어로 쓴 성경을 올바로 해석한다는 것은 불가능하다. 자칫 자기식 해석에 빠져 엉뚱한 말을 할 수 있는 위험이 있기 때문이다. 신약도 헬라어로 기록되었다고 하더라도 언어만 헬라어지 사고방식은 여전히 히브리적 사고방식으로 이해한 내용을 기록한 부분이 다수 있기 때문에, 어쨌든 히브리적 사고방식을 안다는 것은 필요하고 중요하다. 따라서 히브리적 사고방식을 이해하는데 필요한 사전지식을 습득하는 만큼 성경해석에 도움이 된다는 것을 알고 준비하면 좋을 것이다.[51] 이에 여기 일부나마 원어 해석자를 위한 히브리적 사고를 이해하는 데 도움이 되는 내용으로 관용어와 문화 코드를 맛보기로라도 제공

---

51) 히브리적 사고방식에 근거한 책들이 편찬되고 있으니 참고하기 바란다. 유대인의 상징주의를 다룬 장재일, 『목사님 밥하고 설교하세요.』, (서울: 쿰란출판사, 2009). 히브리적 관점으로 마태복음을 해석한 장재일, 『히브리적 관점으로 다시 보는 마태복음 1,2』 (서울: 쿰란출판사, 2011). 김주석, 『히브리적 사고로 성경을 생각하라』 (대구: 도서출판 동행, 2012). 김형종, 『히브리사고 베이직』, (서울: 솔로몬, 2015).

하고자 한다.

1. 히브리 사상

하나님은 자신의 말씀을 유대적인 문화와 환경 가운데서 주로 유대인들을 통해 기록하게 하셨다. 따라서 히브리적 사고방식을 무시하는 것은 결과적으로 기독교 신앙을 파괴하는 것에 다름없다. 이방인인 우리가 그들의 문화 속으로 들어가고, 그들의 시각으로 성경을 볼 때, 그들의 사상이 얼마나 힘이 있으며, 풍요하고 다양한지를 발견할 수 있다. 그것은 그 자신의 뉘앙스들과 모습들을 가지고 있기 때문이다.

1) 활동적인 민족성

현대인들은 점차 구경꾼으로 만족하는 수동적 인간이 되어 가고 있다. 영화, TV, 각종 미디어, IT가 발전하면서 더욱 구경꾼으로 만족하는 인간으로 퇴보하고 있다. 실제적인 삶을 살기보다는 사이버 세상에서의 삶으로 대체하려는 듯 보고 즐기는 삶으로 대체하는 듯하다(현대가 그렇게 되어 간다). 하지만 히브리인들은 전혀 반대의 모습을 지녔다. 그들은 상당히 활동적이며 실천적인 민족으로 난폭하기까지 하다 싶을 정도였다. 그들은 주로 바깥에서 활동하는 민족으로 그들에게 진리란 사색을 통해 얻는 사상이 아니라 경험을 통한 삶이었으며, 행동하는 양심으로 사는 민족이었다.

성경을 기록한 기자들은 상당히 역동적인 그리고 행위 중심적인 어휘들을 사용한다. 이스라엘은 움직이는 하나님을 따라가는 삶이었다. 히브리 언어 자체가 다른 언어로는 그렇게 많은 것을 그토록 간단하게 옮길 수 없다는 사실을 20세기의 많은 학자들에 의해 확증되었다. 단지 어휘수가 작아 한 단어에 많은 뜻을 담아 사용한 고대 언어 정도로 치부해서는 안 된다는 이야기다. 루터는 히브리어에 대해 가장 풍부한 어휘를 가진 최고의 언어라고 찬사를 보낼 정도였다. 그는 또한 "신약성경도 비록 헬라어로 기록되기는 했지만, 헤브라이즘과 히브리적 표현으로 가득 차 있다. 따라서 그 누구도 히브리어를 알지 못하고는 성경을 바로 이해할 수 없다고 말해도 과언이 아니다. 히브리인들은 샘에서 물을 퍼마시고, 헬라인들은 샘에서 흐르는 개울을 마신다면, 라틴계 민족들은 하류에 고인 웅덩이에서 물을 퍼서 마신다"고 말할 정도였다.52)

히브리인들의 활동 중심적인 삶의 스타일은 히브리어 문장 구조에도 잘 나타난다. 영어는 보통 명사나 주어를 문장에 초두에 놓고, 그 다음에 동사나 활동을 묘사하는 단어를 위치시킨다. 예를 들면, God said(하나님이 말씀하셨다)로 표현한다. 그러나 히브리어 화법은 반대다. וַיֹּאמֶר אֱלֹהִים("말씀하셨다 하나님이", 창 1:3)로 표현한다. 히브리어에서는 강조하는 말을 가장 앞에 둔다. 따라서 히브리어는 듣거나 읽는 사람이 주어를 파악하기도 전에 즉시 동사 형태를 따라 어떤 상태 혹은 행동을 했는지 파악할 수 있다.

2) 감각의 언어

게으름, 무활동 혹은 수동성은 히브리인의 삶과는 거리가 멀다. 그들은 행하고 느끼는 사람들이다. 그래서 그들의 언어에는 추상적인 것이 드물다. 본질적으로 감각의 언어라고 할 수 있다. 오직 2차적으로만 은유 혹은 추상적이거나 형이상학적인 개념들을 나타낸다. 그래서 성경 안에는 추상적이거나 비물질적인 개념들을 구체적이고, 물질적이며, 감각적인 용어를 통해

---

52) Marvin R. Wilson, 『기독교와 히브리 유산』, 이진희 옮김, (서울: 도서출판 컨콜디아사, 2010), 161-162.

표현하는 히브리식 표현법들이 많다. 몇 가지 예를 들어보자.

* '바라보다' – '눈을 들다'로(창 22:4)
* '화를 내다' – '콧구멍에 열이 나다'로(출 4:14)
* '드러내다' – '누구의 귀를 열다'로(룻 4:4)
* '무정하다' – '마음을 딱딱하게 하다'로(삼상 6:6)
* '완악하다' – '목을 세우다'로(대하 30:8; 행 7:51)
* '준비하다' – '허리를 졸라매다'로(렘 1:17)
* '갈 결심이 서다' – '갈 곳을 향하여 얼굴을 돌리다'(렘 42:15,17; 눅 9:51)

히브리인들이 하나님을 표현할 때 신인동형론적(인간의 속성을 가진 모습으로 하나님을 표현하는 것)으로 묘사하는 것을 보더라도, 그들의 언어 특성을 알 수 있다. 하나님에 대한 인간적 표현들은 다음과 같은 표현에서도 잘 나타난다.

* 하나님의 손가락으로 쓰셨다(출 31:18)
* 여호와의 손이 짧아 구원치 못하심이 아니요, 귀가 둔하여 듣지 못하심도 아니라(사 59:1)
* 여호와의 눈은 어디서든지 악인과 선인을 감찰하시느니라(잠 15:3).

히브리인들은 구체적인 것을 좋아하며, 추상적인 것을 피하는 경향이 있기 때문에 교리 등을 조직적으로 만드는 것은 낯선 일이다. 그들의 생각 속에는 관계를 중시하기 때문에 인간이 하나님을 조직적으로 분석한다는 자체를 신성모독으로 여긴다. 그들에게 인격적인 또는 개인적인 관계는 항상 추상적인 진술이나 종교적인 사상들에 대한 단순한 지적 동의보다 훨씬 더 종교의 핵심을 잘 나타낸다. 따라서 교회는 신약성경에 나

타난 초기의 신학이 관계적이고 실존적이었음을 잊지 말아야
한다.

* 예수님이 12제자를 선택하신 이유는 자기와 함께 있게 하려 함
  (막 3:14)
* 탕자의 비유라고 불리는 성경에서의 자비로운 아버지(눅 15)
* 믿는 자들을 하나님의 자녀로 받아들임(요 1:12-13)

이 모든 구절들이 하나같이 관계의 중요성을 나타내고 있다.
히브리인들은 의지, 감정, 마음, 영적인 힘의 자리를 흔히 내장
계통에서 찾았다. 그들은 생각하는 기능들을 몸의 기관에서 일
어나는 것으로 생각했다. 심장에서 사랑하고(신 6:5), 두려움을
느끼고(신 28:65), 죄를 짓는다고 생각한다(렘 17:9). 창자에서는
전쟁을 알리는 나팔소리를 듣는 것과 같은 고통을 느낀다(렘
4:19). 간을 통해서는 멸망의 공포를 경험하고(애 2:11), 신장에
서는 기뻐할 수 있다(잠 23:16). 이것은 신약에서도 마찬가지다.
인간의 성격에 대한 내장적인 히브리 관점을 반영한다. 심장으
로 믿는다(롬 10:10). 다른 사람의 창자를 영적으로 시원하게 만
든다(몬 1:7,20). 하나님이 심판하실 때 신장을 살피신다(계
2:23).[53]
  현대인들은 자신의 감정을 많이 드러냄으로써 약한 사람으로
낙인찍히는 것을 두려워한다. 그래서 자기감정을 억누르고 숨
기기에 바쁘다. 그러나 히브리인들은 매우 열정적인 민족으로
그들의 감정을 숨기거나 억제하지 않는다. 남자/여자 가릴 것
없이 인간적인 모습을 긍정한다. 그들은 찬송하든, 기쁨을 표시
하든, 슬픔을 표시하든 솔직했다. 용사이며 왕이었던 다윗을 보
라(삼하 6:14-16; 12:15-23). 히브리인들은 어중간한 마음을 품

---

53) Marvin R. Wilson, 『기독교와 히브리 유산』, 160-167에서 요약발
   췌.

는다든지 무언가를 유보시켜 놓으면서 산다든지 하는 자세와는
거리가 먼 사람들이다.

2. 관용어

이 책에서는 일상생활과 관련된 몇몇 관용어만 소개하는 것
으로 히브리적 사고방식의 중요성을 일깨우고자 한다. 김경래
교수의 "풍습과 관련된 히브리어 관용어 연구" 논문에서 발췌
하여 싣는다.

1) 슬픔과 관련된 관용어

과거 이스라엘 백성들 가운데는 슬픈 일을 당하여 옷을 찢거
나 염소 털이나 낙타털로 짠 옷(한글 성경은 '베옷' 〈8242, שַׂק으
로 번역)을 입었다. 굵은 베옷은

① 슬픔(창 37:34; 삼하 3:31; 왕하 6:30; 욥 16:15; 사 15:3; 렘
   4:8; 6:26; 49:3; 애 2:10; 겔 7:18; 27:31; 욜 1:13; 암 8:10).
② 회개(단 9:3-6; 욜 1:8,13; 욘 3:5,6,8). 국가적인 슬픔이나 회
   개의 때에는 짐승에게도 굵은 베를 입혔다(욘 3:8).
③ 복종(왕상 20:31,32).
④ 원통함(왕하 19:1; 사 37:1)
⑤ 겸비(왕상 21:27)
⑥ 항의(에 4:1-4)
⑦ 금식(사 58:5) 등을 표현한다.

구약성경에서는 슬픔이나 회개의 때에 왕(왕하 6:30), 선지자
(사 20:2), 백성(욘 3:5,6,8)들이 굵은 베옷을 입는 것으로 묘사
한다(참조: BDB; TB).

(1) שַׂק חָגַר(굵은 베옷을 걸치다)

하가르 사크는 "베옷을 걸치다"라는 문자적인 뜻 외에 "슬퍼하다, 애곡하다"는 관용적 의미로 사용한다.[54] 신약에서 이 표현(περιβεβλημένοι σάκκους)은 계시록 11:3에 나온다. 이 기록은 아마도 죄악이 가득한 불신시대를 향한 두 증인의 슬프고 어두운 회개와 심판의 메시지를 암시하는 것으로 보인다.

(2) שַׂק וְאֵפֶר(굵은 베옷을 입고 재를 뒤집어쓰며)

사크 바에페르는 슬픔을 표시하는 베옷과 재를 묶어서 표현함으로 강한 슬픔을 나타낸다.[55] 특별히 금식과 연계하여 사용된 것이 강조를 뒷받침한다. 이 히브리어 관용어는 신약 복음서에서 회개와 관련하여 사용되기도 했다(마 11:21; 눅 10:13).(참고. 마태복음 11:21- ἐν σάκκῳ καὶ σποδῷ μετενόησαν)

2) 죽음과 관련된 관용어

히브리어 쉐올 혹은 스올(7585, שְׁאוֹל)은 일반적으로 사람들이 죽어서 가는 지하세계를 가리킨다. 여기는 의인과 악인의 구별 없이 모든 죽은 사람을 위한 처소로서의 개념을 가진다. 우리말 성경은 '음부'라고도 번역했지만 '스올'이라고 음역한 곳도 있다. 히브리인들의 매장 풍습은 커다란 굴을 판 후, 그곳에 작은 묘실을 만들어 가족무덤으로 사용한다. 각 묘실에 매장한 시신이 썩어 뼈만 남으면 후손들이 그 뼈들을 모아 무덤 한쪽에 파놓은 커다란 구덩이에 쌓아둔다. 이처럼 뼈들은 계속 차곡차곡 조상들의 뼈 위에 '더해지게' 또는 '모아지게' 된다. 아싸프(622, אָסַף)란 단어는 죽음에 의해 "모이다"라는 의미로 사용되었다. "열조에게로 모이다"(한글 개역, '열조에게로 돌아가매')라는 어구

---

54) 사 22:12; 렘 4:8; 6:26; 애 2:10; 겔 7:18.
55) 에 4:1,3; 사 58:5; 단 9:3.

는 자주 '죽다' 혹은 '죽음' 이란 뜻으로 사용되었다.56)

    (1) שַׁעֲרֵי־מָוֶת(사망의 문), שַׁעֲרֵי שְׁאוֹל(스올의 문)

    신구약 성경 여기저기에 산재해 있는 히브리식 표현들은 우리 같은 타 문화권에 속한 신자들에게는 오해를 불러일으킬 소지가 다분하다. 그들에게는 자연스러운 표현이겠으나 이방에 속한 우리들은 이해가 어려울 수밖에 없다. 마태복음 16:18에 나오는 "음부의 권세"로 번역된 부분은 문자적으로는 "음부의 문"(πύλαι ᾅδου)이란 뜻으로 구약의 '스올의 문'(שַׁעֲרֵי שְׁאוֹל)을 문자 그대로 옮긴 것이다. 그 의미는 사망이 지배하는 영역을 가리킨다(욥 38:17; 사 38:10). 스올의 빗장(욥 17:16), 스올로 내려가다(창 37:35; 민 16:33; 겔 31:15,17 등)란 표현도 있다. 사망의 권세가 주님을 이기지 못할 것이라는 사상은 성경 여러 곳에서 나타난다.57)

    (2) יֵאָסֶף אֶל־עַמָּיו(자기 백성들에게 모아지다)

    이에 해당하는 구절들이나 비슷한 관용구들을 소개하면 다음과 같다. "자기 백성들에게 더해지다(모아지다)", "자기 무덤들로 더해지다", "자기 조상들에게로 모아지다."등의 의미다.58)

3) 규례 및 풍습에 관련된 관용어

    구약이 끝나가고 제2 성전 시대(에스라 이후 주후 70년까지의 기간)를 지나면서 유대 사회에는 각종 종교적 전승이 형성되었다. 이 같은 흔적이 신약성경에 자주 나타난다.

---

56) 창 25:8,17; 49:29,33; 신 32:50; 왕하 22:20.
57) 사 25:8; 호 13:14; 고전 15:54; 계 20:14 등.
58) 창 25:8,17; 35:29; 49:29,33; 민 20:24; 27:13; 31:2; 신 32:50; 삿 2:10; 왕하 22:20; 대하 34:28.

(1) 게엔나(1067, γέεννα)

마태복음 5:22에 '지옥 불'로 번역된 헬라어 원문은 직역하면 '불의 게엔나'(εἰς τὴν γέενναν τοῦ πυρός)이다. 게엔나(γέεννα)는 히브리어 '게 벤 힌놈'(וּ בְּן־הִנֹּם)을 줄인 '게 힌놈'(וּ־הִנֹּם)을 헬라어로 음역한 것이다(수 15:8). 구약에 의하면 힌놈의 골짜기는 온갖 우상숭배 특히 몰렉 우상에게 유아들을 불살라 바친 장소로 유명하다.59) 예레미야는 이 힌놈의 골짜기가 도벳(8613, תֹּפֶת)60) 곧 "살육의 골짜기"로 바뀔 것이라고 예언했다(렘 7:29-34; 19:1-15). 이처럼 힌놈의 골짜기가 신약에서 지옥으로 사용된 곳은 여러 곳에서 찾아볼 수 있다.61) 구약에서도 신약의 지옥과 유사하게 사용된 사례가 있다.62)

(2) עָשָׂה צְדָקָה (의를 행하다)

아사 쩨데카는 "의를 행하다"란 의미다. '의'로 번역되는 쩨데카(6666, צְדָקָה)는 추상적으로 '의로움', 주관적으로 '정직', 객관적으로 '공의', 도덕적으로 '덕', 상징적으로 '번영' 등을 의미한다. 아사(6213, עָשָׂה)는 '행하다, 만들다' 등의 의미다. 이 두 단어가 함께 쓰인 관용구는 구약에서 5회 사용되었다.63) 그런데 이 단어가 마태

---

59) 수 18:16; 느 11:30; 왕하 23:10; 대하 28:3; 33:6.
60) 도벳은 힌놈의 아들(벤 힌놈) 골짜기에 있는 인신 제사의 사당을 가리킨다(렘 7:31-32). 이곳에서 유대인들이 유대 자녀들을 몰록에게 제물로 바치었다(왕하 23:10; 렘 32:35). 아하스 왕과 므낫세 왕도 자기 아들을 이곳에 바치었다(대하 28:3; 33:6). 요시야 왕이 이 산당을 부수고 인신 제사를 금지시켰다(왕하 23:10). 이사야 30:33에서 이사야는 "대저 도벳은 이미 설립되었고 또 왕을 위하여 예비된 것이라 깊고 넓게 하였고, 거기 불과 많은 나무가 있은즉 여호와의 호흡이 유황 개천 같아서 이를 사르시리라"고 도벳의 전율에 대해 언급했다. 선지자는 도벳에 대한 심판을 예언했다(렘 19:4-13; 7:32).
61) 마 5:22,29,30; 10:28; 23:15,33; 눅 12:5 등.
62) 신 32:22; 삼하 22:6; 욥 26:6; 시 9:17; 18:5; 116:3 등.
63) 창 18:19; 시 103:6; 106:3; 잠 21:3; 사 56:1.

복음 6:1에서 '의'(1343, δικαιοσύνη)로 쓰일 때 어떤 의미를 담고 있는가? 일설에 마태복음 6:1은 6장 전체의 머리말이라는 주장은 옳지 않다. 1절의 디카이오쉬네는 2-3절과 연계하여 이해해야 한다. 유대교 문헌에서도 '의'는 좁은 의미로 자주 쓰였다. 그것은 "적선" 곧 "구제"의 의미로 쓰였다. 따라서 6:1의 δικαιοσύνη는 2절의 "자비, 자선"(1654, ἐλεημοσύνη)과 같은 의미로 쓰인 것으로 이해해야 한다. 다시 말해서 유대인들은 구제 행위를 '의' 또는 '자비와 긍휼'이라는 미덕으로 본 것이다. 신약의 스테판 사본은 알랜드 사본의 δικαιοσύνη를 ἐλεημοσύνη로 쓰고 있다는 점을 참고하라(사본을 비교해보라).

4) 일상생활의 관습과 관련된 관용어

(1) מֵסִיךְ אֶת־רַגְלָיו(발을 가리다)

메씨크 에트 라그라이우는 "발을 가린다"는 표현으로 하나의 완곡어법이다. 그것은 긴 겉옷 자락으로 하체를 가리고 똥을 누는 동작을 일컫는 말이다. 이런 일은 구약에서 두 번 나오는데, 한 번은 사사기 3:24에서 모압 왕 에글론이 에훗에 의해 죽임을 당할 때 나오고, 다른 하나는 사울 왕이 다윗을 좇다가 굴에 들어가 용변을 보려고 할 때 쓰였다(삼상 24:4[3]).

(2) מַשְׁתִּין בְּקִיר(벽에 대고 오줌 누는 자)

마쉬틴 뻬키르는 문자 그대로 "벽에 오줌을 누는 자"란 의미다. 이는 어른, 아이 할 것 없이 남자를 가리키는 관용어다. 이 관용구적 표현은 한 집안에 대한 철저한 진멸을 표현할 때 사용되었다.[64] 이 표현은 "남겨두지 않다"(לֹא אַשְׁאִיר)나 "끊어버리다"(הִכְרַתִּי)와 함께 쓰여 씨를 멸하는 강한 의미를 나타낸다.

---

64) 삼상 25:22 ,34; 왕상 14:10; 16:11; 21:21; 왕하 9:8.

(3) שִׂים יָדְךָ תַּחַת יְרֵכִי (손을 허벅다리 아래 놓다)

손을 허벅다리 아래에 놓는 것은 맹세할 때의 동작이다(창 24:2,9; 47:29). 한글 성경은 환도뼈 아래에 넣는 것으로 번역했다. 문맥을 통해 맹세의 동작을 알 수 있기 때문에 문자 그대로 직역해도 무방하다. 또 허벅다리와 연관된 관용구가 있는데, '허벅다리를 치는'(סָפַקְתִּי עַל־יָרֵךְ) 행위는 감정이 격했을 때 나타나는 동작으로 뉘우치거나 슬퍼할 때 사용하는 표현이다(렘 31:19; 겔 21:17[12]).

5) 하나님의 속성에 대한 관용어

우리가 하나님의 속성에 대해 가장 확실하게 알 수 있는 방법은 하나님께서 자신에 대하여 스스로 말씀하신 계시의 말씀을 통해 아는 것이다. 예를 들면, 하나님이 자기 자신에 대해 "긴 코"를 가지고 있다고 말씀한다면 어떻게 생각되는가?

> "여호와께서 그의 앞으로 지나시며 반포하시되 여호와로라 여호와로라 자비롭고 은혜롭고 <u>노하기를 더디 하고</u> 인자와 진실이 많은 하나님이로라"(출 34:6)

여기서 "노하기를 더디 하신다"는 표현을 히브리어 원문으로 직역하면 "긴 코"(אֶרֶךְ אַפַּיִם)이다. 히브리어 관용구인 "긴 코"는 분노를 참는 사람 또는 천천히 화를 내는 사람을 묘사할 때 사용하는 구문이다(잠 14:29). 반대로 "짧은 코"(קְצַר־אַפַּיִם)는 사람이 참을성이 없거나 성급하게 화를 내는 사람을 설명할 때 쓰는 관용구이다(잠 14:17). 하나님의 긴 코의 의미가 가지는 신학적 중요성은 과소평가할 수 없다. 하나님이 참을성이 너무 크시기 때문에 그분의 백성이 멸망당하지 않는다는 사실 때문이다(시 103:8-10). 신약에서도 이에 상응하는 구절이 나온다(벧후 3:9,15).

학자들은 종종 헬라적 사고와 히브리적 사고를 다음의 도
표와 같이 대조적으로 제시하기도 한다.[65]

헬라적 사고	히브리적 사고
정적(static)	동적(dynamic)
명상	행동
불변	동작
존재	생성(becoming)
추상적	구체적
선	좋은 말, 좋은 식탁
지성화	실제 대상이나 상황
한 명제를 만들고 그것으로부터 유추하는 방식	일련의 관련된 상황-이미지들을 제시하는 논증방식
영·육 이원론	육은 영의 가시적 표현(일원론)
개인으로서의 인간	사회적 집단 속의 인간
분석적	종합적

이 외에도 관용구는 많다. 그런 부분에 대해 해석할 때 조심
하며 많이 공부해 놓는 것이 필요하다. 그러나 히브리어 구조
자체가 히브리적 사고를 보여준다는 주장(히브리 사고 베이직,
김형종)에 대해서는 비판도 있다는 점을 참고해야 한다(James
Barr, The Semantics of Biblical Language). 그러나 모든 주장
과 견해에는 반대와 비판의 견해가 따른다는 점을 감안하여 취
사 선택을 잘해야 할 것이다.

---

65) 권성수, 237.

3. 문화 코드

유대인들의 문화 곧 풍습을 아는 것은 성경의 난해한 부분을 이해하는 데 도움이 된다. 원어를 연구하여 바른 말씀을 전하고자 하는 종들과 교사를 위해 정보를 공유하고자 한다.[66]

1) 야곱이 이스라엘이 된 이유

"그 사람이 가로되 <u>네 이름을 다시는 야곱이라 부를 것이 아니요 이스라엘이라 부를 것이니</u> 이는 네가 하나님과 사람으로 더불어 겨루어 이기었음이니라"(창 32:28)

이스라엘이란 이름은 야곱이 천사와 씨름한 후에 얻은 새 이름이다. 그런데 정말 사람이 천사와 겨루어 이길 수 있을까? 성경은 어떤 근거에 의해 야곱이 천사를 이기고 새 이름을 얻었다고 말하는 것일까? 이에 대해 여러 가지 추측성 설교가 이루어졌다. 끝까지 붙들고 늘어진 기도가 승리의 비결이라는 등.

그러나 그 당시 씨름의 규칙을 알면 이해가 되는 문제다. 동사 아바크(אבק)는 기본어근이며, "씨름하다, 맞붙어 싸우다"를 의미한다. 구약성경에서 이 단어는 니팔형으로 사용되었다(창 32:24,25에서만 나온다). 창세기 32:24에서 니팔 바브 연속 미완료형이 사용되어 어떤 사람에게 잡혀 씨름을 계속하고 있음을 나타낸다.

그 씨름, 그 싸움의 특성은 어떠했을까? 오늘날의 레슬링을 연상하면 된다. 레슬링에는 그레꼬로망형과 자유형이 있는데, 당시에는 상체만 붙잡고 공격해야 하는 그레꼬로망형의 씨름형태였다. 그런데 천사가 야곱의 하체인 환도뼈를 쳐서 위골 시키는 반칙을 범했기 때문에 야곱의 승리라고 표현한 것이다.

---

66) 남병식, 『바이블 문화코드』(서울: 생명의 말씀사, 2006), 185-217.

2) 치료하는 광선을 발하리니

"내 이름을 경외하는 너희에게는 의로운 해가 떠올라서 <u>치료하는 광선을 발하리니</u> 너희가 나가서 외양간에서 나온 송아지같이 뛰리라"(말 4:2)

본문에서 "치료하는 광선을 발하리니"로 번역된 부분이 오해를 불러일으킬 소지가 있다. "치료하는 광선"으로 번역된 히브리 원문 마르페(4832, מַרְפֵּא)는 "치료, 치료법"을 의미하는 명사이고, 가장 큰 오역으로 "발하리니"로 번역된 단어는 카나프(3671, כָּנָף)로서 "겉옷, 귀퉁이, (의복이나 잠옷의 경우)늘어진 부분"을 가리킨다. 신·구약성경에 보면 옷자락을 특별 취급하는 것을 접할 수 있다(신 22:12).

"이스라엘 자손에게 명하여 그들의 대대로 <u>그 옷단 귀에 술을 만들고</u> 청색 끈을 그 귀의 술에 더하라 (39)이 술은 너희로 보고 여호와의 모든 계명을 기억하여 준행하고 너희로 방종케 하는 자기의 마음과 눈의 욕심을 좇지 않게 하기 위함이라 (40)그리하면 너희가 나의 모든 계명을 기억하고 준행하여 너희의 하나님 앞에 거룩하리라"(민 15:38-40)

이 말씀에 근거하여 유대인들은 자신들이 입는 겉옷 자락에 술을 만들었고, 주님의 초림 당시에도 여전히 진행형이었다. 유대인의 옷자락에 대한 독특한 문화는 하나님의 옷자락과 깊은 관계가 있다.

"웃시야 왕의 죽던 해에 내가 본즉 주께서 높이 들린 보좌에 앉으셨는데 <u>그 옷자락은</u> 성전에 가득하였고"(사 6:1)

보좌에 앉으신 하나님의 얼굴을 묘사할 수 없지만, 옷자락을 언급함으로 그 신성함을 표현하고 있다. 옷자락에서 능력이 나온다는 유대인의 문화는 신구약에 여러 곳에서 나타나고 있다.

"사무엘이 가려고 돌이킬 때에 사울이 그의 겉옷 자락을 붙잡으매 찢어진지라 (28)사무엘이 그에게 이르되 여호와께서 오늘 이스라엘 나라를 왕에게서 떼어서 왕보다 나은 왕의 이웃에게 주셨나이다."(삼상 15:27-28)

"만군의 여호와가 말하노라 그날에는 방언이 다른 열국 백성 열 명이 유다 사람 하나의 옷자락을 잡을 것이라 곧 잡고 말하기를 하나님이 너희와 함께 하심을 들었나니 우리가 너희와 함께 가려 하노라 하리라 하시니라"(슥 8:23)

"열두 해를 혈루증으로 앓는 여자가 예수의 뒤로 와서 그 겉옷 가를 만지니 (21)이는 제 마음에 그 겉옷만 만져도 구원을 받겠다 함이라 (22)예수께서 돌이켜 그를 보시며 가라사대 딸아 안심하라 네 믿음이 너를 구원하였다 하시니 여자가 그 시로 구원을 받으니라."(마 9:20-22)

예수님 당시 랍비들은 옷자락을 613가지 계명과 하나님은 한 분이라는 것을 상징하도록 매는 법과 의미를 아주 정확하고 자세하게 정했고 지키도록 했다. 유대인들은 위대한 랍비(선생)와 메시아(의의 태양)의 옷자락에 손만 대어도 모든 병이 나을 것이라는 믿음이 있었다(이는 마치 38년 된 병자가 베데스다 연못에서 물이 동하기를 기다린 것처럼. 참고. 요 5:2-4). 그래서 많은 병자들이 예수님의 옷자락에 손만 대어도 모든 병이 나을 것이라고 믿었다. 이처럼 당시 유대인들에게 '치료하는 옷자락'이란 문화적 코드는 흔한 일이었다.

3) 돕는 배필

"여호와 하나님이 가라사대 사람의 독처하는 것이 좋지 못하니 내가 그를 위하여 **돕는 배필을 지으리라** 하시니라"(창 2:18)

창세기 2:18에 처음으로 남녀에게 짝이 필요하다는 말씀이 나온다. 그 필요는 하나님에 의해 제기되었다. 짝을 "돕는 배필"이라고 정의한 것은 정확한 성경적 표현이다. 다른 나라 언어보다 히브리어로 "배필"(כְּנֶגְדּוֹ)이란 용어는 흥미롭다.

크네그도(כְּנֶגְדּוֹ)에서 크(כ)는 "자격"을 나타내는 전치사다. 소유격 접미사 오(וֹ)는 "그의"라는 뜻이다. 중심에 있는 네게드(5048, נֶגֶד)라는 단어의 뜻은 "반대"(against) 또는 "정면"을 의미한다. 결국 돕는 배필이란 말의 의미는 서로 대조되는 면이 있는 상대자를 가리킨다. 남자면 여자, 성격이 급한 자면 느린 자가 가장 이상적인 돕는 배필이란 이야기다. 그렇게 서로 대조적인 면을 가지고 있어야 상대의 부족을 도울 수 있는 배필로 적합하지 않겠는가. 따라서 서로 다르게 보고 다르게 생각하는 것이 실제로는 돕는 배필이란 사실을 깨닫지 못한다면 비극적 결과를 불러온다. 그러나 한 몸에서 나온 존재이기에 닮은 점이 더 많은 것도 사실이다.

무엇을 도울 것인가에 대해서는 분명히 육신적인 면보다 하나님의 맡기신 일을 돕는 차원에서 말하는 것이 분명하다. 왜냐면 최초의 인간 남녀는 아무런 육신적으로 고달픈 일이 없었기 때문이다. 아담이 하와를 돕지 못한 면은 남편으로서 아내를 진리로 바로 가르치지 못한 점이다. 그 결과 아내 하와는 남편을 바로 도울 수 없었고, 오히려 재앙(비진리)을 가정에 들여온 꼴이 되어 멸망의 길을 가게 되었던 것이다.

4) 뿔과 빛

"모세가 그 증거의 두 판을 자기 손에 들고 시내 산에서 내려오니 그 산에서 내려올 때 모세는 자기가 여호와와 말씀하였음을 인하여 얼굴 꺼풀에 <u>광채가 나나</u> 깨닫지 못하였더라. (30)아론과 온 이스라엘 자손이 모세를 볼 때에 모세의 얼굴 꺼풀에 광채 남을 보고 그에게 가까이하기를 두려워하더니"(출 34:29-30)

모세가 하나님을 만나 뵙고 시내 산에서 내려올 때 얼굴에서 광채가 났다고 했으며, 이스라엘 백성들은 그 광채를 보고 두려워 가까이하지 못했다고 기록되었다. 이때 쓰인 "광채"라는 단어는 케렌(7161, קֶרֶן)으로 "뿔" 혹은 "광선, 빛" 등으로 번역할 수 있다.

고대 근동문화에서 빛이나 뿔 같은 모자는 곧 신성을 상징했다. 따라서 고대 근동의 그림이나 조각 중에서 사람의 얼굴에 뿔 모양의 모자를 썼거나 머리에 빛이 나는 것은 모두 신의 모습이다. 그 가운데 함무라비가 태양신에게 법을 받는 모습의 조각에서 뿔 모자를 쓰고 앉아 있는 사람이 태양신임을 알 수 있다.

5) 죽은 자로 죽은 자를 장사하게 하라

"제자 중에 또 하나가 가로되 주여 나로 먼저 가서 내 부친을 장사하게 허락하옵소서. (22)예수께서 가라사대 <u>죽은 자들로 저희 죽은 자를 장사하게 하고</u> 너는 나를 좇으라 하시니라"(마 8:21-22)

이 말씀에 대한 해석은 일반적으로 영적으로 죽은 자(불신자)가 육신이 죽은 자를 장사하게 하라는 의미로 해석하는 경우를 자주 본다. 이는 유대 장례문화를 이해할 때 올바른 해석에 이를 수 있다. 시대적인 차이가 조금 나긴 하지만, 일반적으로 바위 속에 굴을 판 뒤 그 안에 시신을 넣되 가정집처럼 꾸미고 머리 주변에 살림 도구들을 가져다 놓는다. 그곳에서도 계속 생활한다고 믿기 때문이다. 토장 혹은 동굴이나 돌무덤에 안치하는 형식은 모든 시대에 걸친, 유대인의 보편적 관습이었다. 매장지는 일반적으로 가족 공용의 소유지였으며(창 23:4 등등), 그곳은 죽은 자들이 "자기 열조에게로 돌아가는" 곳이었다(창 25:8 등등).

약 1년 뒤에는 시신이 부패하고 유골만 남게 되는데, 그때 후손들이 유골을 정리해서 석회암을 통째로 파서 만든 납골함에 넣는 것으로 장례절차가 완전히 끝나게 된다. 마태복음 8:21-22의 대화가 이런 문화적 배경에서 나눈 대화다. 즉 1년 된 아버지의 유골을 납골함에 넣는 마지막 장례절차를 위해 집에 돌아가겠다고 말한 것이다. 장례 의무는 죽은 자의 가족 혹은 가장 가까운 동료에게 있었다(마 8:21,22 = 눅 9:59,60; 마 14:12). 죽은 자의 장례는 최대한 신속히 시행되었다(행 5:5이하, 기독교 공동체의 젊은 사람들에 의하여).

일반 헬라어에서 다프토(2290, θάπτω)는 원래 장례 의식을 명예롭게 치르는 것을 의미한다. 따라서 "주께서 죽은 자들로 죽은 자들을 장사하게 하라"는 말씀은 죽은 자들 스스로가 명예로운 매장이 되도록 너는 그 죽은 자들을 마음에서 떠나보내라는 의미다.

6) 땅은 하나님의 발등상이다.

"나는 너희에게 이르노니 도무지 맹세하지 말지니 하늘로도 말라 이는 하나님의 보좌임이요 (35)땅으로도 말라 이는 하나님의 발등상임이요 예루살렘으로도 말라 이는 큰 임금의 성임이요"(마

5:34-35)

성경의 독특한 문화 가운데 하나가 왕의 발아래 있는 "발등상"이란 물건이다. 이 발등상은 이스라엘뿐만 아니라 고대에는 흔한 물건이었다. 왕이 보좌에 앉을 때 발을 올려놓는 발판을 발등상이라고 부른다. 이것의 의미는 왕의 발아래, 왕의 통치 아래 있음을 상징하는 것이다.

"여호와께서 이같이 말씀하시되 하늘은 나의 보좌요 땅은 나의 발등상이니 너희가 나를 위하여 무슨 집을 지을꼬? 나의 안식할 처소가 어디랴?"(사 66:1)

하나님은 하늘이 당신의 보좌이고, 땅은 그분의 발등상이라고 말씀하심으로 우주의 통치권자이심을 가르치신다.

개신교 성경해석법

이 항목은 버나드 램의 『성경해석학』의 3-5장에서 발췌하여 요약한 것으로[67], 지나치게 자의적이며 인간적 해석들이 난무한 현실에 미혹되지 않도록 올바른 해석에 기본을 삼기 바라는 마음으로 싣는다.

1. 성경의 영감; 해석학의 기초

개신교는 유대인들과 함께 구약성경의 영감을 믿으며, 가톨릭이나 동방 정교회와 더불어 신약의 영감을 받아들인다. 다만 개신교는 외경을 거부한다는 점에서 저들과 다르다.[68] 개신교 성경해석은 성경의 완전 영감설을 받아들인다는 점에서 모든 형태의 합리주의 곧 신정통주의, 종교적 자유주의, 혹은 유대교 개혁주의와 단연코 결별한다. 역사적 개신교가 성경의 완전 영감을 받아들인다는 것은 다음과 같은 일반적 특징들이 있음을 시사한다.

---

67) Bernard L. Ramm, 『성경해석학: 프로테스탄트 성경해석학의 교과서』, 정득실 옮김,(서울: 생명의 말씀사, 2008), 137-217.
68) 다만 일반 서적처럼 역사, 문화, 문학 등을 참고하기 위한 재료로서는 이용한다.

첫째, 역사적 개신교는 영적 차원 곧 믿음, 신뢰, 기도 그리고 경건이라는 영적 차원에서 성경에 접근한다.

둘째, 역사적 개신교는 성경비평에 관여하되 이를 미혹과 미숙함에서 구제하기 위해 그렇게 한다.

셋째, 역사적 개신교는 극도의 세심함과 조심성을 가지고 신·구약 원문을 확정하며, 해석의 원리들을 발견하고, 또 그것을 적용할 때 인간의 말이 하나님의 말씀에 침투되지 않도록 극도의 주의를 기울인다.

2. 건덕: 해석학의 목표

성경해석의 목적은 성경을 읽는 사람의 삶에 영적 영향력과 유익을 주는 일이다. 즉 사람을 영적으로 풍성하게 하는 것, 성경은 그 자체가 목적이 아니라 수단이다(딤후 3:15-17). 최종목표는 선한 일에 열심하는 하나님의 사람들이 되게 하는 것이다(딛 2:14). 따라서 성경의 수단 됨을 목적으로 둔갑시키는 일은 성경을 단지 연구하기 위해 연구하는 사람들에게 언제나 있어 온 위험이다. 이런 사람들은 언제나 성경해석에 있어 바리새주의나 영적 교만 그리고 특권 주의라는 영적 병폐에 빠지기 쉽다.

3. 개신교 해석학 방법론

1) 신학적 관점들

성경을 하나님의 말씀으로 믿는다는 것은 성경해석이 반드시 신학적 맥락에서 행해져야 함을 의미한다. 몇 가지 매우 일반적인 신학적 가정들이 개별적 성경주해를 지배하고 있는데, 이러한 주도적 가정들은 다음과 같다.

(1) 성경의 명료성

성경의 명료성이란 개별구절과 성경 전체로부터 어떤 의미들이 나오며, 이를 어떻게 확정하는가 하는 문제를 다룬다. 개신교의 성경 명료성에 관한 이론을 규정한 루터는 성경의 내적, 외적 명료성을 언급했다. 그는 외적 명료성이 문법적 명료성에 있다고 했고, 내적 명료성은 신자의 마음과 생각에 역사하시는 성령의 활동에 의존한다고 했다.

(2) 계시의 적응성

성경은 인간이 사용하는 언어들 가운데 세 가지 즉 히브리어와 아람어 그리고 헬라어로 쓰여졌다. 성경은 인간의 환경이나 사회적 환경 속에서 쓰여졌으며, 성경의 유비(analogies)들은 이러한 환경에서 끄집어낸 것이다. 인간적이고 이 땅에 속한 것들이 영적 진리를 담아 전달하는 도구로 사용되었다. 하나님의 전능하심을 종종 "오른팔"이라는 표현으로 나타내는데, 이는 사람에게 오른팔이 힘과 능력의 상징이기 때문이다. "오른편"이란 표현 역시 영예롭고 탁월한 지위를 의미하기 때문에 도입된 것이다.

(3) 계시의 점진성

계시의 점진성이란 성경이 하나님의 점진적 활동하심, 즉 인간으로부터가 아니고, 하나님께서 주도권을 가지시고 인간을 구약의 신학적 유아기를 통해 신약의 성숙기로 이끌어 가심을 말한다. 이같이 계시의 점진성은 계시의 일반적 패턴을 가리킨다.

① 주님은 신약에서 율법을 폐하려고 오신 것이 아니라 완성시키기 위해 오셨다고 했다(마 5:17-18).

② 갈라디아서에서 구약은 육적 규례들과 초보적 가르침의 시대인 반면, 신약은 그리스도 안에서 충만한 계시가 오며, 하나님의 아들들은 이제 성숙한 상속자로 간주된다.

③ 히브리서 1:1-2에서 하나님이 주신 계시를 둘로 나누는데, 하나는 선지자들을 통하여 주셨고, 다른 하나는 아들을 통해 주셨다고 말한다. 즉 구약 계시는 육적 계시이므로 영적 진리가 세상의 문화적 껍데기 속에 담겨 있는 모형, 그림자, 비유의 계시인 반면, 신약은 영적 계시여서 모형의 참된 실체, 그림자의 본래 형상, 그리고 옛 언약의 성취들을 내포하고 있다.

(4) 성경으로 성경을 해석함

성경에는 당대의 사람들에게는 명료했으나 오늘날의 독자들에게는 모호하게 보이는 구절들이 많이 있다. 가톨릭교회는 교권에 있어서 그리스도와 성령의 마음을 가지고 있기 때문에 불분명한 교리들을 명백하게 해석할 수 있다고 주장한다. 그러나 종교개혁자들은 성경은 성경으로 해석해야 한다고 선포했다. 여기서 첫 번째 나오는 성경은 "성경 전체"를 말하고, 두 번째 나오는 성경은 성경의 부분들 곧 절이나 장을 가리킨다. 사실 모호한 본문들을 근거로 너무 많은 것들을 주장했던 해석자들이 성경 해석사에 많은 폐해를 남겼다는 사실은 의문의 여지가 없다. 성경의 진정한 교리적 요소들은 교리적 주제들이 분명하고 충분하게 다루어지는 본문에 근거해야 한다.

(5) 믿음의 유비

모든 교리들은 상호 조화될 수 있어야 한다. 이는 성경의 어떤 한 구절에 대한 해석이 성경 전체의 가르침과 모순되어 나타날 수 없다는 것을 의미한다. 성경이 우리에게 하나님의 모든 생각을 말해주지 않는다는 점에서, 또한 중생한 자라도 그의 사고에 있어서 완벽하지 않다는 점에서 완벽한 신학 체계는 존재할 수 없다. 하지만 신학자의 과업은 그가 할 수 있는 한 성경의 가르침들을 체계화하는 것이다.

성경의 통일성과 신학의 통일성은 성경의 일관된 관점들 속에 존재한다. 즉 하나님은 언제나 거룩하시고, 진실하시며, 전능하시다. 또 인간은 악하여서 언제나 하나님의 은혜가 아니면 살 수 없다는 것 등이다. 따라서 신학은 어떤 형식적 체계나 조직신학에 의해서가 아니라 이런 관점들과 태도들을 통해 통일되었다.

(6) 성경의미의 단일성

자신의 편향된 해석을 성경 위에 덧씌우는 해석자(eisogesis; 어떤 의미를 성경 안으로 집어넣는 것으로 성경의 의미를 밖으로 끄집어내는 exegesis와 반대되는 개념)는 자신이 성경의미의 다중성을 주장하고 있는 것이다.69)

① 알레고리

초대교회 교부들의 성경주석을 보면, 구약 속에서 신약의 진리나 영적 진리 혹은 신학적 진리들을 찾는 데 있어서 기막힌 상상력에 의존했음을 알 수 있다. 이것은 성경의미의 다중성을 주장하는 것과 마찬가지로서 성경의미의 단일성을 믿는다는 것은 이러한 알레고리 해석을 반대한다는 의미다.

② 이교들(cult)

범신론적 이교들은 한결같이 성경의 의미가 다중적이라는 점에 성경해석의 기초를 두고 있다. 첫째 의미는 평범한 역사적, 혹은 문법적 의미이고, 둘째 의미는 이교주의자가 추

---

69) 성경을 사욕으로 푸는 것(eisogesis, imposition)은 설교자의 생각과 신념으로 하나님의 말씀을 대치하는 위험한 모험이다. 성경 말씀은 사사로이 풀 것이 아니다(벧후 2:21).

구하는 특정한 형이상학적 체계 혹은 종교적 체계로부터
성경 속에 집어넣은 의미이다.

③ 개신교 경건주의

많은 경건한 그리스도인들은 매일 성경을 대할 때(소위
QT), 이로부터 그들의 삶의 방향과 결정들에 관한 직접적
이고 구체적인 지침이 나올 것이라는 기대를 가지고 읽는
다. 그들은 단지 성경이 대대로 모든 신학적 진리와 하나님
말씀의 원천이 될 뿐만 아니라, 구절 하나하나, 문장과 단
어 하나하나가 신자들이 매일 매일 결정(선택)의 순간에 부
딪힐 때, 하나님께서 직접 이를 통해 말씀하시는 특별한 수
단으로 의도되었다고 생각한다. 예를 들어 설명하자면,
아주 경건한 신자가 어떤 여행을 가야 할지 말아야 할지 결
정해야 하는 처지가 되었을 때, 마침 경건의 시간(QT)에 안
디옥교회가 바울과 바나바를 선교여행을 떠나도록 보내는
내용을 읽게 되면, 결과적으로 이 그리스도인은 하나님께서
이 구절을 통해 지금 자기가 결정해야 할 상황에 적절한 말
씀을 주신 것으로 판단하여 그가 계획한 여행을 떠나는 것
이 하나님의 뜻이라고 생각한다. 이것이 바로 성경의 다중
의미를 받아들이고 따르는 행위라는 것을 미처 알지 못한
다. 다중 의미를 받아들이는 신앙은 위 본문을 예로 들 때,

가. 본문의 첫 번째 의미는 바울과 바나바가 선교여행을 떠
난다.
나. 본문이 오늘날 나에게 하는 말씀에 대해 '나로 하여금
여행을 떠나라고 하신다'로 받아들인다.

성경을 오늘의 자기에게 잘못 적용하는 대표적인 사례다. 이
러한 성경의미의 다중성에 기초해서 많은 이단 종파들이 성경
을 제멋대로 사용하고 있다.

(7) 해석과 적용

성경의 참된 목적은 신자로 하여금 영적으로 무장하고 모든 선한 일을 위해 준비된 하나님의 사람을 만드는 일이다. 물론 성경을 해석하는 이유 중 하나는 적용을 의도하고, 가르침은 순종을 의도하며, 믿음은 곧 행위를 의도한다. 성경은 읽고 듣는 사람의 삶에 지대한 영향을 미치도록 의도된 책이다.

여기서 우리가 기억해야 할 것은 오래된 금언의 내용이다. "해석은 하나이지만 적용은 여럿이다" 성경 본문은 하나의 의미로 확정되지만, 주어진 하나의 본문은 다양한 주제들이나 문제들에 관해 적용될 수 있다. 설교자가 같은 본문을 가지고도 여러 편의 설교를 작성할 수 있는 이유가 적용은 설교의 목적에 따라 결정되기 때문이다. 그러나 분명히 해야 할 것은 자신이 끌어내는 본문의 본래 의미를 잘 분별할 수 있어야 한다는 점이다.

바로 이 점에 '설교의 함정'이 있다. 설교자는 본문이 현대인들에게 직접 관련이 있기를 원한다. 그러한 목적을 성취하기 위하여 간혹 본문을 어떤 식으로든 왜곡하거나, 잘못 해석하거나, 자신의 설교를 위한 참고자료 이상으로 자신의 목적에 맞는 어떤 구호처럼 오용할 수 있다. 더 위험하고 나쁜 일은 이런 식으로 설교를 하면서도 자신은 성경을 올바로 해석하고 있다는 그릇된 착각에 빠진다는 점이다. 따라서 해석자가 깨달아야 할 것은, 본문의 의미에 대한 해석은 하나의 일이고, 적용의 범위는 또 다른 일이므로 항상 이 두 가지 일을 반드시 구별해야만 한다. 누구든지 경건의 시간을 통해 어떤 경건한 생각들이 본문의 원래 의미라고 간주해 버리는 유혹을 경계해야 한다.

2) 문헌학적 원리

문헌학(philology)은 언어학과 유사하다고 할 수 있지만, 문헌학은 한 문학서를 보다 큰 역사적 문맥 속에서 이해하려는 종합적 시도로서 언어학뿐만 아니라 그 이상 즉 역사나 문화적 배경 및 문예 비평까지를 포함한다. 성경의 어떤 본문이나 책에 대한 해석은 반드시 그 해석의 정당성을 제시할 수 있어야 한다. 즉 어떤 해석을 받아들이는 근거가 명백해야 한다는 의미다.

성경주해에 있어서 비평적이 된다는 것은 그의 해석방법론을 건강하고 훌륭한 학문성으로 특징짓는 일련의 해석 작업이란 것을 의미한다. 성경해석에 있어서 참된 문헌학적 정신이나 비평적 정신, 혹은 학문적 정신은 본문의 원래 뜻과 그 의도를 발굴하는 것을 목적으로 삼는다. 그 목적은 한 마디로 주해(exegesis; 본문에서 그 뜻을 밖으로 끄집어내는 일)이며, 본문에 사적인 의미를 밖에서 본문 안으로 집어넣는 일(eisogesis)을 피하는 것이다.

한 사람의 신학적 입장이 어떻게 성경 본문을 왜곡시킬 수 있는지 대한 좋은 예는 아마도 10처녀 비유에서 나타나는 현상일 것이다.

* 알미니안; 그리스도인들도 은혜에서 떨어질 수 있다는 본문으로 본다.
* 두 번째 축복을 주장하는 측; 구원 이후에 신자에게 부어지는 두 번째 큰 은혜가 있다는 주장을 편다.
* 칼빈주의; 구원에 참여하지 못하면서도 거짓 믿음을 고백할 수 있는 경우로 본다.
* 개혁주의 종말론자; 미래에 일어날 일련의 사건들의 한 부분으로 본다.
* 예레미아스; 회개를 가르치는 비유로 본다.

성경주해에 있어서 가장 근본적인 문헌학적 전제는 모든 주해가 타당하고 또 믿을만하려면 반드시 원어 주해여야 한다.

이에 먼저 문자적 해석이란 말의 의미를 정의해야 한다.

문자적이란 말은 가톨릭이 4중적 이론(역사적, 도덕적, 알레고리적, 종말론적 의미)에 반대하여 루터와 칼빈이 주장한 문자적, 문법적, 문헌학적 성경주해의 우선권을 지칭할 때 사용한다. 특히 "문자적"이란 말은 "알레고리"란 말과 직접적으로 배치된다. 근본주의가 문자주의라는 비난을 받는데, 실상 우리가 문자적이란 용어를 사용할 때는 그런 맥락이 아니다. **한 단어의 문자적 의미란 그 언어에 축적되어 온 그 단어의 지시를 가리킨다.** 언어의 영적이고 신비적이며 알레고리적 혹은 은유적 사용은 그 언어의 문자적 의미 위에 쌓여진 의미의 층들을 반영한다. 따라서 성경을 문자적으로 해석한다는 말은 "고지식한 문자주의"나 말 그대로 "축자주의"를 따르는 것이어서는 안 되며(세대주의 주장), 또 언어의 기계적 이해를 거부하려는 태도를 무시하는 것이어서도 안 된다.[70] 이에 성경을 해석하는 구체적인 작업이 어떻게 표현되는지를 살펴보자. 문자적 해석을 할 때, 실제로 어떤 요소들이 다루어져야 하는지를 알아보자는 것이다.

4. 문자적 해석

1) 낱말들
낱말은 우리가 생각하고 글을 쓰는 대부분의 경우에 기본이 되는 생각의 단위이다.[71]

---

70) 문자주의자는 비유 언어 즉 예언에 사용되는 상징들을 부인하는 사람도 아니고, 그 안에 깊은 영적 진리들이 담겨 있다는 것을 부인하는 사람도 아니다. 단지 예언들이 정상적으로 해석되어야 한다고 즉 다른 모든 경우들처럼 언어의 법칙을 따라 자연스럽게 해석되어야 한다고 믿는 입장이다. 문자적으로 표현되는 것들은 문자적으로 해석하고, 비유적으로 표현된 것은 비유적으로 해석하는 입장이다.

71) 발터 바우어(Walter Bauer)가 일생을 바쳐 만든 헬라어-독어 사전을

(1) 어원학적 단어연구

어원이라 함은 하나의 낱말이 형성된 과정을 통해 의미를 이해하려는 시도이다. 헬라어나 히브리어 낱말에 대한 어원학적 분석은 제한적 가치를 지닌다. 그러나 어떤 경우에는 낱말을 이해하는 데 결정적 도움을 준다. 예를 들면 "감독"(bishop)이란 말은 헬라어로 에피스코포스(1985, ἐπίσκοπος)에서 유래한 단어다. 이 단어는 "위에"를 의미하는 전치사 에피(ἐπι)와 "보다"라는 뜻의 동사 스코페오(4648, σκοπέω)가 결합된 것이다. 따라서 이 말의 뜻은 "위에서 내려다보는 사람(overseer), 어떤 특별한 공직에 있는 사람, 관리인이나 감독" 등을 가리킬 수 있다.

논란이 되는 "영감된"(inspired)이란 단어는 헬라어로 데오프뉴스토스(2315, θεόπνευστος)이다(딤후 3:16). 헬라어에서 단어 끝에 "-τος"가 덧붙여지는 경우 무엇을 의미할까? 독일학자들은 예언자의 내적 상태에 강조점이 있다고 했다. 즉 선지자는 영감받은 사람이란 것이다. 워필드(Warfield)는 접미사 "-τος"에 대한 철저한 연구 끝에 이 접미사는 영감된 결과로 나온 것, 즉 성경을 가리킨다는 결론에 도달했다. 따라서 데오프뉴스토스는 하나님에 의해 영감을 받은 사람이라기보다 책을 내신 하나님을 가리킨다. 이렇게 헬라어가 특별한 접미사를 사용함으로 의도하는 바도 이해할 수 있다.

(2) 비교 분석적 단어연구

비교연구를 통해 단어의 의미를 살핀다. 히브리어 또는 헬라어 성구 사전(또는 용어 색인)을 사용해 성경에 사용된 모든 용례를 살핌으로써 그 단어가 의미하는 바를 찾는다. 만일 우리가 성경

Arndt와 Gingrich에 의해 영어로 번역되고 편집된 A Greek-English Lexicon of the New Testament에는 신약에 나오는 거의 모든 단어에 대한 완벽한 설명을 시도했다.

이 어떤 단어를 얼마만큼 또 어떻게 사용하고 있는지를 알면, 현재 사용된 문맥에서 그 단어가 뜻하는 바에 대한 "감"(feel)을 쉽게 잡을 수 있다.

이에 어떤 협소한 무리들은 하나님께서 한 단어에 한 가지 의미만을 부여하셨고, 그 의미가 성경 전체를 통틀어 일관되게 적용된다고 주장한다.[72] 이에 대해 카이퍼(Kuyper)는 "개념들 사이에 아주 날카로운 구분이나 한 단어가 갖는 의미의 획일적 적용은 성경에는 아주 이질적인 것"이라고 정확하게 지적했다.

단어의 비교연구에 있어 다른 측면은 동의어 연구가 있다. 저자가 한 단어를 또 다른 단어와 동의어로 취급하는 것을 주목하면, 저자가 첫 번째 단어로 무엇을 의미하려 했는지를 추측할 수 있다. 이런 식의 연구가 가져다주는 유익은 어떤 문맥에서 다소 불분명하고 이해하기 어려운 표현이나 용어를 또 다른 문맥에서 보다 명백하게 사용된 경우의 도움을 얻어 그 표현이나 용어를 바로 이해할 수 있도록 도와준다는 데 있다.[73]

우리가 한 단어에 지나치게 많은 의미들을 집어넣으면, 그 한 단어 속에 담으려고 했던 신학에 모순되는 다른 동의어들을 마주칠 때 당황하게 된다.

(3) 문화 위주 단어연구

단어들은 문화적 배경에 따라 연구될 수 있다. 헬라어의 오이코스(3624, οἶκος)는 집(house)을 가리키고, 오이키아(3614, οἰκία)는 가족(household)을 가리킨다. 하지만 오늘날 우리가 이해하는 가족의 개념과 1세기 그리스도인들이 집이나 가족을 이

---

72) 사이비 이단들이 단골 메뉴처럼 주장하는 이론이다.
73) 거들스톤(Girdlestone)의 구약의 동의어들(Synonyms of the Old Testament)과 트렌치(Trench)의 신약의 동의어들(Synonyms of the New Testament)이란 오래된 책이 도움이 될 것이며, 최근에 연구된 것을 필요로 한다.

해하는 것은 다를 수 있다. 당시는 '집'이나 '가족'이란 개념 안에 유아나 심지어 가축들까지도 포함하는 사례가 있었다. 따라서 우리는 먼저 단어들이 1세기 그리스도인의 문화 속에서 어떤 뜻을 가지고 있었는지 살필 필요가 있다. 신약이나 구약에 쓰인 단어 배후에는 종종 어떤 특정한 문화적 관행이 있을 수 있으며, 한 단어의 그 풍성한 의미를 알려면 그 문화적 배경을 알아야 한다.[74]

주님께서 만일 우리에게 "누가 억지로 오리를 가게 하거든 그 사람과 십리를 동행하라"고 하셨을 때(마 5:41) 이는 당시에 잘 알려진 페르시아 관행을 배경으로 한 말씀이란 것을 알아야 올바른 해석을 할 수 있다. 페르시아 사자가 제국의 메시지를 전할 때, 그는 지나가는 마을 주민에게 그 짐을 오리 동안 지고 가게 하거나 그가 명령하는 어떤 일을 하게 할 수 있었다. 따라서 그리스도인들은 명령에 의해서가 아니라 사랑에 의해서 그 이웃을 위해 관습적인 오리 정도가 아니라 그 이상도 사랑과 자비로 도와줄 수 있어야 한다는 의미다.

(4) 동족 어군 및 고대 역본을 통한 단어연구
단어들은 동일어족의 다른 언어들이나 고대 번역본들을 통해서도 연구할 수 있다. 동일어족은 서로 그 근원이 같은 언어들을 가리킨다. 히브리어의 동일어족은 아라비아어, 아람어 같은 언어들을 가리킨다. 좀 더 전문적인 연구를 원하는 사람들은 히브리어 성경을 아람어로 의역해 놓은 탈굼과 시리아어로 된 페시타 등을 연구하면 된다.

---

74) 키텔의 신학사전(TDNT); 총 8권, 해석자를 위한 성경 사전 (Interpreter's Dictionary of the Bible), 성경의 신학단어집 (Theological Word Book of the Bible) 등이 이런 종류의 정보를 얻을 수 있는 자료들이다.

2) 문법

단어들이 언어의 기본단위라면 문장은 사고의 기본단위다. 모든 연구에 있어서 우리는 부분과 전체를 동시에 다루어야 한다. 비록 성경의 단어를 어원적으로 연구하는 것도 매우 소득 있는 일이지만, 단어는 홀로 있지 않고 어떤 특정한 문장이나 문맥 속에 있게 되므로, 어떤 경우에는 문맥 자체가 그 단어의 어원 연구보다 훨씬 더 명료하게 그 뜻을 밝혀주기도 한다.

(1) 단어 의미에 관한 연구에 대해 언급했던 모든 것들이 문법연구에도 해당된다.

(2) 문법연구에 있어서 단어들이 서로 여러 다른 방식으로 연결될 수 있다는 점을 이해해야 한다.

히브리어는 어순이 영어만큼은 아닐지라도 분석적 언어에 해당하며, 헬라어는 변형의 정도가 심한 종합적 언어에 해당한다. 히브리어나 헬라어의 근본적인 언어적 구조를 안 다음에야 비로소 각 단어를 대할 때마다 원뜻에 가까운 "감을 잡을 수" 있다. 이 언어들이 어떻게 그 의미를 표현하는지를 알게 될 때, 그 언어에 대한 살아있는 감각, 곧 언어의 성향이나 특성을 파악할 수 있다.

(3) 해석자는 구문론에 대한 일반적 지식을 갖추어야 한다. 문법은 문장들이 어떻게 일정한 법칙에 따라 서로 연결되는가를 설명한다. 한 문장의 구조를 설명하는 것에 대한 보다 전문적인 용어는 구문론(Syntax)이다. 히브리어와 헬라어를 배운다는 것은 이 언어들의 구문론에 익숙해진다는 것을 뜻한다. 중요한 것은 일련의 문법적 법칙들보다는 히브리어나 헬라어의 성격에 대한 감각이다.

(4) 문법적 해석은 문맥을 고려한다.

① 어떤 본문의 문맥은 사실 성경 전체다. "해석학적 순환"이
   란 말이 있는데, 이는 성경 전체의 가르침이 무엇인지 알아
   야만 비로소 특정한 구절을 제대로 이해할 수 있다. 하지만
   마찬가지로 성경 각 부분들을 알아야 성경 전체가 가르치
   는 것을 알 수 있다.
② 두 번째 문맥은 그 본문이 속해 있는 신약 혹은 구약이다.
③ 세 번째 문맥은 그 본문이 속해 있는 책, 즉 성경 각 권이다.
④ 네 번째 문맥은 다루려는 본문을 둘러싼 전후 구절들이
   다.75)

(5) 문법적 해석은 병행 구절이나 참고 구절을 고려한다.
성경의 어떤 곳에서 사용된 표현이 또 다른 곳에서 사용된 경우
에 한쪽이 다른 쪽을 조명해 줄 수 있다.

① 문자적 참고 구절;
   성경의 어떤 본문의 문자적 배열이 또 다른 성경 본문의 문
   자적 배열과 유사한 경우이다. 어떤 설교자들은 성경의 한
   단어는 성경 전체를 통틀어 오직 한 가지의 의미만을 갖는
   다고 생각하여, 그 단어가 등장하는 모든 성경 구절들이 서
   로 다른 문맥 속에 놓여 있음에도 불구하고, 동일한 뜻으로
   취급함으로써 엉뚱한 해석으로 나아갈 수 있다.
   실제적 참고 구절은 병행구의 단어나 표현의 내용 혹은 개
   념이 서로 동일하므로, 본문에 대한 비교연구를 통해 유익
   을 얻는 경우이다. 예를 들면 "인자"라는 개념이 등장하는

---

75) 앞에서 다룬 신구약 주해방법에서도 소개되었던 내용으로, 개혁주의
    해석방법으로 설명하는 본 장의 성격에 따라 신구약의 주해방법을 종
    합하여 확인하며 요약하는 것으로 이해하면 된다.

모든 구절을 찾는다. 또는 바울이 육신(4561, σάρξ)이라는 단어를 사용하는 모든 경우를 찾는다.

② 개념적 참고 구절;

성경 본문 상호 간에 직접적인 문자적 일치는 없더라도 본질적으로 동일한 개념이나 내용을 다루는 구절들을 비교하는 경우이다. 단지 단어가 일치하는 것이 아니라 본문의 개념들이 서로 일치하는 경우이다.

③ 병행 참고 구절;

성경이 본질적으로 동일한 사건을 두 곳 이상에서 묘사할 때, 그 사건의 전체적인 윤곽을 그리려면 이 모든 병행 본문들을 비교해야 한다.

3) 문학 양식

보통의 문법적 분석으로는 이해되지 않는 어떤 표현이 특정한 방식에 의해 그 뜻을 전달할 수가 있다. 이 경우 이러한 특별한 종류의 표현을 가리켜 문학적 틀 혹은 장르라고 부른다. 성경해석에서 문학 양식에 주목하는 이유는 모든 성경의 표현들이 어떤 문학적 양식에 따라 이루어지기 때문이다. 성경에는 크게 세 가지 문학적 범주가 있다.

(1) 수사학적 표현(figure of speech)

가장 흔한 방식은 은유나 직유, 과장법 등이다.

* 은장유; 어떤 것을 직접적 비교, 직접적 유사성, 직접적 병행을 통해 표현한다(호 7:8).
* 직장유; 은유와 비슷한 기능을 갖지만 "…처럼", "…같이" 등의 단어를 사용한다는 점에서 다르다(출 24:17).
* 과장법; 어떤 개념이나 사건을 그것의 중요성이나 크기를 강조, 확대해서 표현할 때 사용된다(요 21:25).

(2) 보다 넓은 범위를 포괄하는 비유, 알레고리, 우화, 신화 그리고 수수께끼 등이 있다. 단순한 문법적 해석에서보다는 훨씬 더 많은 사고와 상상력을 발휘해야 한다.

(3) 성경 각 권은 보다 넓은 문학 양식으로 분류할 수 있다. 성경은 참으로 다양한 문학 양식에 의해 기록된 책이다. 이런 사실이 간과되어서도 안 되고, 그 중요성이 소홀하게 취급되어서도 안 된다. 문학 양식 자체는 위험이 없으나 단지 그것을 적용하여 해석하는 학자의 사용방식에 따라 위험할 수 있다. 어떤 책의 문학 양식에 대한 해석자의 입장은 그 책에 대한 전체해석을 결정한다.

5. 문화적 해석

성경을 해석하는 일에 단지 언어만이 아니라 당대의 역사와 사람들의 문화도 알아야만 한다. 개혁주의 해석학은 문법적일 뿐만 아니라 역사적이고 문화적인 요소들을 포함한다. 성경을 해석하는 데 있어서 어느 정도 문화적, 역사적 배경을 다루어야 한다는 것은 거의 의무적이다. 신약 해석에 있어서 랍비 문헌들을 도외시하는 것은 잘못된 경향이라고까지 말한다. 시간이 흐르면서 신약의 참된 배경은 그리스가 아니라 팔레스타인이라는 것이 드러나기 시작했다. 그래서 고전 헬라어보다 아람어를 알아두는 편이 더 중요하다는 점이 밝혀졌다.76) 이는 예수님 시대 사람들이 주로 사용했던 언어가 바로 아람어였기 때문이다. 오늘날의 신약 전문가들은 고전 헬라어와 그 문화를

---

76) 스트렉-빌러벡(Strack-Billerbeck)의 탈무드와 미드라쉬를 배경으로 한 신약주석(Kommentar zum Neuen Testament aus Talmud und Midrash)이 나왔다.

알아야 될 뿐만 아니라 고대 팔레스타인과 고대 유대교 그리고 아람어에도 정통해야 한다.

"문화적"(cultural)이라는 말은 선진화된 혹은 세련된 삶의 방식을 가리키는 "문명화된"(cultured)이라는 개념과 혼동해서는 안 된다. 이교주의자들은 대개 탈 문화적이다. 즉 그들은 성경에다 나름대로 믿는바 곧 그들의 전통이나 이념을 덮어씌운다. 그렇기 때문에 모든 이교들은 성경을 기록한 원래 저자들의 문화적 배경을 무시함으로써 해석의 원리를 깨뜨린다.

1) 성경해석자는 또한 성경 지리를 공부해야 한다.

만일 역사가 성경의 시간적 배경이라면, 지리는 공간적 배경이다. 성경의 지리적 배경이 되는 산, 강, 평야, 곡물, 식물, 동물, 계절 그리고 기후에 대해 알아야 한다. 구약의 많은 본문들은 우리가 그 지리적 위치에 대한 지식을 가지고 있을 때 보다 명쾌하게 다가온다.

2) 성경해석자는 반드시 성경 배경사를 알아야 한다.

성경의 한 사건이 지리적 연관을 갖는다면, 그 사건은 또한 역사적 연관도 가질 수밖에 없다. 롤리(H. H. Rowly)는 "성경의 모든 사건들은 바로 이러한 역사의 흐름 속에서 발생하는 것이다. 역사에 뿌리내리고 근거한 종교가 역사를 무시할 수는 없는 법이다. 따라서 성경의 역사적 이해는 성경해석에 있어서 있으면 좋고 없어도 그만인 사치품목이 아니다."라고 옳게 지적했다.

3) 성경해석자는 반드시 성경의 문화적 배경을 알아야 한다.

인류학자들은 한 집단의 문화를 물리적 문화와 사회적 문화로 구분한다. 물리적 문화란 특정 사람들이 그들의 삶을 영위하기 위해 사용한 모든 것, 곧 도구, 물건, 주거환경, 무기, 의

상 등을 가리킨다. 사회적 문화란 모든 관습, 관행, 의례 등 한 사회가 그 구성원들의 사회적 존속을 위해 준수하는 것들을 가리킨다.[77]

물리적 문화의 한 예를 들자면, 예수님 당시의 기름 등잔은 아주 작아서 한 손에 서너 개까지 들 수 있었다. 그만큼 작은 것이었기 때문에 3시간 정도까지 계속될 수도 있었던 혼인 전야제가 끝날 때까지 기다리려면 별도의 충분한 기름이 필요했다(마 25:1 이하).

성경해석에 있어서 어떤 본문의 배경이 되는 그 특정한 사회적 문화를 최선을 다해 밝혀내는 노력이 필요하다. 창세기 1-11장까지는 메소포타미아 문화가 배경이며, 애굽의 요셉 이야기와 출애굽 사건은 당연히 애굽의 문화를 배경으로 한다. 이같이 해석자는 성경의 어떤 사건을 다룰 때, 반드시 그 특정한 문화적 관습에 주의해야 한다. 성경의 문화적 배경을 공부하는 기본 목적은 해석자로 하여금 성경에 언급된 그 원래의 것들이 무엇인지를 알게 하려는 것이다. 문자적 해석이란 이런 문화적 배경에 관한 연구 없이는 절름발이가 될 수밖에 없다. 성경의 역사적 배경처럼 문화적 배경도 성경의 정확한 이해를 위해서는 단연 필수적이다.

---

77) 라이스(E. Rice)의 **성경 시대의 동양문화**(Orientalisms in the Bible Lands)나 M. 밀러(Miller)와 J. 밀러의 **성경의 생활 대백과 사전** (Encyclopedia of Bible Life), 그리고 와이트(F. Wight)의 **성경 시대의 관습**(Manners and Customs of Bible Lands)을 참고하라.

Ⅲ. 원어 연구방법

Ⅲ. 원어 연구방법

원어 연구 맛보기

이 항목에서는 원어 연구를 어떤 식으로 하는가에 대해 간단하게 맛보기를 하려고 한다. 그로 인하여 하나님의 종들에게 동기부여가 되기를 바라는 마음이다. 원어를 연구한다는 사람들에게 잘 알려진 부분을 살펴보자. 그것은 창세기 5장에 나오는 에녹 이야기다.

> **"에녹은 육십오 세에 므두셀라를 낳았고 므드셀라를 낳은 후 삼백년을 하나님과 동행하며 자녀를 낳았으며 그가 삼백육십오 세를 향수하였더라. 에녹이 하나님과 동행하더니 하나님이 그를 데려가시므로 세상에 있지 아니하였더라."(창 5:21-24)**

서론적으로 성경 창세기 족보를 통해 나타나는 현상이, 아담 이후 몇 세를 살든지 간에 결국엔 다 죽는다는 것이 일반화되어 가는 시대에, 한 사람 에녹이 죽지 않고 승천한 사실이 눈에 들어오는 부분이다. 그렇다면 당연히 생기는 질문이 '에녹은 도대체 어떤 인물이며, 어떻게 살았기에 하나님이 죽음을 보지 않게 하시고 데려가셨을까?'이다. 그러나 본문을 일반적으로 읽어서는 그 의미를 파악하기 어렵다. 본문을 행간까지 읽어야 함은 물론 원어 연구의 필요성을 생각하게 만들 것이다.

우선적으로 한글 성경 본문을 꼼꼼하게 분석해보자. 번역 성경의 세밀한 본문 분석만으로도 많은 해결 내지는 도움을 받는 경우가 많기 때문이다. 그 이후에 더 풍성한 의미나 더 나은 해석을 위해 원어를 연구하는 순서를 밟는 것이 좋다.

 본문 분석

에녹의 변화는 '언제부터'라고 말하는가? "므두셀라를 낳은 후"라고 한다(창 5:22). 그리고 300년을 하나님과 동행했다고 한다. 에녹에게는 므두셀라라는 아들이 태어난 자체가 하나의 전환점이 된 셈이고, 그 내용은 하나님과 동행하는 삶으로 나타났으며, 결과는 죽음을 보지 않고 승천한 것이다.

여기서 유추할 수 있는 이야기는 에녹은 아들 므두셀라를 낳기 전 65년 동안은 하나님과 동행하는 삶을 살지 않았거나 혹 못했다는 이야기다. 우리와 별로 다르지 않은 삶을 살았다고 생각된다. 그런데 므두셀라가 태어난 것이 어떤 의미가 있기에 갑자기 하나님과 동행할 정도로 에녹이 달라졌을까? 번역 성경을 통한 본문 분석으로는 여기까지가 한계다. 나머지 부분은 원어 연구를 통해 찾아보는 단계이다. 원어 연구를 통해 에녹이 하나님과 동행하는 삶을 살 수 있었던 비결 혹은 이유가 있다면 그것이 무엇인지를 찾아내는 것이 관건이다.

 원문 분석

📖 창 5:21

8141	8346	2568	2585	2421
שָׁנָה	וְשִׁשִּׁים	חָמֵשׁ	חֲנוֹךְ	וַיְחִי
명여단	접.형수기복	형수기남	명고	접와.동칼미남3단
년	육십	오	에녹	그가 살았다

4968	853	3205
מְתוּשָׁלַח־	אֵת	וַיּוֹלֶד
명고	격	접와.동일미남3단
므두셀라	를	그가 낳았다

문법적 번역: 그리고 에녹은 65년을 살았다. 그리고 그가 므두셀라를 낳았다.

1. 동사의 주체가 되는 사람 이름의 의미를 찾는다.

1) '에녹'이란 이름은 컴퓨터에서 슈퍼바이블을 열어 스트롱 번호 2585번 하노크(חֲנוֹךְ)를 찾는다(일반 사전을 찾아도 마찬가지 내용이 뜰 것이다). 사전적 의미를 찾으면 다음과 같은 내용이 뜬다.

🔍 2585, חֲנוֹךְ 하노크
2596에서 유래; '봉헌된'; 홍수전의 족장, '에녹':- 에녹
* 다른 사전에서는 '전수자'란 의미가 추가되어 있다(바이블렉스)

✵ 특별히 슈퍼바이블 프로그램의 사전을 찾다 보면, 여러 기호가 나올 텐데 아래 설명을 참고하라.

 히브리어 사전에 나오는 기호해석(슈퍼바이블을 중심으로)

1. 어원, 어의, 영어성경에 사용된 번역어 등의 순서로 기록했다.

예; 6960, קָוָה 카바

<u>기본어근; 함께 '묶다'(아마 꼬아서), 즉 '수집하다'; (상징적으로) '기대하다'</u>
　　어원　　　　　　　　　　　　어의

<u>:-(함께) 모이다, 쳐다보다, 참을성 있게 기다리다(대망하다)</u>
　　　　영어성경에 사용된 번역어

2. 단어의 뜻은 원칙적으로 그 단어의 고유한 뜻을 찾아 ' '로 표시하고, 그 후에 활용된 상태를 따라 연유된 뜻, 상징적인 뜻, 추상적인 뜻, 도덕적인 뜻, 의례적인 뜻, 품사 전용시의 뜻 등을 밝혔다.

3. 매 단어마다 :- 표 이후에 영어성경(특히 KJV을 기준으로)에 사용된 번역어를 가능한 한 충실히 번역하여 우리말 성경이 표현하지 못한 원뜻을 이해하는 데 도움을 주었으며, 다음과 같은 부호를 사용하였다.
　1)　＋ ; 다른 히브리어와 연결되어 사용된 경우
　2)　x ; 히브리어의 독특한 관용어에서 유래된 경우
　3) ( ) ; 주된 단어와 연결되어 사용된 단어나 분절어의 경우
　4) 【 】; 히브리어에서 부가적인 단어가 생략되어 환원시키고
　　　　　한 경우

에녹은 사전적인 의미로 봉헌된 자다. 어떻게 봉헌된 자인가에 대해서는 유추해야 한다. 아버지를 통해서 봉헌되었나? 아니면 자기 세대에 깨달음을 통해 스스로 봉헌한 자인가를 구분해야 한다. 혹은 아들을 낳은 후 달라진 것으로 암시되는 문장을 통해, 므두셀라에 의해 자신을 봉헌하게 되었는지도 모른다. 또 에녹의 이름이 '전수자'란 의미를 적용하면, 그가 하나님과 동행하는 신앙을 전수한 것으로 생각할 수 있다. 그 신앙이 노아에게까지 전수되어, 노아도 하나님과 동행한 사실이 성경에 기록되었다(창 6:9). 노아는 할아버지 므두셀라를 통해 증조할아버지인 에녹의 신앙과 결말에 대해 들었을 것이다. 그 열매로 패역한 세대에 노아의 신앙에 결정적인 역할을 한 것으로 유추할 수 있다.

다시 이 단어가 유래된 스트롱번호 2596의 단어를 찾아 살피라.

🔍 2596 חָנַךְ 하나크
기본어근; 본래 의미는 '좁히다'【2614와 비교】; 상징적으로 '봉헌하다', 또는 '연단하다;- 낙성식하다, 가르치다.

2) '므두셀라'도 스트롱번호 4968을 찾는다.

🔍 4968 מְתוּשֶׁלַח 므투셀라ㅎ
4962와 7973에서 유래; '창의 사람'; 홍수 이전의 족장, '므두셀라':-므두셀라

이 단어는 두 단어가 합하여 이루어진 합성어이다.

🔍 4962 מַת 마트

4970(본래 의미는 시간의 한계, 언제)과 동형에서 유래; 본래
의미는 '성인'(충분히 자란); 함축적으로 '사람'(단지 복수로
만):-+적은, ×친구들, 사람들, ×작은

🔍 7973 שֶׁלַח 쉘라흐
7971(보내다, 내 던지다)에서 유래; 공격용 '던지는 무기', 즉
'창'; 또한 (상징적으로)자라나는 '햇가지', 즉 '가지':-투창,
식물, 칼, 무기

　두 개의 단어가 합성하여 이루어진 므두셀라란 이름은
"창을 던지는 성인(사람)"을 의미한다. 여기에는 두 가지
설이 있다. 하나는 고대에는 창 던지는 사람이 전쟁에 선
봉장으로 서고 그가 죽으면 그 전쟁은 끝났다. 곧 그때부
터 그가 속한 곳은 멸망이란 이야기다. 다른 설은 "창을
든 사람, 창을 던지는 사람"이란 의미는 같은데, 적용이 다
르다. 창을 든 사람은 당시 혈연 내지는 부족을 위해 '불
침번'을 서야 하는 자를 의미한다. 그런 자가 죽게 되면,
종말이 오고 심판이 온다는 것을 경고하고 있다는 것이다.
　그러나 전혀 다른 각도의 주장이 있는데, 그것은 어근을
다르게 보는 것이다. 즉 므두셀라를 무트와 쌀라흐의 합성어
로 본다.

🔍 4191, מוּת 무트
기본어근; '죽다'(문자적으로나 상징적으로); 사역적으로 '죽
이다';-×전혀, ×울기, 죽다, 죽은(몸, 사람), 죽음(죽이다),
파괴하다(파괴자), 죽게 하다, 죽어야 한다, 죽이다, 【강신술
사】, 살해하다, ×확실히, ×매우 갑자기, ×결코【아닌】

🔍 7971, שָׁלַח 쌀라흐

기본어근; '보내' 버리다(수많은 경우에 적용됨):-×아무리 해
도, 임명하다, (도중에)가져가다, (멀리, 밖으로)내던지다, 인
도하다, ×간절히, 주다(포기하다), 멀다, 보내다.

이 단어를 합성한 의미는 "그가 죽으면 그것을 보낸다."는
의미로 해석된다. "그것"이 후에 홍수 심판으로 나타났기 때
문에 홍수를 가리켰다고 이해한다. 에녹에게 심판의 방법까
지 알려주지는 않았을 것으로 여겨지지만(후에 노아에게 방주
를 지으라고 명하실 때 비로소 드러난다.) 심판의 예고는 되었을
것으로 생각한다. 므두셀라는 이같이 시대의 표징이 되는 존
재로 이 세상에 왔고, 사람들에게 표징의 삶을 살았다. 그는
결코 어떤 사람들이 말하는 것처럼 무의미한 장수의 삶을 산
것이 아니다. 그는 하나님의 메시지로서의 삶을 살았다. 그가
빨리 죽었다면 사람들은 빨리 심판을 당했을 것이다. 하나님
의 오래 참으심과 자비하심을 자신의 생애를 통해 보여주는
그런 표적적인 삶을 산 인물이 므두셀라라는 점이 그의 이름
에 암시되어 있다(참고. 딤전 2:4).

2. 동사를 연구 분석한다.

이제 창세기 5:22을 분석해보자.

📖 창 5:22上

430	854	2585	1980
הָאֱלֹהִים	אֶת	חֲנוֹךְ	וַיִּתְהַלֵּךְ
관.명남복	전	명고	접와.동히미남3단
하나님	함께	에녹	**그가 동행했다**

4968	853	3205	310
מְתוּשֶׁלַח־	אֵת	הוֹלִידוֹ	אַחֲרֵי
명고	격	동일부연.남3단	전
므두셀라	를	그를 낳은	후에

문법적 번역: 에녹이 하나님과 **동행했다**. 므두셀라를 낳은 후에.

이 문장에서는 무엇부터 연구해야 할까? 동사를 연구해야 한다. 보통 히브리어에서 강동사라고 불리는 문법을 이해해야 해석이 가능하다. 이런 동사가 자주 나오기 때문에 원어를 연구하려면 최소한의 기초적인 문법이라도 공부해야 한다.

1) 동행하다.

🔍 1980, הָלַךְ **할라크**

3212와 유사함; 기본어근; '걷다'(적용에 있어서 매우 다양함, 상징적, 혹은 문자적으로) :- …을 따라서, 처음부터, 빨리, (얌전히)행동하다, 오다, 계속적으로, 잘 알고 있다, 떠나다, +진정하다, 들어가다, 연습하다, +따르다, 앞으로, 자라다, +여행(자), 해외에 가다(나다니다, 이리저리 다니다, 오르내리다, 곳에 가다), 방황하다, 커지다, 방랑자, 급히 가다.

🔍 3212, יָלַךְ **얄라크**

기본어근【1980과 비교】; '걷다'(문자적, 또는 상징적으로) ;사역동사로는 '옮기다'(다양한 의미로):- ×다시, 떠나, 가져오다, 데려오다, 가져가다, 데려가다, 출발하다, 흐르다, +따르다(따르는), 가다(가도록 하다, 가게 하다, 떠나다, 떠나는, 가버린, 자신의 길을 가다, 나가다), 자라다, 인도하다

'할라크'는 다양한 문맥에서 그 문맥에 따라 "가다, 오다, 걷다, 떠나다, 나아가다, 지나가다, 행하다, 생활하다, 여행하다, (물이) 흐르다, 함께 가다, 교제하다" 등 다양한 의미로 사용되었다. 특히 다음과 같은 용법들, 즉 명령적인 외침의 용법[78], 다른 동사의 역할을 확대시키는 부정사로서의 용법(창 8:3,5), 다른 동사의 역할을 구체화시키는 한정사로서의 용법[79]에 주목해야 한다(바이블렉스 10.0).

'얄라크'는 보통 사람들의 일반적인 "움직임"을 나타낸다. 보다 더 중요한 것으로서 얄라크는 심판이나 축복(삼하 7:23; 시 80:2), 특히 광야에서 방황하는 동안에(예: 출 13:21; 33:14) 그의 백성에게 오시는 여호와께 사용된다. 할라크와 얄라크 모두 히트파엘형은 이와 관련하여 동작의 연속성 혹은 반복성을 강조하기 위해 사용된다. 하나님 앞에서 그렇게 산 사람들의 좋은 예로는 에녹, 노아, 아브라함 등이 있다(창 5:22; 6:9; 17:1) (참고. BDB).

창세기 5:22 본문의 할라크가 히트파엘형으로 쓰인 점에 유의해야 한다. 히트파엘형은 재귀적 용법이므로 지속적으로 자기 자신을 위해 하나님과 동행했음을 나타낸다. 그에 따라 에녹의 동행은 점차적으로 하나님과 온전히 일치하는 신앙으로 발전했음을 짐작할 수 있다. 이는 그가 죽지 않고 승천한 사실이 이를 뒷받침한다. 또한 바브(와우) 연속접속사가 쓰여 미완료를 완료로 해석해야 한다(여기서는 이런 저런 문법 설명을 간단하게는 하되 자세하게는 설명하지 않을 것이다. 개인적으로 공부하거나 제2권 구문론에서 좀 더 상세하게 설명할 예정이다). 따라서 완료로 해석한다면 망설이지 않고 미래를 소망하며 즉시 동행한 사실을 말한다.[80]

---

78) 창 19:32; 31:44; 37:13,20.
79) 창 27:14; 50:18; 왕하 3:7; 사 2:3.
80) 본서에서는 히브리어 문법의 가장 기본적인 것을 적용했다. 좀 더 분

2) 낳다(부정사)

이 부분에서 또 하나 특징적인 것으로 셋의 계열은 가인의 계열과 달라서 아이를 낳는 일이 주된 사역이었다는 점이다. 가인의 계열이 세상 문화발전에 초점이 맞추어져 있다면, 셋의 계열은 여자의 후손이 올 때까지 자손을 이어가는 일이 초점이라는 의미다(궁극적으로는 예수 그리스도의 탄생 때까지). 셋 계열은 일반적 삶 가운데서 구원 사역에 마음을 두며, 후손 잇기에 힘을 기울인 자세를 읽을 수 있다. 아들 낳는 일이 주된 사역이었다는 증거가 동사의 문법분해를 보면 미루어 짐작할 수 있다. 창세기 5장에서 "낳고"라는 단어와 4장에서의 "낳고"를 비교해보라.

창세기 4장의 "낳고"는 동칼미남3단(동사, 칼, 미완료, 남성3인칭단수)으로 생물학적으로 아이를 낳았다는 뜻이다(창 4:17, 18, 20, 22).[81] 즉 남녀가 결혼하면 자연스럽게 아이가 생기는 방식을 말한다. 육체적인 관계에만 초점이 맞추어진 아이 낳음이다. 즉 아들 낳는 것이 어떤 사명이나 뜻을 둔 일이 아니란 의미다.

그에 비해 창세기 5장의 "낳고"는 동일미남3단(동사, 히필, 미완료, 남성3인칭단수)이다.[82] 여기서 동사 히필형이라 함은 능동 사역 동사를 말한다.[83] 사역동사는 말 그대로 일하도록 만드는 것을 나

석적이고 깊이 있는 문법 적용을 원하면 본서에서 소개한 문법책이나 주석 방법책을 이용하기 바란다.

81) 가인의 아들 에녹이 이랏을 낳은 것에 대해 니팔동사미완료가 쓰였는데, 니팔형은 칼동사의 수동태이다. 그리고 아내 이름이 등장하여 아이를 잉태하거나 낳았다고 할 경우 여성3인칭단수를 쓴다. 그 외에는 모두 남자가 아들을 낳은 것처럼 표현한다. 이는 씨를 중심하여 표기하는 성경적 표현방식이다.

82) 창 5:3,4,6,7,9,10,12,13,15,16,18,19,21,22,25,26,28,30,32.

83) 문법적으로 사역형의 의미: "누군가가 나에게 무언가를 시키다, …하게 하다"(강제, 지시, 허가 등). 간단하게 말해서 "…하게 하다"로 생각하면 좋을 듯싶다. 이런 의미로 말한다면 셋 계열의 남자들은 아내

타낸다. 따라서 아들 낳는 것이 그들이 하고자 하는 일이었다는 의미다. 창세기 4장에 가인 계열의 아들 낳는 것과 비교할 때 분명하게 구분된다.

그러나 아담이 셋을 낳을 때는 동일하게 칼동사가 쓰였다 (4:25). 정확하게는 아담의 아내 하와가 아들을 낳은 것으로 표현할 때(동칼미여3단) 그렇게 썼다. 하지만 5:3에서 아담이 셋을 낳았다고 할 때는 히필 동사를 썼다(동일미남3단). 여기서 생각할 수 있는 하와의 의식구조가 육신적이었을 가능성이다. 아들을 낳는 것에 대해 하나님의 일이라고 생각하지 않고, 자연적인 생산을 한 것으로 여긴 것이 아닌가 생각한다. 이어지는 문맥을 볼 때, 셋이 에노스를 낳기(푸알동사; 강조수동태)까지 구체적으로 히필 동사가 쓰이지 않았고, 에노스 시대에 비로소 여호와의 이름을 불렀다고 한다(창 4:26). 이것은 에노스 때 공적인 제사를 처음으로 다시 드리게 되었다는 의미로 받아들여진다. 여기가 하나의 전환점이 된 듯싶다. 이는 별도로 다룰 문제이므로 여기선 자세히 다루지 않겠다.

어쨌든 하나님의 뜻을 따르는 계열과 하나님을 떠나 육신의 욕망을 따라 사는 계열이 이때부터 확연하게 나누어짐을 알 수 있다. 성경은 이렇게 인류의 역사가 처음부터 두 계열의 흐름으로 출발했다는 것을 보여준다.

3. 연구한 원어적 개념을 가지고 추론하며 연결하여 문장을 만든다.

들로 하여금 아들 낳게 하는 일을 시킨 것으로 이해할 수 있는데, 이는 하나님의 뜻을 실현하는데 헌신하기 위함이라고 여겨진다. 그러나 여자들이 아이를 잉태하거나 낳을 때는 칼능동형으로 쓰인 것은 여자들이 자연적 생산을 생각한 것으로 판단된다.

📖 창세기 5:22下

1323	1121	3205	8141	3967	7969
וּבָנוֹת:	בָּנִים	וַיּוֹלֶד	שָׁנָה	מֵאוֹת	שְׁלֹשׁ
접.명여복	명남복	접와.동일미남3단	명여단	명여복	형수기남
딸	아들	그가 낳았다	년	백	삼

문법적 번역: 그가 300년간 아들과 딸을 낳았다.

동사 연구가 끝났으면, 여기서 에녹이 300년 동안 하나님과 동행하며 자녀를 낳았다는 일에 대해 생각해야 한다. 먼저 에녹도 일반 사람들처럼 자녀를 낳으며 살아갔다는 것을 알 수 있다. 따라서 아이 때문에 하나님과 동행하지 못한다는 것은 핑계에 불과하다는 것을 깨닫게 된다. 그가 므두셀라를 낳았을 때 분명한 변화의 조짐이 있었다는 것을 짐작하게 하는데, 어떤 변화의 징조가 있었던 것일까? 그 이름을 누가 지었느냐에 따라 그 징조의 방향이 달라진다.

만일 에녹이 지었다면 정신 나간 사람일 것이고(어떤 아비가 자기 아이의 이름을 "이 아이가 죽으면 그것(심판)을 보낸다."라고 짓겠는가?), 하나님이 지어주신 것이라면, 그것은 하나의 계시라는 이야기다. 성경에서 하나님이 이름을 친히 지어주시는 경우는 반드시 뜻이 있고, 그 이름대로 일하심을 나타내 보여주는 하나의 계시였기 때문이다. 아브라함, 이삭, 이스라엘, 신약에서 예수님의 이름 등이 대표적인 사례라고 할 수 있다.

📖 창 5:24

430	854	2585	1980
הָאֱלֹהִים	אֶת	חֲנוֹךְ	וַיִּתְהַלֵּךְ
관.명남복	전	명고	접와.동히미남3단
그 하나님	과 함께	에녹	그가 동행했다

430	854	3947	3588	369
אֱלֹהִ֑ים: פ	אֹת֖וֹ	לָקַ֥ח־	כִּי־	וְאֵינֶ֕נּוּ
명남복	격.남3단	동칼완남3단	접	접.명실.남3단
하나님	그를	그가 데려갔다	…때문에	존재하지 않다

문법적 번역: 에녹이 하나님과 함께 **동행했다**. 그리고 하나님이 그를 데려갔기 때문에 존재하지 않는다.

에녹이 아들을 낳고 심판의 경고를 받았다고 해서 그렇게 달라질 수 있는가? 오늘날 수많은 경고를 듣고도 멀쩡하게 사는 롯의 사위 같은 자들(농담으로 여기는 자들)이 수두룩한데(창 19:14)… 에녹이 아들 므두셀라가 죽으면 심판이 온다는 경고를 받았기 때문에, 날마다 아들의 생사여부를 알기 위해 문안을 드리지 않았을까? 살아있다면 심판은 하루 연장되었다는 이야기이고, 죽었다면 심판이 이어질 것이니까.

"동행", 그 점진적 거룩

이 문장(5:24)에서도 유추할 수 있는 부분이 있는데, "동행하다"라는 동사에 관해서다. 에녹이 하나님과 동행했다는 것은 이미 앞에 5:22에서도 확인한 바다. 그런데 여기 24절에서 반복한 것은 강조인가, 무의미한 반복인가? 아니면 히브리적 사고 등 다른 의미가 있는가? 문맥적으로 생각해보고 문장적으로 생각해보라. 문장적으로 이해할 때, 22절은 분명히 '시작점'이란 생각이 들고, 24절은 '완결점'이란 생각이 들지 않는가? 에녹의 신앙적 인격이 하나님 보시기에 완성되었기 때문에 데려가신 것이 아닐까.

에녹에 대한 삶의 기록이 일반 사람과 다른 것은 하나님과 동행한 삶을 통해 죽음을 보지 않았다는 사실이다. 그런데 그가 동행한 모습은 어떤 것일까? 이런 뉘앙스들은 원문을 통해서만 느낄 수 있기 때문에 원어를 연구해야 한다. 하나님과 동행하는 것에도 차이가 있다. 범죄한 아담의 동행과 비교해보라. 범죄한 아담은 자기를 찾아오시는 하나님의 '거니시는'(미트할레흐; מִתְהַלֵּךְ) 발소리에 놀라 숨어버렸지 않은가(창 3:8).

📖 창 3:8 中

3117	7307	1588	1980	430	3068
הַיּוֹם	לְרוּחַ	בַּגָּן	מִתְהַלֵּךְ	אֱלֹהִים	יְהוָה
관.명남단	전.명여단연	전.관.명남단	동히분능	명남복	명고
그날	영을 위한	그 동산 안에	거니시는	하나님	여호와

문법적 번역: 그 동산 안에 **거니시는** 하나님 여호와의 영을 위한 그 날.

그러나 에녹은 '하나님과 **나란히** 동행했다'(이트할레흐 하노흐 에트-하엘로힘; יִתְהַלֵּךְ חֲנוֹךְ אֶת־הָאֱלֹהִים). 이것은 굉장한 표현이다. 왜냐면 보통 '하나님 앞에서' 사는 것(walking before)도 대단한데, 에녹은 '하나님과 함께' 살았기(walking with) 때문이다. 이는 차이가 많다. '하나님 앞에서'(מִפְּנֵי יְהוָה אֱלֹהִים; 창 3:8)는 일반적으로 주인 앞에서 주인을 위해 봉사하는 사람의 행위와 신뢰성을 가리키는 반면에(창 3:8; 4:16; 17:1 등), '하나님과 함께'는 영적인 사귐과 교제를 의미하는 수준이기 때문이다. 이런 관점에서는 에녹의 삶이 어땠는지 짐작할 수 있는 표현이다.

다음으로 알아볼 것이 실제로 므두셀라가 죽자 심판이 시행되었는지의 여부이다. 실제적으로 홍수 심판이 임했다. 그리고 아담 이하 대부분의 조상들이 노아 시대의 홍수 심판 이전에 죽었다. 참고적으로 연대를 계산하면 다음과 같다.

▸ 므두셀라가 아들(라멕)을 낳을 때의 나이; 187세(창 5:25)

▸ 라멕이 아들(노아)을 낳을 때 나이; 182(창 5:28)

▸ 노아의 나이 600세에 홍수가 일어남; 그때 므두셀라의 나이는 969세(창 5:27). 187+182+600=969로 정확하게 므두셀라가 죽은 그 해에 홍수가 일어났다. 참고로 그 이전에 조상들은 어땠는가 보자.

****

▸ 10대손 노아 600세에 전 세계적인 홍수 심판이 있었음.

▸ 9대손 라멕은 노아를 낳은 후 595년을 살았다(창 5:30); 홍수가 발생하기 5년 전에 죽음

▸ 8대손 므두셀라는 노아 홍수가 일어나는 해에 죽음; 그가 죽어야 홍수가 일어남.

▸ 7대손 에녹은 365세까지 살다가 죽지 않고 승천함(창 5:24)

▸ 6대손 야렛은 에녹을 낳은 후 800년을 살았음(창 5:19); 야렛은 므두셀라가 735세 때 죽음.

▸ 5대손 마할랄렐은 야렛을 낳은 후 830년을 지냄(창 5:16); 마할랄렐은 므두셀라가 603세 때 죽음.

▸ 4대손 게난은 마할랄렐을 낳은 후 840년을 지냄(창 5:13); 게난은 므두셀라가 548세 때 죽음.

▸ 3대손 에노스는 게난을 낳은 후 815년을 지냄(창 5:10); 에노스는 므두셀라가 453세 때 죽음.

▸ 2대손 셋은 에노스를 낳은 후 807년을 지냄(창 5:7); 셋은 므두셀라가 355세 때 죽음.

▸ 1대 아담은 셋을 낳은 후 800년을 지냄(창 5:4); 아담은 므두셀라가 243세 때 죽음.

이상 계산해 본 결과 아담에서부터 모든 조상들이 므두셀라

에 대한 계시를 살아있을 동안 알 수도 있었다는 결론이 나온다. 그들이 얼마나 흩어져 연락할 수 없는 상태에서 살았는지 모르겠지만, 바벨탑을 쌓다가 흩어지기 이전에는 그래도 연락이 되지 않았을까? 소문으로라도… 어쨌든 므두셀라가 살아생전에 그들도 일정 기간 살아있었다는 이야기다. 그들도 에녹이 알았던 하나님의 계시를 알고 있었느냐 하는 문제는 미스테리로 남겨두더라도… 그 당시 하나님이 심판을 결정할 수밖에 없는 상태의 인간사회였던 만큼, 설혹 하나님의 계시가 에녹에게 주어졌을지라도 그 계시를 따라 산 사람이 없었기에 홍수로 심판하셨을 것으로 생각한다. 그러나 에녹의 계보를 따라 거슬러 올라가 아담에 이르기까지 모두 홍수 심판을 피했다. 왜? 그 이전에 모두 죽었으니까.

4. 설교를 위한 종합분석

이 단계에서는 자기의 성경 지식과 함께 깨닫고 아는 모든 것을 종합하는 능력이 요구된다. 이는 사람마다 다르기 때문에 한 마디로 뭐라고 말할 수는 없고, 각자의 신학과 기타 능력에 의해 차이가 남을 인정하고 최선을 다해 설교를 준비하면 된다. 성경을 종합적으로 보고 연결하는 능력을 키워야 하고, 창조적인 추리도 필요하며, 올바른 신학도 중요하다. 어떤 사람은 주석을 전혀 보지 않고 원어로만 설교를 작성할 수 있음을 자랑하는데, 그렇게 될 경우 주관적인 해석이나 교만의 위험도 따름을 알고 겸손하게 준비하는 자세가 요구된다. 때에 따라서는 다양한 사전이나 주석, 그리고 글들을 참고하는 것이 필요하다고 말했다. 자기의 원어 실력이나 창조력 그리고 설교를 자랑하고자 하는 목적이 아니라면, 모든 것을 합력하여 하나님과 그분의 뜻을 드러내는 일에 유익이 되도록 해야 하나님이 기뻐하신다.

에녹은 셋의 후손으로 야렛(하강, 가계, 후예의 뜻)의 아들이고, 므두셀라의 아버지이며(창 5:6-18), 아담의 7대손이다. 에녹은 65세에 므두셀라를 낳은 후에 그때부터 300년 동안 하나님과 동행했다. 하나님과 동행했다는 것은 하나님과 영적 친교를 가지며, 하나님의 명령과 뜻을 따라 하나님을 기쁘시게 하는 거룩한 생활을 했다는 것을 의미한다. 또 하나님과 동행했다는 것은 하나님과 생각이 일치되었다는 의미다. 하나님과 일치를 위하여 자기 뜻이나 욕심 등을 모두 버리는 것이 하나님과 동행하는 지름길이다. 하나님의 성품, 인격을 닮아가는 것이 바로 동행의 본질이다. 따라서 하나님과 동행한다는 것은 하나님께 나의 모든 것을 맞추며, 하나님과 공통분모를 이룬다는 의미다.

성경은 에녹의 변화 이유나 방법에 대하여 구체적으로 말하지 않는다. 그래서 아마도 아들을 낳을 때 어떤 계시로 인하여 변화의 전환점을 맞이하게 되었을 것으로 추론했다. 그것은 '므두셀라'라는 이름의 의미에서 읽을 수가 있었다. '므두셀라'라는 이름은 "심판을 보낸다."를 의미한다(앞에서 이름을 연구한 부분을 참고하라). 어떤 학자들은 그 이름을 "그가 죽을 때에 그것을 보내리라"는 의미로 해석한다. 그것이란 심판의 홍수를 가리킨다. 므두셀라가 살아있을 때는 홍수가 임하지 않았다. 창세기 5장의 계보 연대를 계산해 보면 홍수는 정확히 므두셀라가 죽던 해에 시작되었음을 알 수 있다. 그 해에 노아가 600세였다. 이에 "그가 죽으면 홍수를 보낼 것이라"가 곧 므두셀라란 이름의 의미로 해석할 수 있는 근거가 된다. 에녹은 하나님의 계시에 따라 그의 아들을 므두셀라로 불렀다. 그런 의미에서 그는 종말을 선언하는 전도자였으며, 그의 생애의 두 가지 특징은 거룩한 생활과 영광스런 승천이었다.

1) 에녹은 성경에 기록된 최초의 전도자로서 다가오는 심판에 대하여 전파했다.

에녹은 특히 하나님의 홍수 심판에 대한 계시에 의해 전도자가 되어 다가오는 심판에 대하여 전파했다고 생각할 수 있다 (유 1:14,15).

"아담의 칠세 손 에녹이 사람들에게 대하여도 예언하여 이르되 보라 주께서 그 수만의 거룩한 자와 함께 임하셨나니 15 이는 뭇사람을 심판하사 모든 경건치 않은 자의 경건치 않게 행한 모든 경건치 않은 일과 또 경건치 않은 죄인의 주께 거스려 한 모든 강팍한 말을 인하여 저희를 정죄하려 하심이라 하였느니라."(유 1:14-15)

그리스도의 첫 번째 임하심은 아담에게 계시되었고(창 3:15), 주의 두 번째 임하심은 에녹에게 계시되었다. 아담이 그리스도를 구주로서 예견한 반면, 에녹은 심판자로 예견했다.

2) 에녹은 죽음을 보지 않고 승천했다.

에녹은 300년 동안 하나님과 친밀한 교제를 하며 동행했다. 그러던 어느 날 자취를 감추었고, 세상에서는 그를 찾아볼 수 없게 되었다.

"믿음으로 에녹은 죽음을 보지 않고 옮기웠으니 하나님이 저를 옮기심으로 다시 보이지 아니 하니라 저는 옮기우기 전에 하나님을 기쁘시게 하는 자라 하는 증거를 받았느니라."(히 11:5)

성경의 역사 가운데 이 세상에서 죽음을 맛보지 아니한 사람은 선지자 엘리야와 전도자 에녹뿐이다. 에녹의 모습에서 보여주는 특별한 말씀은 창세기 5:24에서 하나님과 완전한 교제(동행)로 인해 죽음을 맛보지 않고 하늘로 옮겨졌다는 사실이다. 그래서 **불멸에 관한 구약성경의 교리**에 시작을 보여주었다(시 49:15; 73:24). 또 하나님이 에녹을 데려가셨다는 것은 이 세상 외에 다른 좋은 세계, 곧 하나님과 함께 사는 즐거운 세계가 있다는 것, 에녹이 육체를 가지고 그곳에 갔으니 그곳은 관념의 나라가 아니고, **구체적이고 영화롭게 된 몸이 생활하는 실제적인 나라가 있다는** 것을 보여 준다.

에녹이 승천한 것은 믿음으로 하나님을 기쁘시게 한 결과이다. 우리는 하나님이 그를 가장 적기에 데려가셨다고 생각한다. 노인은 오래 살았다고 해서 영예를 누리는 것이 아니며, 인생은 산 햇수로 평가받지 않는다. 그는 하나님의 뜻대로 살아 하나님의 사랑을 받았다. 이것이 진정한 동행이다. 그저 같은 길로 가는 정도가 아니라, 생각과 뜻과 목표 등 모든 면에서 일치하는 하나 됨이 중요하다. 그래서 죄인들 가운데 살고 있는 그를 하나님께서 데려가셨다. 짧은 세월 동안 하나님의 기준에 도달한 그는 오래 산 것과 다름이 없다(예수님을 비롯한 기타 순교자들이 이에 비교할 수 있겠다).

이상의 분석을 통한 자료로 설교를 만드는 것은 각자의 몫이다. 앞에서 분석한 여러 내용을 취합하여 본인이 정성껏 설교를 작성하면 된다. 그럴 때 같은 본문이라도 각기 다른 메시지를 전할 수 있고 은혜도 다를 수 있다. 우리가 최선을 다하면 하나님은 우리의 그 부족함을 가지고도 얼마든지 큰 역사를 이루실 줄 믿고 담대히 전하는 종들이 되길 바란다.

지금까지 원어 연구 작업을 맛본 소감이 어떤지, 복잡하고 어렵고 힘이 든다고 생각될지 모르겠다. 하나님의 말씀을 연구한다는 것은 그래서 영광스런 작업이다. 하나님이 진설한 잔치에 참여하기 위해 얼마나 많은 수고와 정성이 담겨야 하는가? 털도 안 뽑고 거저먹으려는 정신은 반드시 개선되어야 한다고 생각한다. 아무리 학자가 되는 일이 아니라고 할지라도, 한편의 설교가 되기 위해서는 그 뒤에 이러한 숱한 작업이 따라야 한다는 사실을 알고 오히려 보람을 느끼길 바란다. 이제 한 걸음씩 원어와 친숙해지기 위한 여행을 떠나보자.

원어 단어연구
(성구 사전을 활용한)

원어를 연구하다 보면 가장 큰 걸림돌이 되는 것이 의외로 단어개념 정리이다. 참으로 까다로운 부분이다. 어떤 때는 단어의 문자적인 뜻만을 고집한다든지, 또는 주관적으로 단어의 의미를 조합 혹은 파자(破字)하여 말을 만든다든지 별의별 방법들이 다 동원된다. 기상천외한 방법까지도 동원하여 신자들을 미혹하기도 한다. 그래서 단어 연구가 중요하다. 단어의 개념이 일차적으로는 분명히 단어 자체가 가지고 있는 의미이고, 다음으로 생각해 볼 것이 그 단어의 쓰임새이다. 즉 어떤 문장에서 어떤 단어들과 함께 쓰였느냐에 따라 사전적인 뜻과 다른 의미가 도출되기 때문이다(성구 사전 필요). 더구나 성경 히브리어는 고대 언어로서 그 어휘수가 많지 않기 때문에 한 단어가 수많은 의미를 전달하는 역할을 하는 것이 많기에 참으로 조심스러우며 지혜로운 접근을 요한다.

원어를 연구할 때 알아두어야 할 사항으로 본문비평, 역사비평, 문법비평이란 용어가 있는데, 각각의 의미를 알아두는 것이 필요하다. '본문비평'은 본문의 단어선택을 결정하는 일에 관심을 두고, '역사비평'은 본문 "안에" 있는 역사와 본문의 역사를 조사하는 데 관심을 둔다면, '문법비평'은 본문의 언어조합을 통하여 본문을 분석한다. 개념은 하나의 단어를 통해서 전달될 수도 있지만, 대개는 서로의 다양한 조합으로 배열된 단어들로 표현된다.

의사소통의 가장 근본적인 단위는 단어이다. 의미는 여러 단어의 배열을 통해 전달된다. 해석은 종종 한 단어나 구절에 집중한다. 따라서 중요한 Key-Word가 되는 단어나 표현의 암호를 해독하는 것은 훨씬 더 큰 구절을 해석하는 열쇠를 제공한다. 하나의 단어가 성경 전체 혹은 같은 저자의 글에서 어디에, 어떻게, 빈번하게 사용되었는가를 연구하는 것은 다른 구절을 이해하는 일에 집중하게 만든다. 여기서 성구 사전을 사용하는 예를 하나 들어보자.

1. 성구 사전활용의 중요성

"진실로 너희에게 이르노니 여기 섰는 사람 중에 죽기 전에 **인자가** 그 왕권을 가지고 오는 것을 볼 자들도 있느니라."(마 16:28)

"인자"라는 단어가 어떤 의미로 쓰였는가를 연구할 때, 첫째로 성구 사전을 통해 어떤 책에 주로 쓰였는가를 분석한다. 신약에서는 공관복음에 주로 쓰였다. 그에 비해 사도 요한이나 바울은 거의 사용하지 않았다. 둘째로 구약에서는 크게 두 종류의 의미로 쓰였다. 에스겔서에서 일반적인 "사람의 아들"이란 의미로(겔 2장 이후), 다니엘서는 더 전문적인 의미로(단 7:13) 쓰인 것을 알 수 있다. 마지막으로 공관복음에서 대표적으로 마태복음을 통해 분석할 때 세 가지 의미로 분류된다. ① 보통 인간에 대해, ②종말론적 의미에서 마지막 심판자로, ③기독론적인 의미에서 메시아의 수난에 적용된다. 이 중에 마태복음 16:28의 인자의 의미는 어떤 것에 해당하는지, 다른 공관복음 곧 마가복음과 누가복음의 병행 구절은 있는지, 그 구절에서는 어떤 의미인지 등을 찾아 살피며 연구한다. 유사점과 차이점을 비교하여 결정하는 노력을 필요로 한다.

성경에서 사용되는 핵심용어와 개념을 연구하는 것이 무척 중요하다. 핵심표현이 나타나는 여러 구절을 확인 조사하고 그 구절들과 관련된 질문들을 만들 때, 이 표현들이 사용된 의미론적 세계에 대한 깊은 이해를 음미할 수 있다. 따라서 본문을 직접 다룰 수 있게 하는 성구 사전활용에 대해 게으르지 말아야 한다. 성구 사전을 통한 연구를 하다 보면, 단어집이나 사전에서 발견할 수 없거나 놓치는 의미를 발견하는 기쁨을 맛보게 된다. 따라서 단어 사전에 국한한 연구는 관련 자료를 직접 조사할 때 얻을 수 있는 새로운 발견을 하지 못할 수도 있다. 따라서 그런 연구는 새롭고 독창적인 연구물을 내놓기가 어렵다.

관찰에 근거하여 자신의 가정과 해석, 설명을 곁들이고 나아가서 자신의 통찰력과 발견 사실을 확인하기 위해 단어 사전과 기타 도구를 사용하는 것이 필요하다. 성구 사전이 어떤 구절에 관한 독창적인 작업을 하기 원하는 사람을 위해 가장 가치 있는 자료가 된다는 사실을 반드시 기억하기 바란다.

2. 단어 사전과 단어연구에 대한 주의사항

원어를 연구할 때, 단어 사전은 문장해독의 중요한 의미를 밝혀주는 역할을 하기도 하지만, 때로는 잘못 오해하게 만들기도 한다. 따라서 사전을 이용할 때는 이 점에 주의해야 한다. 잘못된 언어개념에 근거하여 해석을 전개하게 만들기 때문에 상당한 주의를 요한다. 이에 주의해야 할 몇 가지 원리를 제시하고자 한다.[84]

---

84) 카슨은 단어연구에 나타나는 오류를 16가지로 설명한다. 이 분야의 이해를 돕는 책으로는 다음의 책들을 소개한다. 본서에서도 인용 표시는 구체적으로 하지 않더라도 자주 이 책들의 내용을 요약하여 말하

1) 성경을 기록한 언어인 히브리어, 아람어, 헬라어 등은 다른 언어에서와 마찬가지로 광범위한 의미를 지니는 경우가 많다. 그러나 어떤 단어 사전은 성경 용어가 그 단어의 어근에서 나와서 하나의 기본적인 의미만 가진다는 인상을 준다. 이러한 전제는 "어원 오류"로 알려져 있다.

2) 성경 저자와 인물은 단어의 역사 또는 유래를 잘 모른 채 사용하는 경우가 대부분이다. 언어학자가 아닌 이상 그것은 오늘날 우리도 마찬가지 아닌가. 가장 중요한 포인트는 자기가 사용한 단어의 의미가 자기가 말하고 싶은 바를 전달하는가에 있다. 그래서 성경 언어를 분석할 때, 주어진 구절에서 반드시 특정한 단어나 표현의 "원래 의미"를 확인할 필요는 없다.

3) 각각의 단어나 구절은 그 자체로 특별한 신학적 의미를 담고 있지 않다. 심지어 오늘날 우리가 전문적인 용어로 알고 있는 단어가 본문에 나타날 때라도 그 당시 저자도 그러한 신학적 체계를 가지고 기록했을 것으로 전제해서는 안 된다. 예를 들어, "언약"(1285, בְּרִית)이란 단어가 본문에 나타난다고 해서 자동적으로 하나님과 인간의 특별한 관계를 가리킨다고 이해해서는 안 된다. 신약의 아가페(사랑)도 반드시 자기희생적인 특별한 형태의 사랑을 가리키는 것은 아닌 것과 같다(눅 11:43).

게 될 것이다. D. A. 카슨, 「성경해석의 오류」, 박대영 옮김,(서울: 성서유니온선교회, 2002). ;리처드 L. 슐츠, 「문맥, 성경 이해의 핵심」, 김태곤 옮김,(서울: 아가페북스, 2014). ;R. B. 치솜. Jr., 「구약 원어 성경주석에서 강해까지」, 류근상 옮김,(고양: 크리스챤출판사, 2003). ;존 H. 헤이즈, 칼 R. 홀러데이, 「성경주해 핸드북」, 임요한 옮김,(서울: CLC, 2104). ;윌리엄 클라인, 크레그 블롬버그, 로버트 하버드, 「성경해석학 총론」, 류호영 옮김,(서울: 생명의 말씀사, 2008).

4) 사상이나 개념이 오직 하나의 조합된 단어의 융합을 통해서만 표현할 수 있다고 전제해서는 안 된다. 왜냐면 다른 본문에서 다른 단어들과의 조합을 통해 동일한 사상이나 개념을 나타내기도 하기 때문이다.

5) 단어연구에 있어서 가장 중요한 것으로, 단어의 의미를 알 수 있는 가장 좋은 안내는 단어가 사용된 "문맥"이다. 한 단어의 의미를 결정할 수 있는 가장 핵심적인 사항은 무엇보다도 그 단어가 나타나는 가까운 구절들과의 문맥적 조화이다. 그래서 그 단어가 같은 책(또는 같은 저자)의 다른 곳에서 어떤 의미로 쓰였는지를 살펴보아야 한다. 단어의 의미와 용례는 역사를 지나면서 변하기 때문에 한 역사적 맥락에서 발견된 의미를 "반드시" 다른 시대와 장소에서도 동일한 것을 뜻한다는 것으로 결론 내릴 수 없음에 주의해야 한다.

독자의 이해를 돕기 위해 대표적인 사례 한 가지만 다루어보자.

> "사울이 다윗에게 이르되 네가 가서 저 블레셋 사람과 싸우기에 능치 못하리니 너는 소년이요 그는 어려서부터 용사임이니라"(삼상 17:33)

다윗과 골리앗의 싸움을 두고 다윗은 아주 나이 어린 소년에 불과하지만, 골리앗은 장년이며 전사라고 비교하며 가르치는 사례가 많다. 그것은 본문에 쓰인 "소년"(5288, נַעַר)이란 단어를 오해했기 때문이다. 먼저 이 단어의 사전적인 의미는 무엇인지 살펴보자.

소년'(활동적인), 유년기에서 청년기까지; 함축적으로 '하인'; 또한 성을 바꾸어 '소녀'(비슷한 나이의):-유아, 소년, 어린이, 처녀 등의 의미를 가진다.

본문에 쓰인 히브리어 단어 나아르는 다윗이 전쟁 경험이 없다는 의미에서 어린 것을 강조한 표현이지, 그의 나이가 10대 이전의 어린 나이라는 의미가 아니다. 그 증거로는 사무엘상 17:25과 18:17-19을 보면 싸움에서 승리하면 사울의 딸과 결혼시키겠다고 약속한 것을 볼 때, 10살도 안 된 어린아이와 결혼을 시키겠다는 것은 말이 되지 않는다. 현대 이스라엘에서는 최소한 13살이 되어야 성인식을 거행한다.[85] 성경에서는 13세에 대한 언급이 전혀 없다. 구약성경의 전통을 따른다면 오히려 20세가 성인으로 인정받기에 합당한 나이라고 볼 수 있다. 구약성경에 따르면 20세가 되면 군 복무의 의무가 주어졌으며(민 1:3,20), 반 세겔의 성전세를 내야 할 의무가 있었다(출 30:14).

다윗의 신체 크기도 결코 어린아이의 모습이 아니었다. 증거는 사무엘상 17:38-39에서 사울은 자기가 입던 갑옷을 다윗에게 입히려는 장면이 나타난다. 그때 다윗이 거북해서 못 입겠다고 거절하는데, 크기가 맞지 않아서가 아니라 갑옷을 사용하는 일에 익숙하지 않았기 때문이다. 그렇다면 다윗의 신체 크기는 사울에 버금갈 정도로 장성했다는 이야기다.

그 외에도 나아르가 폭넓은 범위로 사용된다는 사실은 200회가 넘는 용례 중 몇몇을 뽑아보면 명백해진다. 출애굽기 2:6에서 이 단어는 생후 몇 개월 안 된 유아인 모세(KJV, "그 갓난아이가 울었다", 한글 개역, "아이가 우는지라")를 가리키고, 사무엘

---

85) 구약성경은 유대인의 성인식에 대하여 아무런 근거를 제시하지 않는다. 그러므로 유대인의 성인식은 성경에 근거를 두고 있지 않으며, 랍비들의 전승에 그 기원을 두고 있다. 탈무드에서는 13세 이하의 맹세는 그 효력을 발생하지 않는다고 가르친다. 또 13세 이상의 소년과 12세 이상의 소녀는 대속죄일(욤 키퍼)에 금식해야 할 것을 가르치며, 13세가 되면 계명을 지켜야 한다고 가르친다. 그러므로 유대인들은 이 탈무드의 랍비 전통을 따라 13세를 기준으로 성인식을 거행한다. 이러한 랍비 전승에 따르면 유대인들은 주전 1세기경부터 성인식을 그들의 새로운 전통으로 추가시켰다.

하 12:16에서 브엘세바의 아기를 가리키는 한편, 사무엘하 14:21과 사무엘하 18:5, 12, 29, 32에서는 성숙하여 결혼한 압살롬을 그의 아버지가 부를 때 사용했다. 사무엘하 16:1에서는 시바가 므비보셋의 종(사환)이라고 불린다. 따라서 이 단어는 일차적으로 이유기(특히)와 혼기 사이의 청소년을 가리키지만 (창 34:19 등에서는 곧 결혼하게 될 세겜을 젊은이로 부르고, 삼상 1:24에서는 유년 초기를 암시한다). 열왕기하 19:6(앗수르왕의 종들, 한글 개역 "신복들")과 열왕기상 20:15이하(병사들, 한글 개역 "소년들")의 호칭적 용법도 인정해야만 한다.

따라서 히브리어 나아르는 일반적으로 결혼을 했든지 안 했든지 상관없이 나이든 사람에 비해 젊은 사람을 언급하는 데 사용하는 단어다(참고. 창 19:4; 출 10:9). 물론 그 범위는 유아에서부터 청년에 이르기까지이다.

본서에서 신구약 몇 단어씩만을 선별해 연구하는 요령을 제시하고자 한다.

3. 구약의 단어연구사례

히브리어로 기록된 구약의 단어를 살피면서 자연스럽게 히브리어 단어를 연구하며 익히는 시간을 가지려고 한다. 사람들이 좋아하는 '복'에 대한 단어를 생각해보자. 본서에서는 간단하게 몇 개의 사례를 들어 설명하는 것이지 구약 전체를 망라하는 것이 아님을 참고하기 바란다. 연구하는 방법을 아는 것이 중요하기 때문이다. 컴퓨터 프로그램을 운용하는 방법은 차후에 별도로 배워야지 본서 지면을 통해 모두 제시하는 것은 오히려 지루함과 혼란을 줄 수 있어 절제하려고 한다.

1) 복

'복'(1288, בָּרַךְ)이란 단어가 제일 먼저 나오는 부분은 창세기 1:22이다.

"하나님이 <u>그들에게</u> 복을 주어 가라사대 생육하고 번성하여 여러 바다 물에 충만하라 새들도 땅에 번성하라 하시니라"(창 1:22)

비슷한 복이 창세기 1:28에도 등장한다.

"하나님이 <u>그들에게</u> **복을** 주시며 그들에게 이르시되 생육하고 번성하여 땅에 충만하라, 땅을 정복하라, 바다의 고기와 공중의 새와 땅에 움직이는 모든 생물을 다스리라 하시니라"(창 1:28)

두 구절 모두 '그들에게'란 대상이 나오는데 그 대상이 다르다. 22절은 3복(생육, 번성, 충만)을 받는 다섯째 날의 창조물들 곧 공중의 새와 바다의 물고기와 땅의 동물들이 그들이다(창 1:20-21). 그에 비해 28절의 복은 5복(생육, 번성, 충만, 정복, 다스림)을 받는 대상으로 하나님의 형상대로 지음을 받은 사람(남자와 여자)이다. 결국 사람이 땅을 정복하고 다른 피조물들을 다스리는 복을 더 받은 것으로 이해할 수 있다.

창세기 2:3의 복은 사람이 아닌 '날'(3117, יוֹם)에 복을 주신다는 내용이다. 이는 안식일에 주어진 거룩의 복으로 하나님과 연관된 복이다. 왜냐면 하나님이 그날에 복을 주신 이유가 그날에 창조를 끝내시고 안식하셨기 때문이라고 말씀하시기 때문이다. 이렇게 복이란 단어는 같은데 주어지는 복의 내용이나 종류는 다르다는 것을 알 수 있다. 그뿐만 아니라 구약에 나오는 복을 의미하는 다른 단어와 비교도 필요하다. 먼저 바라크(복)를 생각해보자.

🔍 1288   בָּרַךְ   바라크

기본어근; '무릎 꿇다'; 함축적으로 하나님을 '송축하다'(숭경의 행위로서), 또(반대로) 사람을(은혜로 복주다); 또한 (완곡법으로)'저주하다' (하나님이나 임금을, 반역으로) :- ×풍성하게, ×전적으로, ×전혀, 신성모독하다, 축복하다, 축하하다, 저주하다, ×크게, ×참으로, 찬양하다, 경배하다, ×여전히, 감사하다. 구약에서 330회 사용.

이 단어의 자체 의미만 가지고도 크게 두 가지 의미를 알아낼 수 있다. 하나님을 향해서는 "찬양, 송축"의 의미로 쓰이는 반면(창 9:26; 14:20), 사람이나 기타 피조물을 향해서는 은혜를 베푸는 것이 복이란 의미다(창 12:2-3). 이상은 단어 자체에서 나타나는 의미를 통해 구별하고 적용하면 되는 방법을 소개한 것이다. 그러나 다른 단어와의 비교를 통해 더 세밀한 의미나 뉘앙스를 알 수 있고, 이 단어가 쓰인 모든 성구를 살펴봄으로써 구분할 수 있다.

(1) 유사어 연구
다른 단어와의 차이를 살펴보자. 복이란 의미로 쓰인 다른 단어는 대표적으로 시편 1편에 쓰인 에쉐르(835, אֶשֶׁר)란 복이다.

🔍 835, אֶשֶׁר 에쉐르
833에서 유래; '행복'; 감탄사로서 남성복수 연계형으로만 사용됨, 얼마나 '행복한지!':- 복된, 행복한. 구약에서 45회 사용.

🔍 833 אָשַׁר 아솨르
아솨르; 기본어근 '곧다'(특별히 '평탄하다', '옳다', '행복하다'는 넓은 의미 사용됨) ;상징적으로 '앞으로 가다', '정직하다', '번성하다':- 복(복되다, 복되다고 하다, 행복하다), 가다, 인도하다, 안내하다, 구조하다.

에쉐르의 복은 "…는 복 되도다(복이 있도다)"라고 번역할 수 있다. "복 되도다"란 축하를 받기 위해 사람들은 어떤 일을 해야 한다. "복 있는 사람", 곧 복된 사람은 동사 아솨르가 지적하는 것처럼 "똑바로 가거나 걷는 것" 말하자면 올바로 행하는 사람이다. 예를 들어 "복된" 사람은 하나님을 신뢰하는 사람이다.[86] 복된 사람은 하나님 계시의 권세, 즉 그의 율법(시 1:2; 119:1; 잠 29:18). 그의 말씀(잠 16:20), 그의 길(시 128:1; 잠 8:32) 아래에 들어온 사람이다. 따라서 복된 사람은 가난한 사람들에게 선을 베푼다(시 41:1; 잠 14:21; 참고. BDB; TWOT).

이 비교를 통해 바라크와 아솨르의 복은 현저하게 차이가 나는 것을 보았을 것이다. 바라크의 복은 축복을 빌어주는 개념이라면, 아솨르의 복은 이미 복을 얻어 누리는 차원의 행복임을 알수 있다. 또 다른 단어를 살펴보자.

🔎 3190   יָטַב 야타브

기본어근; (사역동사) '좋게 만들다', 문자적으로(건전한, 아름다운), 또는 상징적으로('행복한', '성공적인', 올바른):- 받아들이다, 수정하다, 올바르게 사용하다, 유익을 끼치다, 더 잘되다(잘되게 하다), 최선일 것 같다, 유쾌하게 하다, 어여쁘다, +만족하다, 부지런하다(부지런히), 단장하다, 진지하게, 은총을 입다, 주다, 기뻐하다, 선을 행하다(선하다, 선하게 하다), 즐겁다(즐겁게 하다), (매우)기쁘게 하다, 좀더 【친절함을】보이다, 능하게, ×아주 적은, 확실히, 맛있게 하다, 철저하게, 피곤한, 다듬다, 매우, 잘(있다, 할 수 있다, 취급하다, 청하다, 가다, 취하다)【말해진, 보여진】. 구약에서 108회 사용.

야타브의 복은 우리가 보통 생각하는 세속적인 복을 말한다. 사람을 즐겁게 만들고, 좋고, 성공하며, 수효가 늘어나고 잘 되는

---

86) 시 2:12; 34:8[9]; 40:4[5]; 84:5[6],12[13]; 146:5; 잠 16:20.

복을 가리킨다. 바라크와 아솨르의 복은 영·육간의 복을 다 표현하지만, 야타브는 주로 세속적인 복을 말한다. 이렇게 단어 자체의 의미로서 다른 유사어와 비교를 통해 확실한 개념정리를 할 수 있다. 이제 성구를 찾아 구분하는 방법을 살펴보자(현재 이 모든 것을 컴퓨터 프로그램으로 찾아 정리하는 것이지 책으로 일일이 찾아 정리한다는 것은 몇 배의 노력을 필요로 한다).

(2) 성구 분석

기본적으로 바라크는 "유익한 능력을 부여하다"라는 의미를 지닌다. 구약성경에서 "축복하다"는 말은 주로 보이는 것으로의 "성공, 번영, 생산, 장수 등을 위한 능력을 부여하다"를 의미한다. 이 의미는 부여하는 과정과 부여받는 상태를 모두 포함하고 있다. 여기서 진정 하나님이 주시는 복이 어떤 것인지를 알게 된다. 또 바라크의 의미를 보면 무릎을 꿇는 것(경배의 자세 또는 기도의 자세)과 축복이나 복을 받는 것은 밀접한 관계가 있음을 보여준다.

바라크가 구약에 쓰인 경우는 무려 330회나 된다. 이 부분을 한 구절씩 점검하며 몇 개의 그룹으로 나누는 작업이 필요하다. 힘이 들고 지루할 수도 있는 작업이지만, 이는 단어연구에서 요구되는 중요한 자세다. 본서에서는 창세기 안에서만 분류해보도록 하겠다.

① **하나님이 사람에게** – 복을 주다(피엘미완료); 창 1:22, 28; 2:3; 5:2; 9:1; 12:2, 3; 17:16; 22:17; 25:11; 26:3,12; 28:3; 30:27, 30; 32:30; 35:9; 39:5; 48:3; 49:25…
　사람이 사람에게 – 복을 빌다(피엘미완료); 창 24:60; 27:4, 7, 10, 19, 23, 25, 27, 31, 33, 34, 38;28:1, 6; 32:1; 창 47:7,10; 48:9, 15, 16, 20; 49: 28…
② **하나님께** – 찬송하다(칼수동분사); 창 9:26; 14:20; 24:27, 48;

출 18 :10…

사람에게 – 복 받은 자(칼수동분사); 창 14:19; 24:31; 26:29;
27: 29, 33…

③ **꿇렸으니**(히필미완료); 창 24:11…

이상의 분석만을 보더라도 대략적으로 바라크가 쓰이는 의미
를 파악할 수 있다. 하나님은 우리 인간에게 복을 주시고, 인간
은 그런 하나님께 무릎 꿇어 경외하며 찬송 돌리는 모습이 모두
바라크의 의미다. 사람 사이에서도 상호 간에 서로 축복해주는
것이 바라크다. 이와 같은 방식으로 차분하게 단어의 전체적인
부분을 한 번만 정리해두면, 성경연구에 평생 사용할 수 있다.
이후에는 문맥에 따른 의미를 찾으면 된다.

아쇠르의 복은 명사로 구약에서 45회 쓰였다. 바라크와 달리
이미 복을 받아 행복을 누리며, 다른 사람에게 선을 베푸는 사람
으로서의 복 받은 자를 말한다. 바라크를 분석한 것 같이 구약에
쓰인 성구를 찾아 정리하자면 다음과 같다.

① **행복자**(명사); 신 33:29
② **복 되도다**(동사); 왕상 10:8; 대하 9:7; 욥 5:17; 시 1:1;
2:12; 32:1,2; 33:12; 34:9; 40:5; 41:2; 65:5;
84:5,6,13; 89:13; 94:12; 106:3; 112:1; 119:1,2;
127:5; 128:1,2; 137:8,9; 144:15; 146:5; 잠 3:13;
8:32,34: 14:21; 16:20; 20:7; 28:14; 29:18; 전 10:17;
사 30:18; 32:20; 56:2; 단 12:12.

이상의 쓰임새를 볼 때 아쇠르의 복은 한결같음을 알 수 있다.
즉 복을 이미 받아 누리는 행복한 사람이란 개념이다.

이 부분에서 단어연구방법을 조금은 세부적으로 다루는 이유
는 단어 연구의 첫 경험이기 때문이다. 이후는 개략적으로 제시

하고 본인이 직접 습득하는 것을 원칙으로 한다.[87] 직접 많이 해보는 것이 최선의 공부요, 방법이기 때문이다. 자신의 노하우(know-how)가 쌓여야 한다. 다른 사람이 연구해 놓은 것을 의존하기만 하면 창조적일 수가 없다. 늘 물을 길러 우물가로 나가는 수가성의 여인 신세가 되어야 한다. 우리는 양동이를 팽개칠 정도로 말씀 가운데서 주님을 친히 만나 깨달아야 할 것이다.

2) 영광과 찬송

"나는 여호와니 이는 내 이름이라 나는 **내 영광**을 다른 자에게, **내 찬송**을 우상에게 주지 아니하리라"(사 42:8)

"무릇 내 이름으로 일컫는 자 곧 내가 **내 영광을 위하여 창조한 자**를 오게 하라 그들을 내가 지었고 만들었느니라."(사 43:7)

"이 백성은 내가 나를 위하여 지었나니 **나의 찬송**을 부르게 하려 함이니라"(사 43:21)

하나님은 자기 백성을 지으신 목적을 분명하게 말씀하신다. 자기의 영광과 찬송을 절대 다른 자 또는 우상에게 주지 않겠다고 선언하신다. 어떤 사람이나 우상에게 당신의 영광과 찬송을 빼앗기지 않겠다는 말씀이다. 여기서 "다른"으로 번역된 아헤르(312, אַחֵר)는 아하르(309, אַחַר; 뒤에 있다, 지체하다)에서 유래했으며, "다른, 또 다른, 다음의, 뒤에 오는"을 의미한다. 이 자(뒤에 오는 자)는 종말적으로 이 세상 임금으로 불리는 적그리스도에게 연결된다(요 5:43). "다른" 신들에게 영광을 빼앗기지 않겠다는 선언은 십계명에도 잘 나타나 있다(출 20:3). 하나님은 분명히 당신의 영광과 찬송을 위하여 자기 백성을 지으셨

---

87) 2권 구문론에서 좀 더 구체적으로 단계적인 방법을 제시할 것이다.

다고 말씀하신다. 그렇다면 하나님의 영광은 무엇인가? 또 찬송은 무엇인가 알아보도록 하자.

(1) 영광
"영광"은 히브리어로 카보드(3519, כָּבוֹד)이다. 이는 카바드(3513, כָּבֵד)에서 유래했으며, "무거움, 풍부, 다량, 다수, 부, 영예, 영광"을 의미한다.

① 카보드는 물건의 물리적으로 큰 무게나 "양", "숫자"를 언급한다(나 2:9; 호 9:11). 이 단어는 단순히 "무거운" 무게를 의미하지 않고, 물건의 무거운 양을 나타낸다.
② 카보드는 종종 "부, 재물"(wealth)과 중요하고 긍정적인 "명성"(구체적인 의미로) 모두를 나타낸다(창 31:1; 45:13). 나무, 숲, 삼림도 위압하는 속성, 풍부함, "장려함(영광)"을 지닌다(사 10:18-19).
③ 카보드는 또한 "영광", 즉 당당한 인물이나 지위를 강조하는 추상적인 의미를 지닌다. 이런 속성들 가운데에는 "영예, 존경, 지위"가 있다(사 5:13). 이 단어가 "영예" 혹은 "중요함"이라는 의미로 사용될 때는 두 가지의 어감을 지닌다.
   첫째, 카보드는 자기가 살고 있는 영역 내에서의 **개인의 지위를 강조할 수 있다**(잠 11:16). 이 "영예"는 그릇된 행위나 태도로 인해 잃어버릴 수도 있으며(잠 26:1,8) 바른 행동으로 증명될 수도 있다(잠 20:3; 25:2). 이 단어의 강조점은 개인들 사이의 관계에 주어진다.
   둘째, 카보드의 많은 용례들 가운데에는, **왕가에 속하는 "영예"와 같은 "고귀(聖)"라는 의미**를 나타내는 것도 있다(왕상 3:13). 이 단어는 귀족이 누리는 존경 받는 지위와 사회적 구별에 대해 사용될 수 있다.

④ 카보드가 **하나님께 대하여 사용될 때는 하나님께 합당한 속성을 나타내며,** 그 속성으로 인하여 모든 인정을 받는다. "영광을 돌리다"라는 말은 어떤 것을 행하는 것을 가리킨다. 인간이 해야만 할 일은 진실을 말하고 순종하는 것이다. 다른 구절들에서 하나님께 영광을 돌리는 것은 예배에서 하나님을 하나님으로 인정하고 고백하는 것으로 나타난다(시 29:1). 어떤 구절에서 이 단어는 역사를 지배하시는 하나님의 주권을 나타내며, 특별히 장차 나타날 하나님의 "영광"을 가리킨다(사 40:5).

> **사전 및 성경에 쓰인 용례를 따라 얻은 결과**
>
> 하나님의 영광은 **"하나님이 스스로를 표현하심으로써 나타난 결과물"**이다. 즉 하나님께서 만드시고 행하시는 모든 일들 이면에 존재하는 하나님의 능력, 본질, 속성들이다. 하나님이 행하지 않으신 것은 하나님의 영광과 상관없다. 인간이 자기 힘이나 능력을 가지고 하나님을 위하여 무엇을 행했다고 해서 하나님이 영광을 받으시는 것이 아니다. 오직 하나님의 뜻대로 순종하여 나타난 결과물을 통해 영광 받으신다. 그 결과가 사람 보기에 어떠하든지 간에… 하나님 보시기에 좋으면 영광 받으신다.

(2) 찬송

찬송은 히브리어로 테힐라(8416, תְּהִלָּה)이다. 이 단어는 할랄(1984, הָלַל)에서 유래했으며, "영광, 찬미, 찬양, 찬양의 노래, 찬양할만한 행위"를 의미한다.

① 테힐라는 어떤 사람이나 사물의 질이나 속성 등을 의미하

며, "영광"(glory)이나 "칭찬할만함"이라는 의미를 지닌다.

"그는 네 찬송이시요 네 하나님이시라 네가 목도한 바 이같이 크고 두려운 일을 너를 위하여 행하셨느니라."(신 10:21)

이스라엘이 하나님에 의해 높임을 받고 복된 상태로 존속할 때, 이스라엘은 하나님의 '영광'이 된다.

② 테힐라는 몇몇 경우에 하나님을 공개적으로 찬양하거나 그의 "영광"을 공개적으로 선포하는 **말 혹은 노래**를 의미한다.

"내가 주의 이름을 형제에게 선포하고 회중에서 주를 찬송하리이다"(시 22: 22)

③ 테힐라는 하나님을 높이거나 찬양하는 를 지칭하는 **"노래"**(쉬르; 7891, שׁיר)전문 음악 용어이다. "다윗의 찬양시"(시 145편의 히브리어 표제어의 의미).

④ 테힐라는 "칭찬받을 만한 행위"나 그 행위자가 "찬송과 영광을 받기에 합당한 행위"를 의미한다.

"여호와여 신중에 주와 같은 자 누구입니까? 주와 같이 거룩함에 영광스러우며 찬송할만한 위엄이 있으며 기이한 일을 행하는 자 누구입니까?"(출 15: 11)

▸ 테힐라와 관련된 명사로서 마할랄(찬양의 정도나 그것의 결핍을 의미; 잠 27:21)과 힐룰림(추수 때에 볼 수 있었던 "축제적인 축하"를 의미; 레 19:24; 삿 9:27)이 있다.

찬송은 하나님을 위하여 몸과 마음을 다하여 드리는 **삶과 입술의 열매**라고 말한다. 곧 하나님의 속성에 대하여 높임과 은혜에 대한 감사와 기쁨을 입으로 부르는 노래도 찬송이요, 우리의 몸으로 말씀대로 순종하는 삶도 역시 찬송이다.

그런 의미에서 신약에서 바울이 말한 것은 참으로 의미심장하다.

"이는 그의 사랑하시는 자 안에서 우리에게 거저 주시는 바 <u>그의 은혜의 영광을 찬미하게</u> 하려는 것이라"(엡 1:6)

"이는 그리스도 안에서 전부터 바라던 우리로 <u>그의 영광의 찬송</u>이 **되게 하려** 하심이라"(엡 1:12)

여기서 "찬송"의 의미로 쓰인 에파이노스(1868, ἔπαινος)는 에피(1909, ἐπί: …위에)와 아이네오(134, αἰνέω)의 합성어로, 칭찬(praise), 찬성(approval), 인가(sanction), 동의(agreement), 사람에 대한 찬미가(song of praise) (신에 대한 찬미가는 휨노스(5215, ὕμνος)로 표현했다)라는 의미를 지닌다.

에파이노스는 70인역에서 공동체가 의인에게 부여해 준 인정이나 칭찬이다(집회서 29:10; 44:8,15). 그러나 그것은 본질적으로 하나님의 승인이다. 에파이노스는 또한 하나님을 향한 공동체의 찬양의 태도와 예배에 대해 사용되었다(시 2:3,25; 35:28). 하나님의 보좌는 독사(1391, δόξα; 영광)와 에파이노스로 둘러싸여 있다(대상 16:27). 또 에파이노스는 헬라적인 의미에서의 공적인 인정이나 칭찬을 가리키기도 한다.

신약성경에서 "찬송"의 쓰임새는

① 70인역의 용법과 비슷하다. 공적인 찬양이 아닌 하나님의 찬성(칭찬)만이 고려된다(롬 2:29; 고전 4:5). 신약성경에서 이 단어의 개념은 보상보다는 오히려 찬성이나 옹호(vindication)의 개념이다(벧전 1:7). 또 하나님에 대한 찬양을 의미한다(엡 1:6이하; 빌 1:11). 이 구절들에서 에파이노스는 기독교 공동체의 고백으로서의 찬양과 예배를 의미한다(개인이 아니다). 구원을 경험한 공동체는 약속이 완전히 성취되기 전에도 독사(영광)와 에파이노스(찬양)를 하나님께 드린다.

② 기독교인들은 이생에서 인간적인 인정(認定)에 대해 몹시 열망하는 그러한 관심을 가져서는 안 된다. 기독교인들은 하나님의 인정은 물론이며, 하나님의 위임을 받은 사람들, 즉 ⓐ교회공동체(고후 8:18), ⓑ정부(관원들, 롬 13:3; 벧전 2:14)에게서 인정을 받으려 해야 한다.

신약에서 바울은 찬송에 대해 우리가 하나님의 하나님 되심을 입술로 노래하는 것과 아울러 우리 자신이 하나님의 찬송이 되도록 해야 함을 강조한다. 그것은 우리가 하나님을 닮는 면을 말함이다. 입술로만 하나님을 노래하고 찬송하는 것보다, 우리의 삶을 통해 하나님의 인격(속성)이 우리에게서 실제 나타나야 한다는 의미다.

4. 신약의 단어연구사례

원어에 대해 관심이 있는 사람들에게 자주 듣는 질문이 있어서 다루었다. 로고스와 레마에 관한 문제다. 일부 사람들이 레마에 특별한 의미를 부여하는 이유가 아마도 대표적으로 요한복음 6:63에 근거한 것으로 생각된다. 그 구절에서 '말'이 레마로 쓰였기 때문이다.

1) 로고스와 레마

말도 많고 탈도 많은 주제다. 다루기가 약간은 조심스럽지만 자주 듣는 질문이기에 소개하고자 한다.

"태초에 **말씀**(로고스)이 계시니라 이 말씀이 하나님과 함께 계셨으니 이 말씀은 곧 하나님이시니라."(요 1:1)

"살리는 것은 영이니 육은 무익하니라. 내가 너희에게 이른 **말**(레마)이 영이요 생명이라"(요 6:63)

요한복음 1:1의 "말씀"은 로고스(3056, λόγος)이고, 6:63의 "말"은 레마(4487, ῥῆμα)이다. 이 둘의 차이가 무엇인가? 아니면 실제 차이가 있기는 한가?

(1) 로고스(3056, λόγος)

👆 **로고스의 다양한 의미**

명사 로고스는 헬라의 합리성(rationality)의 출현과 더불어 중요한 단어가 되었다.

① 이야기, 연설, 말로서의 "설명"
② 하나의 원리, 증명 또는 설명(상업적으로는 계정)으로서의 계산의 결과.
③ 수학적으로는 "비례", "관계", 또한 더욱 일반적으로는 "기준"이나 "순서"

④ 주관적으로는 인간의 이성, 정신 또는 사상을 의미한다.

이 단어는 표현, 열거, 정의(定義) 등의 개념들을 결합한다(소크라테스). 이 단어는 반드시 진리, 지식, 미덕, 법, 생명, 본질, 영과 같은 단어들과 관련되어 나타난다. 이 단어는 풍부한 의미를 지니고 있는 한편, 창조적인 힘을 지닌 말이나 연설을 나타내는 의미로 사용된 적은 없다. 강조점은 말 속의 **합리적인 요소**에 있다.[88]

"하나님의 말씀"은 예수님의 말씀이다(눅 6:1). 예수님의 말씀들은 성부의 말씀이며, 그 안에서 성부의 역사가 실행된다.[89] 따라서 예수님의 말을 듣고 믿음으로 받아들이는 자는 누구나 하나님의 말씀을 듣는 것이다.[90] 예수님의 말씀은 동시에 성부 하나님의 말씀이므로, 그것은 구원의 말씀이며(요 14:24), 진리의 말씀이다(요 17:17). 따라서 예수님의 말씀이 신자들에게 생명을 주고(요 5:24) 비신자들에게는 심판을 초래한다(요 12:47 이하).

"하나님의 말씀"은 말씀이신 예수님 자신을 가리킨다(요 1:1,14). 하나님의 말씀들로서 예수님의(선포의) 말씀들은 말씀으로서 예수님의 본질에 근거한다. 그가 말씀, 또는 하나님의 말씀들을 발언하셨기 때문에 무조건적으로 로고스라고 일컬음을 받는 것이 아니다. 그 반대로 예수님께서 로고스이시기 때문에, 즉 신적 계시자이시며 구속자이시기 때문에 그의 말씀들이 하나님 말씀의 힘(force)을 소유하는 것이다.

---

88) 로고스는 인간의 말과 행동을 불러일으키는 말이자 의미이다. 사물의 법칙 또는 원리로서 로고스는 인간의 견해를 초월하며, 우리 자신의 권리라고 생각하는 권리를 주장한다. 로고스는 신약에서 여러 가지 의미로 사용되었는데, "진술, 말, 언사, 포고, 격언, 선언, 강화, 연설, 가르침, 교훈, 교리, 이야기, 일, 용건, 사건, 행위, 질문, 명령, 보고, 정보, 소문, 어법, 입으로 하는 말, 이성, 고려, 계산, 해명, 설명, 관계, 원인, 근거, 기록된 말씀, 그리스도 자신이신 말씀" 등 다양한 의미를 가진다.

89) 요 14:24; 참고. 3:34; 14:10; 17:8.

90) 요 5:24; 8:51; 12:48; 14:24; 15:3; 17:14,17.

로고스를 예수님과 동일시함으로써 이처럼 로고스 개념을 완전히 인격적으로 사용한 것은, 요한복음 1:1,14 외에는 오직 요한일서 1:1("생명의 말씀"이신 예수님)과 계시록 19:13에서 발견된다. 계시록 19:13에서 "하나님의 말씀"이란 명칭이 승리 가운데 재림하시는 그리스도에 대하여 사용된다(지혜서 18:5과 단 7장의 결합).

> ### 사전 및 성경에 쓰인 용례를 따라 얻은 결과
>
> 따라서 로고스는 말과 글에 모두 쓰이지만, 기본적으로는 <u>합리성을 띤 이성적 표현이나 어떤 존재를 나타낼 때 쓰인다</u>고 할 수 있다. 인격적 존재와 하나의 원리를 나타낼 때 쓰인다.

(2) 레마(4487, ῥῆμα)

로고스가 합리적인 요소에 중점을 둔다면, 레마는 **감정적이며 의지적인 면**에 강조점이 있다. 명사 레마는 레오(4483, ῥέω: 말하다)에서 유래했으며, "살아있는 목소리에 의해 발설되는 것이나 발설된 것, 말한 것, 말"을 의미한다.[91]

그러나 중요한 것은 성경에서 로고스와 레마의 쓰임새에 있어

---

91) 목소리에 의해 발설되는 일정한 의미를 가지고 있는 온갖 소리, 말하는 소리, 한 소리의 말(히 12:19), "말할 수 없는 말"(고후 12:4)을 나타내고, "연설, 강화, 설교"(눅 7:1; 행 2:14), "말들, 진술"(요 8:20; 10:21; 행 16:38), "아무개가 말한 내용"(눅 24:8,11), 또는 "가르친 내용"(롬 10:18), 나의 가르침(요 5:47; 12:47 이하; 15:7), "내가 이른 말"(요 6:63; 4:10), "영생의 말씀" – 당신의 가르침은 영생을 낳는다(요 6:68). "하나님의 말씀" – 하나님이 누군가를 통해 자신의 마음을 선포하시는 언설(요 8:47), 하나님이 그에게 명하시는 것을 말한다(요 3:34). "이 생명의 말씀을 다 말하다"에서 이 생명은 영원한 생명에 관한 전체의 교리를 의미한다(행 5:20).

크게 구별하지 않고 혼용하여 쓰인다는 사실이다. 로고스와 동일하게 글과 말에 모두 쓰인다. 그런 면에서는 크게 차이가 없다.

70인역도 기본적으로 구약의 다바르(1697, דָּבָר; 말씀)를 번역할 때 로고스와 레마라는 단어로 혼용하여 번역했다. 하지만 그렇게 번역하는 명확한 기준을 찾기가 어렵다. 신약에서 사람의 입으로 말하는 일반적인 언어개념으로 레마가 쓰인 경우[92]와 로고스가 쓰인 경우[93]가 있다. 우리가 문장적으로 생각할 때에 분명히 정적인 말씀 곧 로고스로 쓰여야 할 것 같은데, 레마로 쓰인 경우도 있다.

> "구원의 투구와 성령의 검 곧 하나님의 <u>말씀</u>(레마)을 가지라"(엡 6:17)

이런 사례는 더 있다(롬 10:17). 한 구절에 한 사람의 말에 대해 두 단어가 혼용하여 쓰인 경우도 있다(행 10:44).

사전 및 성경에 쓰인 용례를 따라 얻은 결과

레마는 기본적으로는 울림의 소리를 의미한다. 하지만 정적인 "글"이나 동적인 "말"에 모두 사용된다. 따라서 <u>안에 있는 생각이나 사상 혹은 어떤 내용을 가리키거나 그것을 입으로 드러낼 때 모두 쓰인다</u>.

이상에서 살핀 것 같이 로고스와 레마의 차이를 굳이 구분하자면, 원리적인 개념에서 합리적인 면과 감정적인 면의 차이만

---

92) 마 5:11; 12:36; 18:16; 눅 5:5…
93) 마 5:37; 7:24; 8:8; 12:32; 요 4:39…

존재할 뿐, 실제 사용에 있어서는 혼용하여 쓰인다. 일부 레마를 강조하는 사람들의 주장처럼 로고스는 기록된 하나님의 말씀을 가리키고, 레마는 그 말씀이 자기의 것이 되어 나오는 것이라고 엄격하게 구별하여 주장하는 것과는 다르다.

👆 유사어 연구; 신약성경에서 "말하다"라는 개념의 단어는 여러 개가 있다. 유사어를 연구할 때 참고하라고 여기 몇 가지 찾아 제시한다.

🔍 3004 λέγω 레고
기본 동사; 본래적 의미로는 '앞에 놓다', 즉 (상징적으로) '이야기하다'(말로서 【보통 조직적이거나 또 논리를 써서; 반면에 2036(ἔπω)과 3052(λόγιος)는 일반적으로 개인적인 표현이나 말에 대해 언급한다. 한편 4483(ῥέω)은 본래적 의미로 단순히 침묵을 '깨뜨리다', 그리고 2980(λαλέω)은 더 많은 또는 되는 대로의 연설을 의미한다.】); 함축적으로 '의미하다', 묻다, 명령하다, 자랑하다, 부르다, 묘사하다, 준다, …라고 부르다, 발표하다, 말하다, 보이다, 이야기하다, 표현하다〈롬 4:3; 엡 5:14〉동. to lay out(words), say, tell, ask, answer;

🔍 2036 ἔπω 에포
기본 동사(한정된 과거 시제로만 사용, 다른 변화형은 2046, 4483, 5346에서 빌려옴);'대화하다', 혹은 '말하다'(말이나 글로써), 대답하다, 명령하다, 말을 전하다, 부르다, 지시하다, 수여하다. 3004와 비교〈마 5:11; 눅 6:26; 행 11:12〉동. to speak;

🔍 3052 λόγιος 로기오스
3056에서 유래; '유창한', 즉 '연설가'〈행 18:24〉형. fluent, skilled;

⌕ 2046 ἐρέω 에레오

아마도 4483의 보다 완전한 형태; 어떤 시제에서는 2036의 대체형; '언급하다', 즉 '대화하다', 또는 '말하다', 부르다 〈요 4:18; 계 17:7〉동. to utter;

⌕ 2980 λαλέω 랄레오

다른 폐어가 된 단어의 연장형; '말하다', 즉 '발산하다', 전파하다, (따라)이야기하다, 발표하다. 3004와 비교 〈눅 2:33; 롬 15:18〉동. speak;

⌕ 5346 φημί 헤미

5457(빛)의 어간과 5316(비치다)과 동일형인 듯; 사람의 생각을 '보여주다' 또는 '알게 하다', 즉 '말하다', 혹은 '이야기하다', 증언하다. 3004와 비교 〈행 10:28〉동. to say;

2) 육에 속한 사람과 영에 속한 사람?

어떤 분은 사람을 이렇게 네 종류로 나누는 것에 대해 반대하는 분도 계신다. 그러나 모든 사람의 종류를 이렇게 분류하자는 차원이 아니라 영적으로 볼 때 이렇게 나누어 생각해 볼 수 있다는 것을 보여주고자 해서 분류한 것이다.

(1) 자연 본성인(5446, φυσικός; 휘시코스; unsaved man-구제할 수 없는 인간)

"그러나 이 사람들은 **본래** 잡혀 죽기 위하여 난 이성 없는 짐승 같아서 그 알지 못한 것을 훼방하고 저희 멸망 가운데서 멸망을 당하며"(벧후 2:12)

성경은 사람을 네 종류의 상태로 설명하는데, 휘시코스 (φυσικός)가 그 첫 번째 상태이다. 밑줄로 표시된 "본래"가 이 단어의 번역이다. 즉 에베소서 2:3의 상태가 자연인이다.

"전에는 우리도 다 그 가운데서 우리 육체의 욕심을 따라 지내며 육체와 마음의 원하는 것을 하여 다른 이들과 같이 <u>본질상</u> 진노의 자녀이었더니"(엡 2:3)

이는 보다 저급하거나 야수적 본성을 가진 자연인(natural man)을 가리킨다(롬 2:14). 형용사 휘시코스는 휘시스에서 유래했으며, "자연에 속하는, 자연적인, 본성적인, 자연과 일치하는"을 의미한다. 휘시코스(5449, φύσις; 자연, 천성, 타고난 성향)는 "자연에 지배되는"이란 의미를 지니기도 한다(벧후 2:12). 그래서 지식을 가지고 있다고 주장하는 자들도 사실상 이성 없는 동물이나 자연이나 본성에 지배되는 피조물일 뿐이다.

이같이 "자연인"이라 함은 부정모혈의 육으로 태어난 자를 말하며, 이들은 영적인 진리를 알지도 못하며, 미련하게 보이고 깨닫지도 못한다. 오히려 영적인 진리를 믿는 자들을 어리석게 본다. 이렇게 육으로 태어난 자연인은 육과 혼만 살아있고, 영은 죽은 상태이므로 그보다 한 차원 높은 영의 세계가 이해될 리가 없다. 이 말은 그들이 무식하기보다는 영적인 것을 이해할 능력이 없음을 가리킨다. 이런 자들은 중생하지 못한 자들이므로 반드시 거듭나야 한다.

(2) 혼에 속한 자(5591, ψυχικός; 프쉬키코스; soul man – 감각적인 인간)

이 단어는 프쉬케(5590, ψυχή – 호흡)에서 유래하여 "감각적인" 즉 "생기 있는"의 뜻을 가진다. 한편으로는 보다 새롭게 된 본성을 나타내는 프뉴마티코스(4152, πνευματικός)와 구별되며, 보다 저급하거나 야수적 본성의 휘시코스와도 구분된다.

"육에 속한 사람은 하나님의 성령의 일을 받지 아니하나니 저희에게는 미련하게 보임이요 또 깨닫지도 못하나니 이런 일은 영적으로라야 분변함이니라."(고전 2:14)

프쉬키코스는 프뉴마(4151, πνεῦμα)의 종말론적인 부여가 없이도 살 수 있는 자연적인 인간 본성을 의미한다. 만일 불신자를 향하여 프쉬키코스(혼적)하다고 평가한다면, 진보가 없는 신자는 사르키코스(4559, σαρκικός; 육신에 속한)한 자이다. 그러나 알 것은 프쉬키코스가 됨이 사르키코스보다 더 높은 단계로 나아감을 뜻하는 것은 아니다. 그러나 동일한 비난을 수반하지도 않는다. 프쉬키코스한 자는 신앙을 고백하지만, 땅의 것, 즉 육(4561, σάρξ)에 머물 때 하나의 사르키코스가 된다.

유다서 1:19에서는 분명히 하나님의 프뉴마를 떠나 사는 프쉬키코스를 자기 자신의 욕망에 따라 사는 불경건한 사람과 동일시한다. 확실히 지상의 것은 그 자체로서는 악한 것이 아니다. 하지만 이러한 충동은 바울의 경우보다 여기서 더욱 강력하다. 따라서 하나님의 영의 도움이 없으면, 사람은 자신의 정욕과 불신앙의 희생물이 된다는 것을 알아야 한다.

"그들이 너희에게 말하기를 마지막 때에 자기의 경건치 않은 정욕대로 행하며 기롱하는 자들이 있으리라 하였나니 (19)이 사람들은 당을 짓는 자며 육에 속한 자며 성령은 없는 자니라."(유 1:18-19)

육적인 것은 그 자체로는 죄악된 것도 아니며, 프뉴마로 기우는 경향도 없지만, 부패하기 쉽고 하나님의 나라에 들어갈 수 없다. 바울은 프뉴마 조오포이운(πνεῦμα ζωοποιοῦν; 살려주는 영, 고전 15:45)으로서 부활하신 그리스도를 이것과 대조시킨다.

야고보서 3:15에서 프쉬키코스는 세상적인 것이며, 따라서 하나님의 세계에 대해 닫혀진 것을 나타낸다. 하지만 여기서 이 제한은 마귀적이다. 지상 혹은 낮은 영역은 악한 영들이 다스리며, 그에 따라 다툼, 요란, 분쟁이 일어난다.

"세상의 영"(고전 2:12; τὸ πνεῦμα τοῦ κόσμου)을 받은 자는 "혼적인 인간"이 된다. 이 사람도 자연인과 별반 다르지 않다. 뭔가 영적인 것이 주어져도 사실은 혼적인 것으로 이해하여 하나님의 영과 세상의 영조차도 구별이 되지 않는 상태가 되기 때문이다. 이런 사람이 신앙생활을 하면 철학자나 소위 교양인 혹은 지식인이 된다. 요즘 종교 다원주의자들이 이에 속한다고 볼 수 있다.

(3) 육신에 속한 자(4559, σαρκικός; 사르키코스; carnal man – 육적인 인간)

이 단어는 σάρξ(4561, 사릌스)에서 유래하여 "육체에 관한", 즉 (연루된 의미로) 육적인, 육신의, 또는(함축적으로) "동물의", "중생치 못한"〈고전 3:1〉형. fleshly, carnal의 뜻으로 쓰인다.

"형제들아 내가 신령한 자들을 대함과 같이 너희에게 말할 수 없어서 육신에 속한 자 곧 그리스도 안에서 어린아이들을 대함과 같이 하노라"(고전 3:1)

형용사 σαρκικός(사르키코스)는 대부분 "사릌스(육)에 속한, 육신의 방식으로, 육의 영역에 속한, 육적인, 육(체)의"를 의미한다. 그러나 중립적인 의미(육적인 것)를 나타내기도 한다(롬 15:27; 고전 9:11). 육신에 속한 자는 예수 믿는 자와 믿지 않는 자의 혼합 상태와 같다. 예수는 믿는데 생각하는 것이나 사는 모습이 불신자와 다름이 없는 상태를 말한다.

육신에 속한 자의 본성은 자아가 마음 중심에 자리하고 있으며, 주님은 마음 한쪽 구석에 위치한다. 다시 말해서 예수 그리스도를 주인 자리에 두지 않았다는 말이다. 한 지붕 아래에서 두 살림을 하고 있는 셈이다. 이런 자들이 신앙생활을 하면, 기독교 장사꾼이나 세상 경영학을 도입하여 교회를 운영하게 된다. 이렇게 육신에 속한 자들의 특징이 무엇인가 하면, 성숙하지 못한 어린아이 같아서 영적인 진리를 제대로 이해하지도 못하고 오해를 잘하며, 판단하고, 시험에 잘 빠진다. 요란하고, 시끄러우며, 자랑(교만)하고, 분별력이 없다는 것이 특징이다(엡 4:14).

(4) 영적인 사람(4152, πνευματικός; 프뉴마티코스- spiritual man; 영적인 인간)

이 단어는 "육체적이 아닌" 즉 (인간적으로) "영적인"(천한 것과 반대하여), 또는(마귀적으로) "영"(구상명사), 또는 (신적으로) "초자연적", "중생한", "종교적"인 의미를 가진다.

"신령한 자는 모든 것을 판단하나 자기는 아무에게도 판단을 받지 아니하느니라."(고전 2:15)

인간의 일부로서 하나님과 유사하고 그의 도구 또는 기관의 역할을 하는 프쉬케(5590, ψυχή)와 대립되는 "인간의 영" 또는 이성적 영혼과 관련된 것, 따라서 이성적 영혼의 본성을 소유하는 것, 고린도전서 15:46의 "신령한 몸", 이성적 영혼에 의해서만 생기가 주어지고 통제되는 몸, 그리고 이성적 영혼에 의해 이성적 생명 또는 프뉴마(πνευμα)의 생명이 사는, 그러한 몸 등을 설명할 때 쓰인다. 영적인 사람일수록 진리 안에서 자유하며 강건하다.

그러나 그 자유를 자기를 위하여 사용하지 않고, 연약한 자와 하나님의 나라 전체의 유익을 위해 사용하는 것이 특징이다. 성령의 열매가 나타나며, 주님이 주인 노릇하는 것이 말과 삶에서 드러난다. 하나님의 영이 매 순간 자기의 생각이나 행동 그리고 말을 주관하시며, 자기를 통해 나타나는 것이 온통 그리스도만 나타나는 사람이다.

하지만 사람에 대해 이런 분류를 반대하는 학자들도 있다는 것을 참고하기 바란다. 사람을 분류하는 데 쓰는 영적, 육적, 혼적이란 표현을 못마땅하게 여기는 경향이 있다고 여겨진다.

원어 연구를 위한 간추린 문법

원어를 분석 또는 해석하려면 최소한의 문법은 배워 익혀야 한다고 앞서 말했다. 여기서는 문법을 공부하자는 것이 아니라 기초문법을 어느 정도 익힌 가운데 실전에서 적용할 수 있는 의미들을 간략하게 정리해 설교 작성하는 데 도움을 주고자 하여 마련한 장이다. 그렇다고 이 항목만 의지하여 원어를 해석하려 한다거나 게으르게 연구하지 않으면 오히려 독이 될 수 있음도 명심하기 바란다. 아무쪼록 성실한 주의 종들의 노하우가 쌓여 올바르며 깊은 진리의 말씀들이 많이 발견되기를 소망한다.

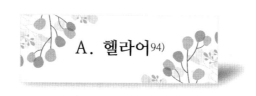

A. 헬라어[94]

---

94) 이 항목은 여러 문법책에서 필요하다고 여기는 부분을 발췌하여 요약 정리한 것으로 이 책을 읽는 독자들의 편리와 이해를 위해 준비한 항목이다. 실제 어느 정도의 문법은 공부해야 해석과 설교 작성이 가능하며, 본인이 부족하다고 느껴지는 부분들은 그때그때 문법책을 찾아가며 연구해야 한다는 점을 강조하고 싶다. 필요한 문법책들은 앞(부록에도 있음)에서 소개했으니 참고 바란다.

1. 명사

헬라어의 명사는 성(gender), 수(number), 격(case)이 분명하다. 문장에서 주어, 보어, 목적어 역할을 한다. 4개의 격을 가지는데, 그 격에 대한 설명은 다음과 같다.

1) 주격

주어나 보어로 사용한다. 주어로 사용할 경우 '…은, …는, …이, …가'로 해석한다. 보어로 해석할 경우 격을 해석하지 않는다.

2) 소유격(소유, 기원, 분리)

(1) 소유격+에이미(1510, εἰμι) 동사 = "…의 것"으로 해석.
(2) 비교급이 올 경우(형비+소유격) = "…보다"로 해석한다.
(3) 소유격을 목적어로 취하는 동사나 동작명사가 있다. "… 을, …를"로 해석한다.

3) 여격(간접목적어, 수단)

(1) 기본적으로 "…에게(사람), …에(사람 이외), …으로(수단, 방법)"로 해석한다.
(2) 여격을 목적어로 취하는 동사도 있다.

4) 목적격(직접목적어)

(1) 타동사의 직접목적어로 "…을, …를"로 해석한다.
(2) 부정사의 의미상 주어 역할을 한다. '…은, …는, …이, … 가'로 해석한다.

2. 동사

동사는 크게 정동사와 부정동사의 두 종류로 나눈다. 부정동사는 또 다시 부정사와 분사로 나뉜다. 성경을 해석하는데 있어서 품사들 가운데 가장 중요한 것은 동사다. 동사는 법(mood), 시제(tense), 태(voice), 인칭(person)과 수(number)에 따라 그 형태가 변하기에 '한정 동사'라고 부른다.

법(mood)은 화자가 행동(동작)이나 상태가 사실이거나 가능성, 개연성이 있다고 판단하는 자신의 심적 태도를 표현하는 동사 체계이다. 대표적으로 직설법은 객관적인 사실로 표현하는 화자의 주관적 표현양식이다.

시제(tense)는 주로 직설법에서 사용되는 개념인데, 행동이나 상태의 객관적 시간을 나타낸다. 그 외 가정법, 명령법, 분사, 부정사 등에서 동사는 시간(time)의 의미보다는 상(aspect)의 의미로서 행동이나 상태의 단순한 발생이나 계속(반복, 진행)을 표현하는 행동의 양식을 나타낸다.

태(voice)는 동사의 행동과 주어의 관계를 표현하는데, 주어가 능동적으로 행동하는 능동태가 있고, 주어가 수동적으로 받는 것을 표시하는 수동태가 있다. 그리고 주어가 자신의 행동을 다시 받는 것을 표시하는 중간태가 있다.

1) 정동사

;동작이나 존재하는 상태를 나타낸다. 주어와 더불어 완전한 사상과 문장을 표현 및 구성한다. 시상, 태, 법, 인칭 그리고 수에 따라 형식이 변화한다.

(1) 인칭과 수; 동사의 주어를 나타낸다.

(2) 법; 동사의 동작이 사실로 실재적이거나 아니면 단지 가능적인 것인가에 따라서 그 동사의 법이 정해지는 것은 아니다. 오히려 화자가 실재에 관하여 어떻게 동작을 보느냐에 따라 동사의 법이 정해진다. 이해를 돕기 위해 도표로 설명하겠다.

실재법	비실재법		
직설법	가정법	희구법	명령법
당신은 연구한다.	연구하면 (성공한다.)	연구하기 바란다.	연구하라.
명확한 단어	의심스런 단어	더 의심스런 단어	명령하는 단어
동작은 사실	동작은 객관적 가능	주관적으로 가능	의지적으로 가능
사실성	추측하는 개연성	소원하는 가능성	의지적인 의도
확실성의 법	개연성의 법		
실재적 동작	…실재에서	멀어진다…	
실재동작	비실재적 동작이지만 가능한 동작이다.		

(3) 시상; 동작의 종류 및 동작의 시간에 관하여 동사의 동작을 묘사하는 어떤 성질이다.

① 직설법 현재시상; "…이다, …된다, …하고 있다" 등으로 해석한다.
② 직설법 미완료시상; 과거 시간에 속한 진행 중인 동작을 가리킨다. "…하고 있었다."로 해석한다.
③ 직설법 미래시상; "…할 것이다, …하겠다, …하리라" 등으로 해석한다.
④ 직설법 단순부정 과거시상; 부정적이란 말은 정(定)함이 없

다는 의미다. "…했다, …즉시 했다, …되었다" 등으로 해석한다.

⑤ 직설법 현재완료시상; 과거시간에 동작이 완료되었고 현재에도 그 동작의 결과가 남아 있는 것을 표현하는 시상이다. "…해왔다" 하고 해석한다.

⑥ 직설법 과거완료시상; 과거의 완료된 동작을 강조하거나 그 이후의 어떤 과거의 시점에 남아있던 동작의 결과나 상태의 지속을 강조한다. "…했다, …하고 있었다." 등으로 해석한다.

(4) 태; 동사의 동작과 동사의 주어와의 연결 관계를 나타낸다.

① 능동태; 동사의 주어가 동작을 일으키거나 수행한다.
② 중간태; 동사의 동작 행위자에 역점을 둔다.
③ 수동태; 동사의 주어가 외부의 행위자에 의해 행동하게 되는 것을 묘사한다.

(5) 동사에 암시된 주어; 인칭어미(내적 주어)
헬라어의 동사는 인칭어미로 주어를 표현할 수 있기에 문장의 주어는 생략되기도 한다. 만일 인칭대명사가 사용되면 주어를 강조/대조하는 것이다.[95]

2) 부정동사
;동작이나 존재하는 상태를 나타낸다. 주어와 더불어 완전한 사상과 문장을 표현 및 구성하지 못한다. 시상과 태를 가지지만 법과 수는 가지지 않는다.

---

95) 국어의 주격 조사(…이, …가)는 일정한 동작이나 상태의 주체를 나타낸다. 반면에 보조사(…은, …는)는 일정한 동작이나 상태의 주체를 강조하거나 대조할 때 사용된다.

(1) 부정사; 부정사는 동사적 명사이며, 동사의 몇 가지 성질과 명사의 몇 가지 성질을 가진다. 부정사는 시간의 개념(현재, 과거, 미래)을 가지지 않는다. 부정사의 시상은 동작의 종류만을 나타낸다.

① 현재부정사; 지속적, 반복적 또는 습관적 동작을 나타낸다.
② 부정과거 부정사; 가장 많이 쓰이는 부정사로 부정적(不定的), 총괄적, 진입적 동작을 나타낸다. 한 사건에 대하여 자주 말한다.
③ 현재완료 부정사; 이전에 완료된 동작으로부터 기인된 상태를 말한다.
④ 미래부정사; 아주 드물지만 기도(企圖) 또는 장래의 일을 나타낸다.

(2) 분사; 분사는 동사적 형용사이며, 동사의 성질과 형용사의 성질을 가진다. 분사에는 태와 시상 그리고 시간을 가지고 있다.

① 분사의 태;
  가. 능동태; 분사에 의해 수식을 받는 명사나 대명사가 분사 동작의 원인이 됨
  나. 중간태; 분사에 의해 수식을 받는 명사나 대명사가 분사의 동작의 결과에 참여한다.
  다. 수동태; 분사에 의해 수식을 받는 명사나 대명사가 분사의 동작을 받을 때
② 분사의 시상; 동작의 종류를 나타낸다.
  가. 현재분사; 일반적으로 지속적, 반복적 동작을 나타낸다.
  나. 미래분사; 일반적으로 점적(일회적)이든 또는 지속적인 동작을 나타낸다.
  다. 부정과거분사; 일반적으로 점적(일회적)이든 또는 완료된 동작을 나타낸다.

라. 현재완료분사; 일반적으로 완료된 동작에서 이루어진 상
　　태를 나타낸다.
③ 분사시상의 시간; 대부분의 분사들은 시간적 의미를 가지
　　고 있다. 분사의 시간적 의미는 분사 자체에서가 아니라 문
　　맥의 뜻에서 나타난다. 분사의 동작은 주동사의 시작 전에
　　또는 주동사의 동작과 동시에 혹은 주동사의 동작 후에 일
　　어난다.

3. 전치사

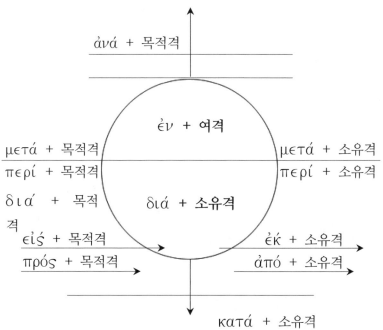

πρός + 목적격 = …에게로, 함께.　 περί + 소유격 = …관하여
πρός + 여　격 = …가까이, 옆에.　 περί + 목적격 = …주변에

μετά + 소유격 = …함께.   διά + 소유격 = …통하여(시간, 공간)

μετά + 목적격 = …후에.   διά + 목적격 = …때문에

👆 동사와 전치사의 조합의 예

동사 "믿는다"(4100, πιστεύω)는 여격을 직접목적어로 취하지만, "전인격적 신뢰나 신앙"을 가리킬 때는 전치사와 함께 πιστεύω εἰς를 사용한다.

1) 합성동사

전치사가 동사와 결합하여 다른 동사가 된 것을 합성동사라고 부른다. 예를 들어, ἐκ(밖으로)와 πορεύομαι(4198, 가다)가 합쳐져 ἐκ πορεύομαι(1607, 나가다)가 되었다. 그러나 모든 단어가 반드시 이 법칙에 적용되는 것은 아니다. 예를 들어 ἀποκρίνομαι(611,   대답하다)는 ἀπό(575,   분리,   기원)   + κρίνω(2919, 판결하다)에서 유래되었는데, 합성동사의 법칙으로 그 의미를 찾기 어렵다.

2) 이태동사

어떤 동사가 능동태형은 없고, 중간태나 수동태형으로 능동의 뜻을 나타내는 경우에 해당하는 동사들을 이태동사 또는 디포넌트 동사라고 부른다. 기본형은 사전에서 확인해야 한다. 뒷부분에서 좀 더 자세하게 설명할 것이다.

4. 헬라어 구문론 이해하기

원어를 해석하는 일에 가장 중요한 부분이 사실상 '구문론'이라고 해도 과언이 아니다. 원어 성경 본문의 언어는 단지 단어만으로 구성되지 않으며, 단어의 의미 있는 조합으로 배열되

어 있다. 구절, 문장, 그리고 문단을 이루기 위해 단어들이 서로 조합되기 때문에, 해석자는 본문의 단어들을 다룰 뿐만 아니라 이 조합으로 이루어진 특별한 문제를 다루어야 한다. 문법에 대한 올바른 지식은 해석에 참여하는데 용이하게 한다. 성경 구절의 구문론을 분석하기 전에 용어와 함께 문법에 대한 기본적인 지식을 소유해야 한다. 일부 원어를 다룬다는 사람들에 의해 문법이 아주 무시되는 일이 다반사이지만, 제대로 분석하기 위해서는 어쩔 수 없이 문법을 통과해야 한다.

그러나 구절의 구문론을 분석하고, 구절에 적용할 문법 규칙을 평가하는 것은 오직 본문이 요구할 때만 해야 한다. 어떤 본문은 이런 종류의 문법적 분석이 거의 필요하지 않다. 본문의 언어는 저자의 사상에 대한 뼈대 구조를 제공한다. 특정 구절을 통하여 저자의 사상 세계에 들어갈 수 있다. 한 구절에 나오는 언어의 패턴을 동일 저자가 기록한 다른 구절과 연관시킨다면, 저자의 더 큰 사상 세계를 이해할 수 있다. 본서가 의도하는 것은 어차피 이론 중심이기 때문에, 구문론의 주요 부분만 짚고 넘어갈 예정이다(좀 더 자세한 구문론은 제2권에서 다룰 예정).

1) 문장을 구성하는 단어의 위치

헬라어는 저자의 의도에 따라 단어의 배치가 자유로운 편이다. 같은 격·성·수를 가진 단어를 찾아 묶으면 쉽게 연관된 단어를 알 수 있고, 해석도 용이하다. 그래서 문법분해를 모두 제공하는 원어 프로그램을 이용한 원어 해석은 누구든지 최소의 기본적인 문법을 알면 쉽게 접근할 수 있다고 말한 것이다. 한글도 조사에 따라 단어가 어디에 있어도 말을 이해할 수 있는 것과 같다(예; 재미있다. 나는, 정말 성경 연구하는 것이).

(1) 가장 강조하는 단어는 문장의 맨 앞에 둔다(마 6:33)

(2) 두 번째로 강조할 단어는 문장의 맨 뒤에 둔다(마 7:7; 요 1:1).

(3) 동의어나 반의어 등 관련 있는 단어군을 통해 강조할 수 있다(마 6:24; 빌 3:2-3).

(4) 어원, 발음 등을 이용하여 강조하기도 한다(엡 3:14 - 15).

(5) 시적 운율을 통해 강조할 수 있다(롬 4:25; 15:21).

2) 단어연구를 통한 문장에 적합한 본의(本意) 찾기

일반 번역 성경들은 대부분 의역을 한 경우가 많기 때문에 원문의 본래 의미와 다른 번역을 자주 접하게 된다. 그래서 단어 연구가 필요하다. 단어연구는 사전적인 의미를 찾는 것이 아니라 성구 사전(성경 안에서 쓰인 용례)을 통한 연구가 더 중요하다. 1차적으로 사전적 의미를 파악한 후, 그 단어가 다른 성경에 어떤 의미로 쓰였는지를 연구해야 한다. 그래서 1차적으로 직역이 필요하다고 말하는 것이다.

헬라어를 번역하다 보면 "보다", "사랑", "알다" 등 단어의 본의를 찾아 번역어로 옮기기 어려운 한계를 경험할 수 있다. 왜냐면 그런 의미를 내포한 단어들이 여럿 나타나기 때문이다. 그래서 문장과 문맥에 적합한 단어의 의미를 찾는 일에 주의하며 노력을 기울여야 할 것이다. 참고로 아래 단어들이 쓰임새가 여럿 나타나는 구절들을 제시했으니 연구에 참고 바란다.

👆 사랑(요 21:15-17), 참다(약 1:12; 5:7), 기도하다(엡 6:18; 약 5:16), 보다(마 5:28; 6:1; 롬 15:21; 딤후 1:4), 말하다(마 9:33; 롬 7:7; 갈 3:16; 요일 4:20) 등.

3) 단어의 어원연구

단어의 어원을 아는 것이 성경해석에 절대적인 것은 아니지만, 상당 부분 필요한 것도 사실이다. 그래서 원어 성경을 해석하는 일에 단어의 어원과 배경 등도 주의 깊게 살필 필요가 있다. 프로그램으로 추천할 만한 것은 한글로 된 바이블렉스 10.0(브니엘)이 좋다고 여겨지고, 책으로는 자타가 공인하는 바우어 헬라어 사전과 브니엘 출판사에서 출판한 헬·한 완벽 사전, 구약신학 사전, 신약 신학 사전 등을 추천한다(한글로 번역되어 누구든지 쉽게 접근할 수 있기 때문이다).

📖 딤전 2:1下

4160	1162	4335	1783	2169
ποιεῖσθαι	δεήσεις	προσευχάς	ἐντεύξεις	εὐχαριστίας
동부현수	명목여복	명목여복	명목여복	명목여복
행해지되	간구	기도	협의	감사

이 문장은 기도의 여러 가지 형태에 대해 말하고 있는 대표적인 구절이다. 각각의 차이를 어떻게 설명할 것인가? 바이블렉스 10.0에서 제공한 그대로를 여기에 옮겨 보겠다. 첫 단어 dehvsei"에 대한 사전 내용이다.

(1) 고전 헬라어 문헌의 용법
명사 데에시스(Lysias, Pla. 이래)는 데오마이(δέομαι 1189: 원하다, 바라다, 간청하다, 탄원하다)에서 유래했으며,

① 본래의 의미는 '부족'(lack),
② "소용, 필요, 간구, 간청, 탄원"이란 의미를 가지게 되었다.

(2) 70인 역본의 용법
명사 데에시스는 70인 역본에서 테힌나(간구)[96], 타하눈[97], 린

---

96) 예: 왕상 8:28,30,38,45,52,54; 왕상 9:3; 시 6:9; 55:1.

나(비탄의 외침, 한탄의 기도)98), 샤와(도와 달라는 외침)99)의 역어로
사용되었다.

이 단어는 기도에 있어서 하나님에게 간구하고 요구할 때에만
사용된다. 이 경우에는 가끔 프로슈케(기도)와 병행하여 사용된
다.100)

(3) 신약성경의 용법

명사 데에시스는 신약성경에서 18회 나오며, <u>언제나 하나님께
드리는 기도에 대해 사용되었다.</u>101)

이 단어의 사전적 의미는 "자신의 부족을 알고 하나님께 간절
한 마음으로 구하는 간구"에 의미가 있다는 것을 알 수 있다.
προσευχάς에 대한 사전적 정의를 **슈퍼바이블**(원어프로그램)을 통
해 연구해보자.

🔎 4335   προσευχή   **프로슈케**

4336에서 유래;'**기도**'(예배), 함축적으로 '예배당'〈행 16:13, 16〉
여명.

🔎 4336   προσεύχομαι   **프로슈코마이**

4314와 2172에서 유래; 하나님께 '**기도하다**', 즉 '간청하다', '예
배하다'〈마 26:39〉동. to pray to God;

🔎 4314   πρός   **프로스**

4253의 강세형; 방향을 나타내는 전치사; '향하여', 즉 '~을 향

---

97) 시 28:2,6; 31:22; 86:6; 116:1; 130:2; 140:6; 143:1.
98) 시 17:1; 61:1; 88:2; 106:44.
99) 시 34:17; 39:12; 40:1; 145:19.
100) 왕상 8:38,45; 시 6:9; 17:1; 39:12; 렘 11:14.
101) 눅 1:13; 2:37; 5:33; 행 1:14; 롬 10:1; 고후 1:11; 9:14; 엡
    6:18; 빌 1:4,19; 빌 4:6; 딤전 2:1; 딤전 5:5; 딤후 1:3; 히 5:7;
    약 5:16; 벧전 3:12. (참고: Walter Bauer; J. H. Thayer)

해'(소유격과 함께, ~의 쪽에, 즉~에 관하여, 여격과 함께, ~의 곁에,
즉 가까이에, 일반적으로 대격과 함께, 향하여 가까이에 ~동안), 합
성어로도 근본적으로 같은 의미를 포함(~을 향한, ~가까이에) 〈눅
1:13; 요 11:19〉전.

🔎 4253   πρό   프로

기본전치사; '~앞에', 즉 '정면에', 이전의(상징적으로 최상의) ~위
에, 이전에, ~앞에, ~영원히, 합성될 때 같은 의미를 보유함 〈행
5:23〉전. before;

🔎 2172   εὔχομαι   유코마이

기본 동사의 중간태; '소원하다', 함축적으로 '하나님께 기도하
다', ~하고 싶어하다, 원하다〈고후 13:9〉동. to wish;

이상에서 προσευχάς는 προσευχή의 명사목적격 여성 복수 형
태란 것을 알 수 있고, 간략하지만 그 어원을 추적하며 살펴본
결과, "하나님을 향한 기도" 즉 자기의 소원을 하나님 앞에서 아
뢰는 기도라고 정의할 수 있다(참고. 마 26:44).

따라서 이 문장은 4종류의 기도가 소개되고 있다고 생각된다.
간구(부족을 채우기 위해 간절한 마음으로 행하는 기도), 기도(일반적
으로 하나님 앞에서 대화하듯이 자기의 소원을 말하는 기도), 협의 기
도(내면에 어떤 목적을 이루기 위해 하나님과 의논하듯이 행하는 기
도), 감사기도 등이다.

이상 계속 어원을 찾아가며 그 본래적 의미를 찾는 연구가 필
요할 때가 있다. 바이블렉스 10.0이란 원어 연구 프로그램과 슈
퍼바이블이란 편리한 원어 연구 프로그램을 통해 순식간에 사전
적 지식을 취할 수 있다. 두 프로그램의 장단점을 보여주기 위해
서, 의도적으로 각 단어 하나씩 따로 프로그램을 사용하여 단어
의 의미와 어원을 찾아가는 과정을 다 보여준 것이다.

4) 먼저는 직역을 한 후에 의역할 것

원문을 놓고 해석할 때, 여러 가지 방법(문법, 단어연구, 문맥, 배경, 심지어 교리적 지식 등)이 동원될 것이다. 그러나 가장 우선시해야 할 부분이 직역이다. 직역을 하게 될 경우 해석에 어색한 부분이 많아질 수밖에 없다. 그것을 현재의 독자들에게 가장 적합한 용어를 사용하여 의미를 통하게 만드는 2차적인 작업이 의역이다. 그래서 번역 성경들마다 직역에 가까운 성경과 의역이 많이 들어간 성경으로 그 범주가 나뉜다(2권 부록). 영어권에서는 NASB가 원문 직역에 가깝고, NIV는 의역 성경이다.[102] 직역 성경과 의역 성경은 각각 장단점이 있다.

특별히 해석할 때 신학적 지식(교리)이 개입될 여지가 많아 원문의 의미가 손상될 위험이 높기 때문에 항상 주의해야 한다. 그래서 먼저 성경 신학적 해석(성경 본문 자체가 말하는 내용이 무엇인가를 찾는 해석)을 하려고 힘써야 한다. 성경 신학적으로 해석할 때, 반드시 따라야 할 것이 히브리 사고방식으로 생각하는 훈련이 필요하다. 이것은 신·구약 모두 마찬가지다. 이에 대한 것은 제2권에서 좀 더 다룰 예정이다.

👆 성경 신학적 사고에 대한 예

"제자들이 나아와 깨워 가로되 주여 주여 우리가 죽겠나이다 한대 예수께서 잠을 깨사 바람과 파도를 꾸짖으시니 이에 그쳐 잔잔하여지더라 (25)제자들에게 이르시되 너희 믿음이 어디 있느냐 하시니 저희가 두려워하고 기이히 여겨 서로 말하되 저가 뉘기에 바람과 물을 명하매 순종하는고 하더라"(눅 8:24-25)

이 사건에 대해 우리는 어떻게 받아들이는가?

---

102)한글 성경은 개역(개역 개정)-표준 새번역(공동번역)-현대인의 성경 (쉬운 성경) 순으로 의역한 성경으로 분류된다.

예수님이 어떻게 바람과 파도를 말씀으로 꾸짖으시니 잔잔하게 만들 수 있었을까? 당연하다는 듯이 '예수님은 사람이면서 하나님이기 때문에'라고 한다면 바로 그것이 순수한 성경 본문을 살피는 자세를 벗어난 교리적(조직신학적) 대답이다. 그런 식이라면 굳이 성경을 원문까지 살필 이유가 없다. 조직신학 공부만 잘하면 된다.

우리가 믿는 예수님은 분명히 사람이면서 하나님이시다(신인양성론). 그런 결론은 성경 전체를 살핀 후에 얻어진 결과다. 지금 그 문제에 대해 논하고자 하는 것이 아니다. 상기 본문에 대해 성경이 뭐라고 말하는지 살피며 그에 관한 변증을 하고자 한다. 주님이 풍랑 이는 바다 위에서 행하신 일은 하나님으로서 신적 행위를 한 것인가, 아니면 생명 있는 믿음, 곧 살아 역사하는 믿음을 설명하기 위해 주께서 가진 믿음의 능력을 행사한 것인가? 주님은 분명히 이 땅에 오실 때, 하나님과 동등한 모든 자리와 권세를 내려놓으셨다고 성경은 가르친다(빌 2:5-8).

그래서 우리와 성정이 같은 모습으로 오셨다. 그분의 신분은 메시아(기름 부음 받은 자-그리스도)이시다. 하나님의 아들이요, 아버지로부터 보내심을 받은 사명자이시다. 하나님이시지만 하나님으로서의 권세를 내려놓으셨다. 그래서 하나님이시지만 하나님으로서 권세나 능력을 사용하지 않으신다는 것이다. 이 부분을 놓치지 말아야 한다.

그러면 어떤 능력으로 그런 일을 행하실 수 있으셨을까? 하나님의 신적 능력이 아니라면 무슨 능력으로 그런 일을 행하여 사람들을 놀라게 만드실 수 있었나? 주님은 이 사건의 말미(눅 8:25)에 "너희 믿음이 어디 있느냐?"고 책망하셨고, 병행 구절 마태복음에서는 "믿음이 적은 자들아"(마 8:26), 마가복음 4:40에서는 "너희가 어찌 믿음이 없느냐?"고 책망하셨다. 이 일을 믿음의 문제로 접근하셨으며, 그들의 상태를 지적하셨다. 만일 하나님과 인간의 비교였다면 그런 지적을 하실 수가 없었을 것이다. 우리와 성정이 같은 인간 대 인간으로 지적하신 것으로 생각된다. 예수께서 하나님 아버지를 믿는 믿음과 제자들이 하나님을 믿는 믿음이 다르다는 이야기다.

> "예수께서 대답하여 가라사대 <u>믿음이 없고 패역한 세대여</u> 내가 얼마나 너희와 함께 있으며 얼마나 너희를 참으리요 그를 이리로 데려오라 하시다 (18)이에 예수께서 꾸짖으시니 귀신이 나가고 아이가 그 때부터 나으니라 (19)이 때에 제자들이 종용히 예수께 나아와 가로되 우리는 어찌하여 쫓아내지 못하였나이까 (20)가라사대 <u>너희 믿음이 적은 연고니라</u> 진실로 너희에게 이르노니 너희가 만일 믿음이 한 겨자씨만큼만 있으면 이 산을 명하여 여기서 저기로 옮기라 하여도 옮길 것이요 또 너희가 못할 것이 없으리라"(마 17:17 - 20)

따라서 성경 신학적 접근은 이 사건을 예수님과 제자들의 믿음의 문제로 접근하는 것이지, 예수님과 제자들의 신분 차이로 인한 결과로 접근하지 않는다. 하나님 아버지께서 아들 예수를 통하여 어떻게 그런 신적인 역사를 이루셨는지 밝혀주는 말씀이 있다. 성경신학적으로 연결되는 내용인 만큼 관심을 가질 필요가 있을 것이다.

> "<u>하나님이 나사렛 예수에게 성령과 능력을 기름 붓듯 하셨으매</u> 저가 두루 다니시며 착한 일을 행하시고 마귀에게 눌린 모든 자를 고치셨으니 이는 하나님이 함께 하셨음이라"(행 10:38)

이것이다. 곧 아버지가 부어주신 성령의 능력이 충만하여 바람과 파도를 잔잔하게 하실 수 있으셨다. 그 외 각종 병자를 고치시며, 죽은 자를 살리는 등의 능력을 행하실 수 있었다. 논리적으로 예수님이 직접 자기 능력으로 행하신 것이 아니라, 하나님 아버지가 함께하는 성령의 능력으로 그런저런 일들을 행하셨다는 이것이 성경 신학적 해석의 방법이다. 조직신학적 접근은 성경 신학적 방법으로 해석한 후에 그런 해석이 옳은지 점검할 때, 전체적으로 성경이 말하고자 하는 맥이 같은지 확인하는 것으로 그 역할을 할 수 있다.

5. 중간태(Middle Voice)

능동태는 동사의 동작을 강조하지만, **중간태**는 동사 동작의 행위자에 역점을 둔다. 중간태에서 동작의 행위자는 대개 주어이다. 그래서 중간태는 주어에 특별한 주의를 환기시킨다. 중간태에서 주어가 동작의 결과에 참여하고, 또 그 자체에 관하여 행동하며, 또 동작에 대하여 직접 밀접한 관심을 가지고 그 동작에 개입한다. 그래서 우리말로 중간태를 분명하게 번역하기는 쉽지 않다.

원어에 쉽게 접근할 수 있다는 취지에서 시작한 첫 책에서부터 어려운 부분을 제기하는 것 같아 마음에 부담이 되지만, 어차피 알아야 할 부분으로 이해하기 바란다. 잘 다루지 않는 부분이지만 중요하기에 본서에 수록한다. 히브리어에는 없는 중간태가 헬라어에서는 중요하다.

1) 재귀적(혹은 직접적)인 중간태(Reflexive or Direct Middle)

동사의 주어, 동작의 행위자, 그리고 동작을 받는 자가 모두 동일하다. 즉 주어 행위의 결과가 그 자신에게 미치는 것이다. 예를 들면 "내가 내 자신을 가르친다."는 경우이다.[103]

---

103) 마 27:5; 막 6:30; 눅 12:37;고전 14:8; 골 2:20; 약 4:4…

📖 약 4:4

ὃς- ἂν ουβουληθῇ φίλος ειτοῦ κόσμου, ἐχθρὸς τοῦ θεοῦ
καθίσταται.

문법적 번역: 그러므로 세상의 친구가 되려고 하는 사람은 자신
을 하나님의 원수로 만들고 있다.

📖 요 19:1

···ἔλαβεν ὁ Πιλᾶτος τὸν Ἰησοῦν καὶ ἐμαστίγωσεν.

문법적 번역: 빌라도는 예수님을 데려다가 채찍질하였다.(빌라도
는 부하들을 시켜 예수님을 데려다가 매질하게 하였다)

2) 강조적(혹은 간접적)인 중간태(Intensive or Indirect Middle)

동사의 주어와 동작의 행위자가 다 같다. 강조적인 중간태는
주어가 그 동작을 행하는 것을 강조한다. 여기에서 주어는 자
신을 위하여, 혹은 그 자신에 관하여, 혹은 자신에게 속한 것에
대하여, 혹은 자신 단독으로 행동한다.[104]

예) 나 자신이 가르친다, 나 혼자서 가르친다, 내가 자신을
위하여 가르친다.

📖 행 24:25

···ἔμφοβος γενόμενος ὁ Φῆλιξ ἀπεκρίθη, Τὸ- νῦν- ἔχον
πορεύου· καιρὸν- δὲ μεταλαβὼν μετακαλέσομαί σε·

문법적 번역: 벨릭스는 두려운 생각이 나서 "지금은 가거라. 그
러나 내가 기회가 있으면 스스로 너를 부르겠다."고 대답했다.

---

104) 마 27:24; 행 24:25; 고전 13:8; 엡 1:4; 빌 1:22; 약 4:3···

📖 빌 1:22

καὶ τί αἱρήσομαι οὐ- γνωρίζω·

문법적 번역: 그래서 나는 자신을 위하여 어느 편을 택해야 할 것인지 모르겠다.

3) 허용적인 중간태(Permissive Middle)

허용적인 중간태는 주어가 그 자신에 대하여 동작을 자발적으로 허락하거나 그 자신을 동작의 결과에 양보한다. 이것은 때때로 수동태로 번역해야 한다(예문: 내가 자신을 가르치도록 하였다). 직설법에서 허용적인 중간태 예문은 거의 없으며, 다음의 경우에만 직설법의 예문이다.

📖 고전 6:7

···διατί οὐχὶ μᾶλλον ἀδικεῖσθε;

문법적 번역: 왜 차라리 너희가 자신을 불의당하도록 하지 않느냐?(직설법)

διατί οὐχὶ μᾶλλον ἀποστερεῖσθε;

문법적 번역: 왜 차라리 너희가 자신을 강탈당하도록 하지 않느냐?(직설법)

* 누가복음 14:18 – παρῃτημένον(용서하도록)(분사)
* 사도행전 22:16 – βάπτισαι(세례 받도록 하십시오)(명령법)

📖 고전 11:6

εἰ- γὰρ οὐ- κατακαλύπτεται γυνή, καὶ κειράσθω·

문법적 번역: 만일 여자가 자기 머리에 쓰지 않으려면 자기 머리를 깎도록 하라(명령법)

εἰ– δὲ αἰσχρὸν γυναικὶ τὸ κείρασθαι ἢ ξυρᾶσθαι,
κατακαλυπτέσθω.
문법적 번역: 그러나 만일 머리를 깎거나 미는 것이 여자에게
부끄러운 일이 된다면(사실 그렇다) <u>여자에게 머리에 너울을 쓰
는 것을 허용하십시오</u>(명령법).

4) 사역적인 중간태(Causative Middle)
사역적인 중간태는 주어가 그 자신에 대하여 동작을 일으킨
다. 또 때때로 주어는 간접적으로 어떤 사람이나 수단을 통하
여 그 자신에게나 자신을 위하여 동작을 일으킨다. 이것은 허
용적인 중간태와 마찬가지로 수동태로 번역한다(예문; 내가 자신
에게 가르치게 했다). 직설법에서 사역적인 중간태는 거의 없으
나 다음의 경우에만 직설법이다.

📖 마 14:3
Ὁ γὰρ Ἡρῴδης κρατήσας τὸν Ἰωάννην ἔδησεν αὐτὸν καὶ
<u>ἔθετο</u> ἐν φυλακῇ,
문법적 번역: 왜냐하면 헤롯은 요한을 잡아 그를 결박하여 감옥
안에 <u>두도록 했다</u>(직설법).

📖 행 21:24
ἵνα <u>ξυρήσωνται</u>* τὴν κεφαλήν
* 는 가정법 동사가 기대되지만 직설법 동사이다.
문법적 번역: <u>그들이 머리를 깎게</u> 하도록 하고…(직설법)
* 사도행전 22:16 – ἀπόλουσαι(씻도록 하라)(명령법)

📖 고전 6:11
καὶ ταῦτά τινες– ἦτε· ἀλλὰ <u>ἀπελούσασθε</u>,

문법적 번역: 너희 중에도 이런 자들이 더러 있었다. 그러나 너희들은 자신을 씻게 하였다(직설법).

📖 갈 5:12

ὄφελον καὶ <u>ἀποκόψονται</u> οἱ ἀναστατοῦντες ὑμᾶς.

문법적 번역: 너희를 어지럽게 하는 자들은 참으로 <u>자신들을 거세하게 하면</u> 좋겠는데…(직설법)

📖 계 3:5

ὁ νικῶν, οὗτος <u>περιβαλεῖται</u> ἐν ἱματίοις λευκοῖς·

문법적 번역: 이기고 있는 자는 이와 같이 흰 옷을 <u>입힐 것이다</u>.(직설법)

5) 상호적인 중간태(Reciprocal Middle)

상호적인 중간태는 주어가 늘 복수이다. 또 주어와 행위자는 동일하며, 이것은 복수 주어를 가진 중간태로서 행위자들 사이에 동사의 동작의 교환을 나타낸다(예; 우리가 서로 가르친다).105)

📖 눅 14:7

Ἔλεγεν- δὲ πρὸς τοὺς κεκλημένους παραβολήν, ἐπέχων πῶς τὰς πρωτοκλισίας <u>ἐξελέγοντο</u>,

문법적 번역: 그런데 예수께서 <u>그들은 서로 자신을 위하여</u> 어떻게 상좌를 선택하고 있었던 것을 계속 주목하면서 초대받은 사람들에게 비유로 말씀하기 시작하셨다.

* **주의**; ἐξελέγοντο, 강조적인 중간태로도 해석이 가능하다.

---

105) 마 26:4; 눅 14:7; 요 9:22; 12:10; 고전 5:9.

📖 고전 5:9

Ἔγραψα ὑμῖν ἐν τῇ ἐπιστολῇ, μὴ *συναναμίγνυσθαι* πόρνοις·

문법적 번역: 내가 너희에게 음란한 자들과 서로 사귀지 말라고 편지를 썼다.(부정사)

6) 중복(重複) 중간태(Redundant Middle)

중복 중간태에서는 중간태 동사와 대명사(대개 인칭대명사, 강의 대명사, 재귀대명사, 상호대명사 등) 둘 다 같이 쓰인다. 그러나 대명사가 없어도 중간태 동사의 의미가 동일함으로써 대명사의 사용은 의미로 볼 때 중복된 것이다. 어떤 중간태가 중복 중간태인가를 확인하는데 있어서, 먼저 중간태 동사와 뜻을 같이 하는 대명사가 있으면 그 동사를 중복 중간태 동사로 취급하며, 그 다음의 문맥에서 중간태의 구문 적용법(재귀적 용법, 강의적 용법, 허용적 용법, 사역적 용법, 상호적 용법 등)에 따라 각각 적용해 본다. 이어서 문맥에 가장 적합한 용법에 맞도록 중복 중간태 동사를 번역해야 한다.

📖 요 6:52

Ἐμάχοντο ουπρὸς ἀλλήλους οἱ Ἰουδαῖοι,

문법적 번역: 그러자 유대인들은 서로 다투고 있었다(상호적 중간태).

📖 요 19:24

Διεμερίσαντο τὰ ἱμάτιά μου ἑαυτοῖς, καὶ ἐπὶ τὸν ἱματισμόν μου ἔβαλον κλῆρον.

문법적 번역: 그들이 내 겉옷을 서로 나누었고 내 속옷을 위하여 제비뽑아 가졌다(형식으로는 중복 중간태, 의미로는 상호적 중간태이다).

📖 행 7:58

καὶ οἱ μάρτυρες ἀπέθεντο τὰ- ἱμάτια- αὐτῶν παρὰ τοὺς
πόδας νεανίου καλουμένου Σαύλου.

문법적 번역: 그때 증인들은 자기들의 옷을 <u>스스로 벗어</u> 사울이라
는 청년의 발 앞에 두었다(의미적으로 재귀적 중간태).

📖 행 20:24

ἀλλ᾽ οὐδενὸς λόγον <u>ποιοῦμαι</u>, οὐδέ ἔχω τὴν ψυχὴν μου
τιμίαν <u>ἐμαυτῷ</u>,

문법적 번역: 그러나 나는 <u>나 자신에게</u> (나의) 목숨을 조금도 귀
한 것으로 여기지 않는다(강조적).

📖 빌 3:13

ἀδελφοί, ἐγὼ <u>ἐμαυτὸν</u> οὐ <u>λογίζομαι</u> κατειληφέναι·

문법적 번역: 나는 <u>나 자신이</u> 그것을 잡았다고 <u>생각하지</u> 않는다
(재귀적).

📖 딤전 3:13

οἱ- γὰρ καλῶς διακονήσαντες, βαθμὸν <u>ἑαυτοῖς</u> καλὸν
<u>περιποιοῦνται</u>,

문법적 번역: 왜냐하면 집사의 직무를 잘 행한 사람들은 <u>자기들</u>
<u>을 위하여</u> 아름다운 지위를 <u>얻는다</u>(형식으로는 중복 중간태, 의
미로는 강조적 중간태이다).

7) 혼동(混同) 중간태(Deponent Middle)
<u>혼동(Deponent) 중간태</u> 동사들은 중간태 형식을 가지고 있지
만, 능동태의 의미를 가지고 있다. 이런 동사들은 능동태 동사
로 번역한다. 따라서 해석할 때 혼동 중간태는 능동태로 형식

이 없는 동사들이다. 그러므로 '혼동 중간태'의 확실한 명칭은 "능동태 형식을 버린 중간태"라고 부를 수 있다.106) 혼동 중간태로 분류된 동사는 능동태 용법(단순한 용법이나 사역적 용법)에 따라서 그 동사를 해석해야 한다. 마음으로 행하는 동작(mental activity)의 동사들은 여기에 포함한다.

* Mental activity Verb(마음으로 행하는 동작의 동사)
좋아한다(782, ἀσπάζομαι), 잊는다(1950, ἐπιλανθάνομαι), 소원하다(1014, βούλομαι), 기도한다(2172, εὔχομαι), 생각한다(2233, ἡγέομαι), 여긴다(3049, λογίζομαι), 미친다(3105, μαίνομαι) 등.

📖 골 1:13
ὃς ἐρρύσατο ἡμᾶς ἐκ τῆς ἐξουσίας τοῦ σκότους,
문법적 번역: 그가 우리를 어두움의 권세에서 건져내셨다.

📖 히 11:22
καὶ περὶ τῶν ὀστέων αὐτοῦ ἐνετείλατο.
문법적 번역: 그는 자기의 유골에 대하여 명령을 내렸다.

6. Deponent 동사

Deponent 동사는 능동형 인칭 꼬리를 허용하지 않는다. 즉, 사전을 찾으면 그 기본형이 ω로 끝나지 않고 ομαι로 끝남을 볼 수 있다. 메이첸 교과서에 …ομαι로 소개되는 단어들이 바로 그것이다. 현재시제의 기본형(즉, 동사의 가장 기본적인 형태인 바

---

106) 마 16:5; 눅 2:28, 9:42; 골 1:13; 히 11:22; 계 12:10.

Lexical Form이라고도 하고, 원형이라고도 함)이 ⋯ομαι로 되어있으면 그것은 현재시제직설법과 그 줄기(stem)를 공유하고 있는 현재분사, 현재가정법, 현재부정사, 현재명령법 등, '직설법(Indicative) 이외의 다른 법(Mood)'에서도 Deponent임을 의미한다.

현재시제 직설법의 줄기(stem)를 공유한다는 것은 무슨 의미인가? 그것은 말 그대로, 어형이 성립됨에 있어서 그 줄기(stem)를 빌려 온다는 것이다. 특히, 미완료시제 또한 현재시제의 줄기를 공유한다. 예를 들어 ἐσθίω(2068)의 단어를 보자. 이 단어의 미완료형태를 알아보고자 할 때 굳이 사전을 뒤적이지 않아도 된다. 현재시제의 줄기인 ἐσθί에 미완료 접두 모음과 인칭 꼬리를 붙이면 되기 때문이다.

ἤσθιον. 이렇듯 미완료는 현재시제의 기본형으로부터 공식적으로 도출된다. 따라서 사전엔 미완료형을 따로 소개하지 않고 있다(가끔 불규칙한 미완료형태를 지니는 단어들을 제외하곤! – 그 불규칙이란 것도 고작 접두 모음에 관한 것일 뿐이다. 예를 들어 ἔχω(2192)의 미완료는 εἶχον).

이제 다시 Deponent 동사로 돌아가서 ἔρχομαι(2064)의 미완료형태를 알아보자. 현재직설법의 기본형이 ἔρχομαι이므로 현재시제 Deponent이다. 미완료는 현재직설법 줄기를 가지고 만드는 것이므로, 현재직설법 줄기 ἔρχ에 미완료 접두 모음과 인칭 꼬리를 붙인다. 이때 주의할 것이 있다. 현재시제 직설법에서 Deponent 된 동사는 곧 현재시제에 있어서, 직설법 이외의 다른 법에서도 모두 Deponent가 된다는 것임을 반드시 기억해야 한다! 왜냐면 다른 법(즉, 분사, 가정법, 부정사, 명령법)은 직설법 줄기에 기초하여 어형이 성립되기 때문이다.

줄기를 공유한다고 할 때, 그것은 단지 형태만 공유하는 것이 아니라 직설법에서의 'Deponent 의미'까지도 공유하기 때문이다. 이제 그렇다면 ἔρχομαι의 미완료형태 역시도 Deponent이다. 그래서 미완료 중간태의 인칭 꼬리를 붙여야 한다. ἠρχόμην (내가 가고 있었다). 이때 미완료 중간태 변화표를 외우고 있지 않으면, 이 같은 지식은 말짱 헛것이 된다(그러나 프로그램을 가지고 연구하는 종들은 염려하지 말라. 왜냐면 이미 문법분해가 모두 되어 있기 때문이다).

▸ γίνομαι(1096)의 미완료 ἐγινόμην(내가 되고 있었다)
▸ ἀποκρίνομαι(611)의 미완료 ἀπεκρινόμην(내가 대답하고 있었다)
▸ πορεύομαι(4198)의 미완료 ἐπορευόμην(내가 가고 있었다)

과거시제 직설법기본형에서 Deponent인 동사는 과거시제에 관련된 모든 다른 법(과거분사, 과거 가정법, 과거 부정사, 과거 명령법)에서도 Deponent여서 중간태 인칭 꼬리를 취하며 능동의 뜻을 가진다. 과거시제직설법 기본형에서 Deponent라 함은, 과거 직설법의 기본형이 중간태의 인칭 꼬리를 취하고 있음을 말한다. 그렇다면 우선 과거직설법중간태의 변화표를 알고 있어야 한다. 그래야 각 시제 기본형의 인칭어미가 능동태인지 중간태인지를 분별할 수 있을 것이기 때문이다. 참고로, 과거시제 직설법에서 Deponent인지 아닌지를 확인하는 유일한 방법은 사전을 통해 그 기본형을 확인하는 길뿐이다.

ἐδεξάμην(1209)의 과거기본형은 ἐδεξάμην(내가 영접하였다)이다. 따라서 ἐδεξάμην의 과거분사는 과거중간태분사의 인칭어미를 취한다. 과거분사도 당연히 Deponent이기 때문이다.

ἐδεξάμην(과거직설법), δεξάμενος(과거분사)

7. 분사 구문

1) 분사(分詞, participle)란?
;동사의 성질과 형용사의 성질에 '부분적으로 참여하는 품사'
를 말한다.

(1) 동사의 성질: 목적어와 부사를 취할 수 있음.
(2) 형용사의 성질: 명사를 형용사처럼 수식할 수 있으며 성,
수, 격을 가짐.

2) 관사의 유무에 따른 분사의 두 가지 해석 패턴

(1) 한정적인 해석
: 분사 앞에 관사가 올 때(즉, '한정적인 위치' 라 말함) '…하는
것'이라고 해석한다.

① ὁ διδάσκων ἀπόστολος(가르치는 사도 현재분사)
= ὁ διδάσκων ὁ ἀπόστολος
= ὁ ἀπόστολος ὁ διδάσκων
예) ἡ χαρά του διδάσκοντος τὴν ἐκκλησίαν ἀπόστολου(교회
를 가르치고 있는 사도의 기쁨)

② ὁ διδάξας ἀπόστολος(가르친 사도, 과거분사)

③ ὁ διδάξων τὸν δοῦλον ἀπόστολο(그 종을 가르칠 사도, 미래
분사)

(2) 서술적인 해석
: 분사 앞에 관사가 오지 않을 때(즉, '서술적인 위치'라고 말함)

① 성, 수, 격이 일치하는 명사와 함께 쓰였을 때: 성, 수, 격이 일치하는 명사가 곧 분사의 의미상 주어이다. 해석할 때에는 의미상 주어를 먼저 언급함이 자연스럽다.

가. εἶπον ταῦτα τῷ ἀπόστολῳ ἐσθίοντι τὸν ἄρτον
; 그 사도가(분사의 의미상 주어) 빵을 먹고 있을 때에 나는 이것들을 그에게 말했다.

나. ἦλθον πρός τὸν ἀπόστολον ἐσθίοντα τὸν ἄρτον
; 그 사도가 빵을 먹고 있을 때에 내가 그에게 갔다.
(=내가 그 사도에게 갔을 때 그는 빵을 먹고 있었다.)

다. ἤκουσα αὐτοῦ λέγοντος ταῦτα
; 그가 이것들을 말할 때에 내가 그를 들었다.

라. εἶπε αὐτω ὁ ἀπόστολος βλέπων ταῦτα
; 그 사도가 이것들을 보면서 그에게 말하였다.

② 성, 수, 격이 일치하는 명사가 없을 때: 문장의 주동사(즉, 직설법 동사)의 숨은 주어가 의미상의 주어이다. 따라서 이 경우, 분사는 항상 주격이 된다(의미상 주어인 숨은 주어가 주격이므로!).

가. ἐσθίων ταῦτα ἔρχομαι αὐτω
; 나는 이것들을 먹으면서 그에게 간다.

나. ἐσθίοντες ταῦτα ἔρχομεθα αὐτω
; 우리는 이것들을 먹으면서 그에게 간다.

다. ἐσθίουσαι ταῦτα ἔρχονται αὐτω
; 그녀들은 이것들을 먹으면서 그에게 가고 있다.

3) 분사의 독립적인 용법
분사가 관사와 함께 쓰이는 한정적인 용법에 있어서 성, 수, 격이 일치하는 명사 없이 관사하고만 쓰였을 경우에 "…하는 사람"이라고 해석한다.

(1) ὁ διδάσκων τὸν δοῦλον(그 종을 가르치는 자)

(2) αἱ διδάσκουσαι τὸν δοῦλον(그 종을 가르치는 여자들)

(3) ὁ ἀδελφός τῆς διδάσκουσης τὸν δοῦλον(그 종을 가르치는 여자의 형제)

(4) εἰπον ταῦτα τῷ διδάσκοντι τὸν δοῦλον(그 종을 가르치는 자에게 내가 이것들을 말하였다)

4) 독립소유격 구문(Absolute Genitive Structure)

중문(Compound Sentence; 접속사로 이어진 대등한 두 개의 절)을 접속사 없이 하나의 문장으로 만들 때 쓰이는 구문이 독립 속격 구문이다. 이때 두 개의 절로 이루어져 있던 문장이 부사절(=독립속격구)을 이끄는 한 개의 주절로 되므로 주종문(complex sentence)이 되는 것이다. 속격 명사와 함께 관사 없는 분사가 등장할 때(물론 이때 성과 수는 일치해야 함) 이 '속격 구문'은 문장 내에서 다른 단어들과 문법적인 연결고리를 잃고 절연되어 부사구(부대 상황)처럼 해석되므로 '독립 속격 구문'이라 불린다. 이때 속격 명사는 속격 분사의 의미상 주어이다.

① ἔρχόμενος τούτου πρὸς τὸν κύριον ἤμην ἐν τῷ ἱερῷ
;이 사람이 주님께로 가고 있을 때, 나는 성전 안에 있었다.

② ἔσθιούσης αὐτῆς τὸν ἄρτον εἰδον τὸν οὐρανόν.
;그녀가 그 빵을 먹고 있을 때 나는 하늘을 바라보았다.

5) 분사의 어형 구조(word-formation)

모든 다른 법(mood)들과 마찬가지로 분사는 직설법 줄기에서 파생된다. 그 예들은 다음과 같다.

(1) 현재분사: 현재분사는 현재 직설법 줄기에서 파생되어 진다.

예) αἴρω(142), αἴρων, αἴρουσα, αι᾿ρον

βλέπω(991), βλέπων, βλέπουσα, βλέπον

(2) 과거분사: 과거분사는 과거 직설법 줄기에서 파생되어 진다
예) διδάσκω(1321), ἐδίδαξα, δίδαξας, δίδαξασα,

δίδαξανμένω(3306), ἔμεινα, μεινας, μεινασα,

μεινανἔρχομενος(2064), η᾿λθον, ἐλθών, ἐλθοῦσα, ἐλθόν

(3) 과거수동태분사: 과거수동태분사는 과거수동태직설법 줄
기에서 파생된다.
예) ἐδιδάχθην, διδάχθη, διδαχθείς, διδαχθεῖσα, διδαχθέν

γραφην(1124), ἐγράφην, γραφείς, γραφεῖσα, γραφέν

(4) 이태동사의 분사: 직설법 현재에서 이태동사인 경우 분사
의 현재중간태 꼬리를 붙인다. 특히 과거시제에 있어서 1과거 이
태동사이면 1과거 분사 중간태 꼬리를 붙이고, 2과거 이태동사
이면 2과거 줄기를 빌어 와서 현재분사의 중간태 꼬리를 붙인다.
예) ἀποκρίνομαι(611), ἀποκρινόμενος, ἀποκρινομένη,

ἀποκρινόμενον

* ἐδεξάμην, δεξάμενος, δεξαμένη, δεξάμενον

* ἐγενόμην, γενόμενος, γενομένη, γενόμενον

* ἐπορεύθην, πορουθείς, πορουθεῖσα, πορουθέν

6) 이태동사의 분사(추가설명)

분사의 Deponent 여부는 직설법에서 Deponent인가의 여부
에 의해 좌우된다. 이처럼 분사(다른 법들 곧, 가정법, 부정사, 명
령법 등도 마찬가지)는 직설법 줄기를 공유함에 있어서 형태뿐
아니라 그 의미도 공유하기 마련이다.

(1) 현재직설법에서 Deponent인 것은 현재분사에서도 Deponent 이다. 즉, 분사의 현재 중간태 꼬리를 취한다.

ἔρχομαι, ἐρχόμενος, ἐρχομένη, ἐρχόμενον

예) η᾿λθον, ἐλθών, ἐλθοῦσα, ἐλθόν

(현재에서 Depo일지라도, 과거에선 Depo가 아니므로 분사의 능동형 꼬리를 취한다)

(2) 과거직설법에서 Deponent인 것은 과거분사에서도 Deponent 이다.

* ἐδεξάμην, δεξάμενος, δεξαμένη, δεξάμενον(δέχομαι)

* ἐγενόμην(되었다), γενόμενος(된 후), γενομένη, γενόμενον(γίνομαι)

예) ἐγενήθην(되었다), γενηθείς(된 후), γενηθεῖσα, γενηθέν

(3) 과거 수동태 직설법에서 Deponent인 것은 과거 수동태 분사에 있어서도 Deponent이다.

예) ἀποκρίθην(대답했다), ἀποκριθείς(대답한 후), ἀποκριθεῖσα, ἀποκριθέν

* 이상의 내용은 조금 복잡하지만, 이론적으로 필요한 독자를 위해 첨가했으니 참고 정도 하고, 기타 더 필요하다고 여기는 문법은 다른 문법책을 통해 좀 더 학습하면 좋을 것이다.

이제는 직접 원어 문장을 펼쳐 놓고 직접 해석하는 자리로 나아가 보자. 이 훈련이 되지 않으면 원어로 설교하겠다는 취지 자체가 무색해지기 때문에 실로 중요한 일이라 하겠다. 우리는 마태복음 16장에서 베드로의 놀라운 고백을 칭찬하시는 주님을 기억하고 있다. 그런 신앙고백은 오늘날 대부분의 신자들도 알고 있고, 또 고백하고 있지 않은가? 하지만 그것으로 끝이 아니기 때문에 신앙생활이 힘이 든 것이다. 이 내용을 가지고 해석을 시도해보자.

> "이에 제자들을 경계하사 자기가 그리스도인 것을 아무에게도 이르지 말라 하시니라 (21)<u>그때로부터</u> 예수 그리스도께서 자기가 예루살렘에 올라가 장로들과 대제사장들과 서기관들에게 <u>많은 고난을 받고 죽임을 당하고</u> 제 삼 일에 살아나야 할 것을 제자들에게 가르치기 시작했다"(마 16:20-21)

주님은 제자 베드로가 고백한 신앙고백을 들으시고 비로소 자신의 고난과 죽음 그리고 부활에 관한 말씀을 하셨다. 여기서 "그때로부터"(᾿Απὸ τότε)란 시기를 나타내는 문구가 중요하다. 복음서에만 4번 쓰였다(마 4:17; 마 16:21; 26:16; 눅 16:16). 이에 관한 연구를 통한 한편의 설교도 훌륭한 설교가 되겠다.

📖 마 4:17
᾿Απὸ τότε ἤρξατο ὁ ᾿Ιησοῦς κηρύσσειν καὶ λέγειν, Μετανοεῖτε· ἤγγικεν- γὰρ ἡ βασιλεία τῶν οὐρανῶν.
문법적 번역: "<u>이때부터</u> 예수께서 비로소 전파하여 가라사대 회개하라 천국이 가까왔느니라 하시더라"(마 4:17)

📖 마 26:16
καὶ <u>ἀπὸ τότε</u> ἐζήτει εὐκαιρίαν ἵνα αὐτὸν παραδῷ.
문법적 번역: "저가 <u>그때부터</u> 예수를 넘겨 줄 기회를 찾더라."
(마 26:16)

📖 마 16:16

Ὁ νόμος καὶ οἱ προφῆται ἕως Ἰωάννου· ἀπὸ τότε ἡ βασιλεία τοῦ θεοῦ εὐαγγελίζεται, καὶ πᾶς εἰς αὐτὴν βιάζεται.

문법적 번역: "율법과 선지자는 요한의 때까지요 <u>그 후부터는</u> 하나님 나라의 복음이 전파되어 사람마다 그리로 침입하느니라."(눅 16:16)

모두가 어떤 전환점을 나타낼 때 쓰였다. 지금까지의 패턴과는 다른 행보를 나타낸다. 주님이 고난과 죽음을 말씀하실 때가 왜 하필이면 제자가 비로소 자신을 그리스도로, 하나님의 아들로 알고 고백할 때인가? 그때가 적기(的期)란 의미다. 보통 사람들 생각을 뒤집는 완전한 반전이다. 그 반전은 제자들의 생각과는 아주 다르게 고난과 죽음의 길로 가는 것이다. 물론 이것은 부활을 전제로 한 고난과 죽음이지만.

그런데 왜 죽어야 하냐면 아버지의 뜻이고, 그것은 죄 문제를 해결하기 위해서이다. 그러나 이 말씀을 하실 때는 제자들조차도 자기들이 죄인이란 사실에 대해 충분히 인식하지 못하는 때다. 주님은 내가 너희들을 위해서 또는 너희들의 죄 때문에 고난을 받아야 하고 죽어야만 한다는 친절한 설명이나 가르침은 없이 충격적인 말씀을 하셨다. 우리도 주를 향한 고백은 얼마든지 좋으나 이어지는 십자가는 싫다는 생각을 하는 경우가 많다. 그래서 마음으로 베드로처럼 강하게 항변한다.

"베드로가 예수를 붙들고 **간하여 가로되** 주여 그리 마옵소서. 이 일이 결코 주에게 미치지 아니 하리이다. (23)예수께서 돌이키시며 베드로에게 이르시되 사단아 내 뒤로 물러가라 너는 나를 넘어지게 하는 자로다 네가 하나님의 일을 생각지 아니하고 도리어 사람의 일을 생각하는 도다 하시고 (24)이에 예수께서 제자들에게 이르시되 아무든지 나를 따라오려거든 자기를 부인하고 자기 십자가를 지고 나를 좇을 것이니라."(마 16:22-24)

여기서 우리가 살펴보려는 원문을 다루어보자. 22절이다.

📖 마 16:22上

3588	4074	756	2008	846
ὁ	Πέτρος	ἤρξατο	ἐπιτιμᾶν	αὐτῷ
관주남단	명주남단 베드로	동직과중단3 그가 시작했다	동부현능 비난하기	명대여남단3 그에게

문법적 번역: 베드로가 그에게 **비난하기** 시작했다.

한글 번역 성경에 "간하여 가로되"라고 번역한 부분은 에피티마오(ἐπιτιμάω)로서 강력한 어조로 항변하는 것을 나타낸다 (병행 구절, 막 8:32). 책망에 가까운 비난이라고 이해해야 옳다. 마가복음 8:30에서 에페티메셈(경계하시고-동직과능단3)은 이 시점에서 자기의 메시아이심을 나타내지 말라고 제자들에게 명한 그의 명령이 얼마나 엄격한지를 나타내기 위해 사용되었다. 이제 원문을 분석해보자.

🔎 **2008** ἐπιτιμάω **에피티마오**
1909(ἐπι)와 5091(τιμάω)에서 유래; '비난하다', 즉 '책망하다', 또는 '훈계하다', 함축적으로 '금하다', (엄격하게)따지다 〈딤후 4:2〉동. to tax

🔎 **5091** τιμάω **티마오**
5093(5092에서 다시 5099에서 유래됨)에서 유래; '높이 평가하다', 즉 '가치를 두다', 함축적으로 '존경하다', 공경하다 〈요 5:23〉동. to value;

🔍 5099 τίνω **티노**

기본형 〈티오〉(어떤 시제에서 대체어로만 사용)의 강세형; '값을 치르다', 즉 '형벌로써 벌을 받다'〈살후 1:9〉동. to pay a penalty;

전치사 에피(ἐπι)는 합성동사가 단일형에 비해 증가하며, 따라서 의미의 확대와 전이가 일어난다. 에피의 기본적 의미는 "…위에, …에, …에서"(on)이며, 여기에서 "…에서"(at), "…근처에"(near), "…동안"(during), "… 때문에"(because), "…에" (to) 같은 의미가 나온다.[107)]

22절에 쓰인 προσλαμβάνω(4355), ἄρχομαι(756) 등 단어 연구가 끝나서 개념정리가 되면 문장 분석으로 들어간다. 현재 이 문장에는 부정사와 분사가 다 섞인 문장이란 점을 먼저 파악해야 한다. 앞의 "원어 연구를 위한 간추린 문법" 설명을 참고하라.

▸ **부정사의 하는 일은 명사, 형용사 또는 부사 노릇을 한다.**

본문은 부정사가 동사 ἤρξατο(시작했다; ἄρχομαι의 동사직설법 과거중간태 3인칭단수)의 목적어 노릇을 한 경우다. 그래서 직역하면 "비난하기 시작했다"가 되고, 의역하면 "말리기 시작했다"로 할 수 있나. 동사의 중간태는 동사의 동작 행위자에 역섬을 둔다고 했으므로, 여기서는 동작 행위자인 베드로에게 초점이 있음을 의미한다.

---

107) 기본적으로 지지 기반 혹은 터전을 형성하는 어떤 것 바로 위에 위치하는 것을 나타내는 에피는 휘포(5259, ὑπό; "밑에"-under)의 반대어이며, 어떤 대상에 실제로 의지한다는 점에서 휘페르(5228, ὑπέρ; "위"-above)와는 구별된다. 우선적으로 "…표면에"(on) "…위에"(upon)라는 공간적 의미로 쓰인다.

▸ 분사의 하는 일은 형용사나 부사 노릇을 한다.

본문은 분사가 목적어 αὐτὸν(그를 = 예수를)에 대해 동사적 형용사의 기능을 하는 서술적 용법으로 쓰여 "붙들었다"는 의미로 해석할 수 있다. 즉 "그를 붙들었다"가 된다. 그러니까 이 문장은 주어인 베드로가 동시 동작의 행동을 부정사와 분사로 표현한 것이다. 다시 말해 베드로가 예수님을 붙들면서 동시에 말린 것을 의미한다.

📖 마 16:22中

3004	2436	4771	2962
λέγων,	Ἵλεώς	σοι,	κύριε·
동분현능주남단	형주남단	명대여단2	명호남단
말하면서	자비로운	당신에게	주여

문법적 번역: "주여! 당신에게 자비를"이라고 **말하면서**

여기서 분사 λέγων은 앞 문장에 계속해서 이어지는 동작을 가리킨다. 베드로가 아주 분주한 상태임을 나타낸다. 예수님을 붙들고 말리면서 또 말하는 상황임을 알 수 있다. "주여, 그리 마옵소서!"(God forbid; Be it far from you.)도 원문으로 직역하자면 "당신에게 자비를"(Ἵλεώς σοι)이다. 주로 히브리어 살라흐(5545, סָלַח; 용서하다, 관용하다- 민 14:20; 왕상 8:30; 대하 6:21; 렘 5:1)의 역어로 사용되었으며, "용서하다"라는 의미를 나타낸다. 힐레오스(Ἵλεώς)는 힐라라(2486, חָלִילָה; 결코 아니다, 당치 않다)의 역어로 사용되어 그런 의미를 나타낸다.[108]

---

108) 창 43:23; 삼상 14:45; 삼하 20:20; 대상 11:19.

📖 마 16:22下

3756	3361	1510	4771	3778
οὐ	μὴ	ἔσται	σοι	τοῦτο.
형부	형부	동직래디단3	명대여단2	형형지주중단
절대로	아니	있지 않을 것이다	당신에게	이 일이

문법적 번역: 당신에게 이 일이 **절대로** 있지 **않을** 것이다.

이 문장에서 ου- μὴ는 이중부정으로 영어 같은 경우는 긍정의 의미가 되지만, 헬라어의 경우는 절대부정이 된다. 즉 부정(否定)이 강조되는 의미란 뜻이다. 동사 ἔσται는 εἰμι (1510)의 동사 직설법 미래 중간 디포넌트 3인칭 단수이다. 여기서 디포넌트 동사가 무엇인가? 이태동사(異態動詞)라고도 부르며, 어떤 동사가 능동태형은 없고 중간태나 수동태형으로 능동의 뜻을 나타내는 경우에 해당하는 동사를 가리킨다(문법책에 잘 설명되어 있으므로 기억하지 못하거나 모르면 책을 찾아 확인하면 된다). 중간태는 주어가 행동을 하고 자신이 그 동작에 참여하는 것을 표현하는 형태인데, 여기서는 주어 자신을 가리키는 재귀대명사를 첨가하여 해석한다(직접 중간태). 따라서 "당신 자신에게 이 일이 결코 있지 않을 것이다"로 해석하면 된다.

이상의 분석을 통해 다음과 같이 설교를 전개해 나갈 수 있을 것이다(**참고용**).

본문은 베드로가 주님을 향하여 비난성 저지의 발언을 하며 막아선 상황을 나타낸다. 에피티만(ἐπιτιμᾶν)은 "존경하다, 경의를 표하다, 영예를 주다"는 뜻을 가지고 있으며, 또는 "…의 값을 올리다"라든가 "비난하다, 견책하다, 벌하다" 등의 의미를 나타내기도 한다. 그리고 히브리어 가알(1605, גָּעַר; 비난하다, 꾸짖다)의 역어로 사용되었다. 이 단어는 강한 충고나 행동을 통해서 어떤 사람이나 사람들을 저지, 좌절시키는 것을 나타낸다. 그러나 구체적인 처벌에 대한 가혹한 요구의 의미로 쓰이지는 않는다.

주님은 어떤 상황에서도 사람의 생각으로 판단하고 결정하는 것을 책망하신다. 수제자로 불리는 베드로도 예외가 아니다. 오늘날 우리 모습도 주님처럼 신앙고백 후에 십자가로 나아가지 않고, 모두 베드로처럼 절대 그럴 수 없다는 식의 사람 생각으로 나아가는 경우가 많다. 모두 주님으로부터 "사단아, 내 뒤로 물러가라!"는 책망을 받을 수준이다. 이런 식의 신앙 생활하는 신자들에게 주님은 대적이 되실 수밖에 없다.

주님은 베드로에게 "사단아, 물러가라 너는 나를 넘어지게 하는 자라"고 질책하셨다. 주님은 그런 사단을 물리쳐 무엇을 어떻게 하려는 것일까? 고난과 죽음의 십자가를 지는 길로 가시겠다는 이야기다. 하지만 대다수의 신자들이 그 길은 싫다고 아우성친다.

히브리서 기자는 주님이 하나님의 아들이실지라도 고난을 통하여 순종을 배웠다고 말씀한다(히 5:8). 그 길이 아버지가 맡기신 사명을 온전하게 이루는 길이요, 그로 인한 죽음의 과정을 통과해야만 도달할 수 있는 부활의 승리가 주어지기 때문이다. 바울은 날마다 자신은 죽노라고 선언하며, 어찌하든지 주의 부활에 동참하기 위한 소망과 몸부림이 있었다. 우리가 회개해야 할 것은 주님이 걸어가셨고, 바울이 걸어갔던 그 길을 정작 우리는 외면하고 있다는 사실이다. 주님은 이어 말씀하셨다. "누구든지 나를 따르려거든 자기를 부인하고 자기 십자가를 지고 나를 따르라"(마 16:24)고 말이다.

모든 사람 앞에서 "과연 하나님의 아들"이라는 영광을 얻는 것은 하늘로부터 저절로 떨어지는 감 같은 것이 아니라, 각자 자기 안에서 자기의 것으로 만들어내야 하는 고난을 통과해야만 얻어지는 것임을 잊지 말아야 한다. 죽음까지 통과해야 비로소 부활의 승리가 주어진다. 이런 과정은 존재 자체, 내용 자체의 어떤 완성을 목적으로 하기 때문에 고난이 필수적이다. 따라서 나로 하여금 주를 따라가는 그 길에 방해하는 육신적인 생각이나 편안을 추구하는 모든 욕망(옛사람, 여전히 신자 안에 도사리고 있는 부패성)에 대해 단호하게 "사단아, 물러가라! 너는 나를 넘어지게 하는 자라"고 물리쳐야 한다.

신자가 현실 속에서 자기에게 주어진 문제에 대해 시원한 답을 찾지 못하는 이유가 무엇일까? 그 답이 죽음을 통과해야만 얻을 수 있는 답들이 많기 때문일 것이다. 주님은 우리로 하여금 그 답을 얻을 수 있도록 죽음으로 내 모는 경우가 있는데, '그때' 우리가 그 죽음을 거부하며 답만 요구하는 형국이다. 바울은 이런 상황을 잘 깨닫고 우리에게 명쾌한 답을 제시했다 (고전 15:31-나는 날마다 죽노라). 다만 우리가 보고 싶지 않고, 알고 싶지 않기 때문에 안 보이고 안 들렸을 뿐이다. 사람은 자기가 듣고 싶은 것만 듣고, 보고 싶은 것만 보는 습성이 있다는 것은 이미 밝혀진 사실이 아닌가.

> "성령이 친히 우리 영으로 더불어 우리가 하나님의 자녀인 것을 증거 하시나니 (17)자녀이면 또한 후사 곧 하나님의 후사요 그리스도와 함께 한 후사니 우리가 그와 함께 영광을 받기 위하여 고난도 함께 받아야 될 것이니라. (18)생각건대 현재의 고난은 장차 우리에게 나타날 영광과 족히 비교할 수 없도다."(롬 8:16-18)

우리가 이 길을 걷는 데 있어서 우리에게 돕는 배필이 있으니, 바로 우리 안에서 탄식하며 간구하시는 성령이시다(롬 8:26). 우리가 돌아봐도 신이 사람을 위해 간구하는 종교는 기독교밖에 없다. 대부분의 종교들이 사람이 신을 향해 도움을 구하는 기도가 전부 아닌가? 우리가 갈 바를 알지 못하고 무엇을 구하며, 어떻게 신앙 생활하는 것이 가장 하나님을 기쁘시게 하며, 자기에게도 영광이 되는지 모르기 때문에 신(성령)이 친히 간구함으로 돕는 것이다. 성령께서는 어떤 기도를 하실까?

"이같이 성령도 우리 연약함을 도우시나니 우리가 마땅히 빌 바를 알지 못하나 오직 성령이 말할 수 없는 탄식으로 우리를 위하여 친히 간구하시느니라. (27)마음을 감찰하시는 이가 성령의 생각을 아시나니 이는 성령이 하나님의 뜻대로 성도를 위하여 간구하심이니라 (28)우리가 알거니와 하나님을 사랑하는 자 곧 그 뜻대로 부르심을 입은 자들에게는 모든 것이 합력하여 선을 이루느니라."(롬 8:26-28)

기독교는 이런 면에서 참으로 신비의 종교다. 약속하시고 우리에게 믿음으로 인내하며 기다리라고 하신다. 그 기다림 속에는 우리의 인내와 연단이 필요한 고난이 따름을 예고하고 있다. 다만 확실한 근거를 제시한 것은, 하나님은 신실하시고 선하시며 능하시다는 것을 보이셨다. 그 증거가 예수 그리스도이시다. 그 예수님을 우리가 믿고 영접한 이상 고난을 받으며 못 기다릴 이유가 없다는 것이 성경의 가르침이다. 예수님을 보면 하나님이 누구 편이지 모르겠느냐는 이야기다. 그렇기 때문에 하나님이 정하신 목표에 이르도록 하기 위한 주님의 섭리를 거부하며, 간단하고 편리한 것으로 대체하려는 신앙은 용납할 수 없다는 것이 하나님의 마음이다. 인간이 간단하고 쉬운 것으로 대체하는 것이 모두 세상 것이요, 육신적이요, 마귀적인 것이니 어찌 허락할 수 있겠는가.

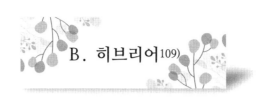

B. 히브리어[109]

본서는 히브리어 문법을 정리하는 것이 목적이 아니다. 원어 해석을 돕는 차원에서 최대한 즉시 활용할 수 있는 팁을 제공하고자 한다. 그러므로 아주 간단하고 요약적이다. 좀 더 세부적이고 자세한 문법을 필요로 하는 부분은 별도로 공부해야 한다. 현재 출판되는 원어 책이나 프로그램에는 이미 문법분해를 통해 각종 품사에 대해 모두 분석해 놓았으므로, 그것을 구별하기 위한 문법을 따로 공부할 필요는 없다. 실질적인 원어 문장을 해석하기 위한 구문론이 더 필요하다.

1. 전치사

히브리어는 전치사의 언어라고 해도 과언이 아닐 만큼 많은 전치사가 있다. 히브리어의 전치사 기능은 영어 전치사의 기능과 '거의' 같다. 전치사들은 단어와 단어의 다양한 관계성을 설명하기 위해 사용된다.

1) 접두 전치사

בְּ   in, by, with(⋯안에, ⋯에 의해, ⋯에, ⋯가지고, ⋯말미암아)

כְּ   as, like, according to(⋯처럼, ⋯에 따라서)

לְ   to, at, for(⋯향하여, ⋯위하여, ⋯에게, ⋯로, ⋯속한)

---

109) 헬라어와 마찬가지로 히브리어 문법 역시 이 책에서 추천한 여러 책들을 종합하여 필요한 부분을 요약했다.

מִן from(…로부터), …보다 더(비교급으로 쓰일 때)

▸ מִן은 접두 혹은 마켙(-) 전치사로 모두 쓰인다.

▸ 접두로 쓰인 경우; 창 3:23…

▸ 마켙 전치사로 쓰인 경우; 창 2:7…

2) 독립전치사

עַם(5973)   with(…함께)

בֵּין(996)   between(…사이에)

תַּחַת(8478)   under(…아래, …대신에)

אַחַר(310)   behind(…뒤에, …후에)

בְּלִי(1097)   without(…없이)

נֶגֶד(5048)   opposite(…반대하여, 반대편, 대면하여)

3) 마켙(-) 전치사

이런 스타일의 전치사는 항상 마켙(-)이라 불리는 표시가 뒤따르는 목적어와 연결되어 쓰인다.

עַל-(5921)   upon(…위에), against(…에 대해)

אֶל-(אֵל, 413) to(…향하여, …곁에, …에게)

עַד-(5704)   until(…까지)

4) 불분리 전치사 מִן이 접두 전치사와 모양은 같으나 전치사로 쓰이지 않고 특별하게 쓰이는 예.

(1) 비교급에 사용(…보다 더, …에게 너무 …하다)

לְךָ מֵהֶם   "그들보다 너를"(창 19:9)

(2) 최상급에 사용(가장 …하다)

מִן + כֹל 의 경우(창 3:1)

(3) 전체 중 일부를 나타내는 용법(…의 일부, …중 몇몇)

מִפְּרִי "열매의 일부"(창 3:2; 참고. 3:22)

2. 형용사

형용사는 문장에서 적어도 두 가지 기능을 한다. 명사의 상태를 설명하는 기능과 동사와 비슷한 서술어로서의 기능이다.

종류	내 용	위 치
한정형용사	* 명사 뒤에 위치 * 명사와 성·수 일치 * 관사의 일치 * '…는'으로 해석	형용사+명사
서술형용사	* 명사 앞에 위치 * 명사와 성·수 일치 * 관사 불필요 * '…는 …이다'로 해석	명사+형용사
독립형용사	* 형용사 앞과 뒤에 수식 또는 서술하고자 하는 것이 없을 경우 * '…하는 사람', '…하는 것'으로 해석	형용사

히브리어 형용사는 수식하는 명사와 성, 수가 일치해야 한다. 복수 형태를 가진 형용사는 번역할 때 단수로 번역한다. 형용사의 수(단수/복수)에 따라 번역이 달라지지 않는다.

3. 관사

히브리어에는 정관사만 있다. 그 역할은 다음과 같다.

1) **정관사는 집단에 속한 개인을 한정한다**(고유명사 제외).
2) **정관사는 한 종류 전체를 제시한다.**
3) **호격의 대용으로 사용된다.**
   말하는 사람이 어떤 사람의 말을 인용할 때 쓰며, 그 사람이나 직위 앞에 관사를 붙여서 사용하는 용법이다(삼상 10:24).
4) **최상급으로 사용된다**(창 16:16).

※ **정관사와 형용사의 관계**
   기본적으로 형용사는 관사를 가질 수 없다. 그러나 다음의 경우는 예외다.
   ① 한정형용사는 명사가 관사를 가지면 형용사도 관사를 취한다.
   ② 독립형용사가 명사화된 경우 관사를 취한다.
   ③ 형용사에 관사가 접두 되면 최상급으로 사용된다.

4. 대명사

1) 인칭대명사; 히브리어 문장에서 인칭대명사의 사용은 거의 **강조의미로** 사용된다.

(1) 주격을 강조할 때(욥 5:8上)
(2) 장엄한 약속의 표시(왕상 2:18)

2) 의문대명사; 질문할 때 쓰이는 대명사로 종류가 다양하다.
(1) 의문사 ㄷ로 시작하는 의문문; 가장 일반적인 의문사의 형

태로 정관사와 구분하라.

(2) 사람을 묻는 의문대명사; מִי(4310) (대상 17:16; 렘 9:11)

(3) 사물을 묻는 대명사; מַה(4100) (삿 14:18; 삼하 1:4; 왕상
9:13; 시 8:5)

(4) 형용사 앞에서 감탄사의 의미를 가지는 의문대명사; מָה(시
133:1)

(5) 의문대명사를 강조하기 위해 지시사(2088, זֶה) 또는 זֹאת
(2063)가 함께 오기도 하며, "과연", "도대체"의 의미를 가
진다(시 24:8; 욘 1:10).

3) 기타

(1) 언제(4970, מָתַי), (2) 어디서(375, אֵיפֹה), (3) 어떻게(349, אֵיךְ)

5. 명사

명사에는 연계형(지배당하는 명사)과 절대형(지배하는 명사)이
있다. 연계형은 절대형에 연계되어 소유의 표시(속격 관계)로
쓰인다. "…의 하나님"처럼 쓰인다. 히브리어 명사에는 4종류의
수가 있는데, 단수, 복수(셋 이상), 쌍수(둘), 존엄의 복수 등이
다. 쌍수는 보편적으로 짝을 이루는 것들, 예를 들면 눈, 귀,
손, 발 등을 표현할 때 쓰이고, 존엄의 복수는 오직 한 단어
하나님(430, אֱלֹהִים)을 나타낼 때 쓰인다. 이 단어가 "문장의 주
어"일 때, 동사에 따라서 이 단어의 '수'가 결정된다. 즉 문장
에서 동사가 단수이면 이 단어는 단수이고, 고유명사인 "하나
님"으로 번역된다. 그러나 동사가 복수이면 "신들" 곧 "우상들"
로 번역된다는 뜻이다. 그러므로 אֱלֹהִים(엘로힘)은 형태는 존엄
의 복수 형태지만 동사에 따라서 단수 고유명사인 하나님과 또
는 일반명사로 취급한다.

또 히브리어에는 "가지고 있다"(have)는 동사가 따로 존재하지 않는다. 소유를 표현하기 위해 לְ יֵשׁ(…에게 있다, …가 가지고 있다)를 사용하고, 무소유를 표현하기 위해서는 לְ אֵין(…에게 없다, …가 가지고 있지 않다)를 사용한다.

1) 성(性)

히브리어 명사의 성은 남성과 여성만 존재한다("공성"이란 표현이 나오는데, 이는 남성과 여성에 따라서 형태변화가 일어나지 않는다는 의미다. 즉 이 공통의 형태는 남성 또는 여성 복수 명사를 모두 수식할 수 있다는 의미다). 생물인 경우는 자연스럽게 성이 결정되지만, 무생물인 경우 남성은 대체로 남성을 느끼게 하는 것들로 이루어지고(예; 태양, 산 등), 여성은 생산적 산물이나 다산의 의미를 가지는 것들이다(땅, 칼, 불, 영혼, 영/바람 등).

2) 고대 목적격 어미 הָ

(1) 동사 여성 단수 어미로 쓰인다(렘 9:11; 119:167).
(2) 방향 또는 움직임의 표시로 쓰인다(전치사 אֶל(413)의 의미와 거의 비슷하다).
(3) 명사 여성 단수 어미로 쓰인다.
(4) 미완료에서 유사하게 연장된 명령형 형태를 가진다(시 86:2).
(5) 화자의 소원을 말하는 방법으로 1인칭 단수와 복수에 접미된다(단 9:19).
* 아무런 의미가 없는 הָ는 הָ 파라고기쿰(paragogicum)이라고 부른다.

3) 히브리어 명사 כֹּל(3605)의 사용

명사 כֹּל 다음에 명사가 오면서 명사결합구조로 사용될 때, כֹּל의 의미는 크게 두 가지로 나타난다.

(1) כֹּל 다음에 비한정명사가 올 경우 보통 each, every의 뜻으로 사용된다(시 145:2).
(2) כֹּל 다음에 한정명사가 올 경우 보통 all, the whole의 뜻으로 사용된다(삿 9:45).

4) 지시(형용, 대명)사

히브리어 지시대명사는 형용사와 같은 기능으로 사용되는데, 자신이 수식하는 명사 뒤에 나온다. 이때 지시형용사는 자신이 수식하는 명사의 성, 수, 관사까지 일치해야 한다. 그러나 **지시대명사**는 성, 수는 일치해야 하지만 관사를 갖지 않는다.

5) 관계대명사

히브리어의 관계대명사는 아쉐르(834, אֲשֶׁר)이다. 관계대명사는 성과 수에 따라 형태가 변화하지 않는다. 아쉐르는 שֶׁ(단축형)로 쓰이기도 한다.

6) 의문사 הֲ

히브리어에는 의문대명사(4310, מִי; 사람에 대한 의문대명사 /4100, מָה; 사물에 대한 의문대명사) 외에 의문문을 만드는 접두사 הֲ가 있다(창 3:11). 히브리어를 읽을 때 의문사 הֲ와 정관사 הַ를 혼동할 수 있는데 그 혼란을 피하기 위해 다음의 규칙을 익히면 도움이 된다.

(1) 정관사가 오면 정관사를 가진 첫 단어의 첫 번째 문자는

중복점을 가지는데, 의문사가 오는 경우는 중복점이 오지 않는다.

(2) 의문사는 동사 앞에 또는 다른 접두사 앞에 나오는 경우가 많이 있다. 그러나 정관사는 동사 앞이나 다른 접두사 앞에는 오지 않는다.

(3) 의문사의 모음부호는 대부분의 자음 앞에서 하텝 파다(ֲ)이지만 정관사의 모음부호는 하텝 파다가 되는 경우는 없다.

7) 독립 인칭대명사

히브리어는 헬라어와 마찬가지로 단어 하나로 주어와 동사 모두를 표현할 수 있다. 그러나 성경의 저자가 주어를 강조하고 싶을 때는 동사 앞에 독립 인칭대명사를 두어 주어를 강조한다. 이같이 독립 인칭대명사는 문맥상 필요 없지만, 동사의 주체를 강조하는 데 도움이 된다. 레위기 17:11에서와 같이 속죄의 주체가 누구인지를 분명히 밝힐 때 쓰였다. 하나님 자신이 속죄를 위한 주체가 되심을 드러내실 때 사용하신 방법이다. 하나님은 은혜를 보여주시는 데 있어서 용서하실 뿐만 아니라 그를 위한 수단 방법까지도 주신다.

인칭대명사가 문법적으로 중요하지 않게 보일지 모르지만, 신학적 핵심을 지지하기 위해 사용되었다.[110] "하나님 외에는 다른 신은 없다"는 중요한 신학적 진리를 세우는 일에 독립 인칭대명사가 요긴하게 쓰이고 있음을 알 수 있다.

6. 동사

동사는 움직임을 묘사하는 것이 기본이다. 주어가 어떻게 할 것이라는 방향과 목적을 나타낸다. 동사가 항상 동사 자체가

---

110) 신 4:35; 왕상 18:39; 사 46:1-4.

스스로 움직이는 상태를 표현하는 것 같지만, 동사는 명백하게 자율적이고 독립적이지는 않다. 오히려 항상 주어에 의존해 있다. 히브리어 동사는 거의 인칭대명사를 사용하지 않으며, 동사가 인칭 자체를 함께 표현하는 경우가 대부분이다. 히브리어 문장에서는 필요한 경우를 제외하고 주어가 동사 속에 포함된다.

1) 자동사와 타동사

'**동작 동사**'에는 자동사와 타동사가 있는데, 자동사는 동작이나 작용이 주어 자신에게만 미치고 다른 사물에 미치지 않는 동사(바람이 분다)이고, 타동사는 동작이 주어에만 그치지 않고 다른 사물에 영향을 끼치거나 목적어가 있어야만 움직임을 나타낼 수 있는 동사다(그가 운동을 한다). 이에 비해 '**상태 동사**'는 동작 동사가 움직임을 표현하는 데 반해, 멈추어져 있는 정적인 상태를 묘사한다(무겁다, 작다 등). 따라서 상태 동사는 자동사에 가깝다고 말할 수 있다.

문장 안에서 동사는 주어의 동작, 행위 그리고 상황의 시제를 표현한다.[111] 동작을 설명하기 위한 변화는 주어 자체가 변하기보다는 주어가 행하는 다양한 동작을 표현하는 것이다. 이를 나타내기 위한 것이 소위 강동사의 변화를 나타내는 도표이다.

2) 히브리어 동사의 기능

---

[111] 사실 엄격히 말하면 히브리어는 '시제'라고 말하기 어렵다. 왜냐면 시제는 주어가 동작하는 시간에 따른 분류이기 때문이다. 과거에는 과거-현재-미래라는 삼분법으로 히브리어를 분석하려고 했기 때문에 시제라고 부르지만, 실제 히브리어에서는 완전히 이질적인 요소다. 히브리어 동사는 시간이 아니라 오직 동작에 집중하며 그것이 끝났는가(완료) 아닌가(미완료)의 관점에서 사건을 표현하기 때문이다. 완료에서는 **사건**에 흥미를 더 많이 제시하기 때문에 인물은 **뒤로** 가며, 미완료에서는 앞으로 **누가** 사건을 전개하는가에 관심을 두기 때문에 인칭과 행위의 접두어가 **앞에** 온다.

(1) 동사가 그 자체로 성과 시제를 가지고 있다. 히브리어는 시간의 표현보다는 행위의 표현을 제시하기 때문에, 간단하게 두 가지의 시제로 표시한다(완료와 미완료).

(2) 주어의 변화를 시제와 인칭의 변화로 설명할 뿐만 아니라 또한 동작으로 설명할 수 있어야 한다. 히브리어는 각 동작마다 자체적으로 이름을 가지고 있다. 단순형인 칼(Qal)을 기점으로 모든 동작 동사가 파생된다. 칼동사는 완료남성3인칭단수를 기본으로 한다. 이를 이해하기 쉽게 도표로 설명하려고 한다.

	완료(Perfect)	미완료(Imperfect)
인칭대명사 조사 위치	접미	접두/접미
중요 포인트	* 완료된 행위가 중요. * 인칭어미가 뒤(접미)	* 동작하는 사람이 중요 (행위 미완성) * 인칭어미가 앞(접두)
사 용	* 발생한 것이 끝난 일 (과거) * 실현된 일 * 완료된 일 * 아직 성취되지 않았지만 이미 성취된 것으로 간주할 때 (예언의 경우)	* 시작은 했지만 끝나지 않은 일(계속) * 발생하기 위한 과정 (미래) * 반복적으로 일어나는 일(습관적임) * 과거로부터 계속되는 일

특별히 히필 사역형에 대해 용법을 알아보면 다음과 같다.

① 히필은 칼의 사역형으로 쓰인다.

② 칼형에서 타동사의 의미는 히필에서 '두 개의 목적어'(직/간
접)를 취하게 한다.
③ 히필은 어떤 것을 하도록 '허용'하는 것을 의미한다.
④ 어떤 상태나 성질의 변화를 표현한다. 이것은 동작을 통하
여 관념을 표현하는 것을 의미한다. 이를 '내적인 변화를
가져오는 타동사적 히필'이라고 부른다.
　가. 구체적인 또는 추상적인 어떤 특성을 얻거나 받는 것을
　　　표현하는 경우
　나. 어떤 상태가 되고 그 상태를 유지할 경우
　다. 어떤 특정한 방향으로 행동을 표현하는 경우
　라. 어떤 사물을 낳거나 산출하는 의미로서 여기서는 본래적
　　　인 사역형으로 간주될 수 있는 많은 히필형 명사의 파생
　　　도 포함된다.

동작 동사(강동사)의 변화

분류	동작	이름	한글번역	설 명
단순형	능동	칼 (Q)	(완)그가 죽였다 (미)그가 죽일 것이다	일반적으로 가벼운 동사라고 불린다
	수동재귀	니팔 (N)	(완)그가 죽임을 당했다 (미)그가 죽임을 당할 것이다 (재)그가 자살했다(할 것이다)	주로 칼동사의 수동태로 쓰인다.
강조형	능동	피엘 (Pi)	(완)그가 분명히 죽였다 (미)그가 분명히 죽일 것이다	자동사의 타동사적 의미나 강조를 나타낸다.
	수동	푸알 (Pu)	(완)그는 분명히 죽임을 당했다 (미)그는 분명히 죽임을 당할 것이다	피엘 동사의 수동태로 쓰인다.
	재귀	히트파엘 (Ht)	(완)그는 분명히 자살했다 (미)그는 분명히 자살할 것이다	피엘 동사의 재귀적 또는 상호적 의미를 표현한다.
사역	능동	히필(Hi)	(완)그가 죽이도록 시켰다 (미)그가 죽이도록 시킬 것이다	사역적인 의미를 나타낸다.

| 형 | 수 동 | 호팔(Ho) | (완)그는 죽이도록 시킴을 받았다
(미)그는 죽이도록 시킴을 받을 거다 | 히필 동사의 수동 태로 쓰인다. |

3) 완료와 미완료의 용법

(1) 완료[112]형의 용법

① 이미 완료된 동작, 즉 과거시제 또는 현재완료시제를 나타 낸다(렘 36:17).
② 과거 시점에서 볼 때 이미 완료된 동작 즉 대과거 시제를 나타낼 수 있다(창 2:3, 창조가 안식보다 이전에 이루어진 동작 을 나타낸다).
③ 동사가 어떤 육체적, 정신적 상황을 표현할 때 완료형으로 현재를 나타내기도 한다(삼상 8:5).
④ 말하다, 주다, 축복하다(피엘), 맹세하다(니팔) 등의 완료형 은 문맥에 따라 현재 실행되고 있는 동작을 나타낼 수 있 다. 이때 "지금 이 순간에 …한다."라는 의미를 포함한다(사 7:7).
⑤ 드물지만 완료형이 미래시제를 표현하기도 한다. 이것은 주 로 미래에 대한 확신을 표현하는 문장이나 예언적 표현에 서 나타나며, 앞으로 일어날 일이지만 확신과 예언 속에서 이미 이루어진 일처럼 간주될 때 사용된다(민 17:27; 에 4:16).

---

112) 완료형은 완료된 동작을 표현하거나 존재의 상태를 표현하는데 사 용된다. 완료된 동작(실제로 완료된 것이든 또는 화자의 생각 속에서 든)을 설명할 때를 나타낸다. 히브리어 완료는 시제(행위의 시간)를 강조하지 않는다. 히브리어는 동사가 시도하는 행위의 상태(행동의 타 입)를 표현한다. 완료 시상은 화자나 저자가 자신의 생각 속에서 구상 하는 결론을 가지고 주어의 행위를 설명한다.

⑥ 간혹 완료형은 소원을 표현하는 문장에서 미래시제를 나타
낸다(삼상 24:16).

(2) 미완료113)형의 용법

① 칼미완료3인칭남성단수는 현재 또는 가까운 미래로 번역한
다.
② 미완료는 감정이나 의지를 표현할 수 있다. 그 때문에 미완
료 번역시 종종 조동사를 사용하여 소원, 의지, 금지 등을
표현한다.
③ 미래의 의미를 나타낸다(겔 20:33).
④ 반복, 습관, 계속 진행하는 진리 등을 표현한다(삼상 1:7).
⑤ 과거 시점에서 아직 이루어지지 않은 동작이나 미래의 동
작을 표현할 수 있다(창 2:5).
⑥ 일반적인 진리를 표현할 때 미완료가 사용될 수 있다(잠
10:14).
⑦ 명령의 의미를 전달할 때 미완료형이 사용되기도 한다(창
17:9).

히브리어 동사는 미완료 시제에서 일종의 법(Mood)을 표현한
다.

① 직설법; 일반적인 미완료 표현(삼상 2:9)
② 의지표현법; 1인칭 화자가 의지나 소원을 표현(시 119:44)
③ 명령법; 2인칭에 대한 직접적인 지시를 표현(수 22:5)
④ 간접명령법; 3인칭에 대한 간접명령을 표현(겔 43:11)

---

113) 미완료시상은 완료되지 않은 행위를 설명하는 데 사용한다. 히브리
어 미완료시상은 과거든 현재든 습관적이거나 반복적인 행동을 설명
할 때 사용한다.

* 히브리어 명령법에는 긍정명령과 부정명령이 있는데, 부정명 령을 표현할 때는 그 의도나 뉘앙스를 따라 두 가지로 나누 어질 수 있다. 미완료 일반형 동사 앞에 לֹא(3808)를 쓰면 '항구적인 금지'를 나타내며(창 3:3), 미완료 단축형 동사 앞 에 אַל(408)을 쓰면 '일시적인 금지'를 표현하게 된다(출 12:9).

5) 칼 동사의 단축형과 연장형

(1) 단축형

① 단축 미완료형(jussive)은 화자가 2인칭과 3인칭의 동작에 대한 소원, 바램, 부탁, 명령을 표현할 때 사용되며, 일반적 인 명령형보다 더 부드러운 희구형이다(Let…, May…).
② 단축형은 미완료형 끝음절을 날카롭게 빨리하여 "절박한 소원"을 나타낸다.
③ 명령의 부정, 즉 금지에는 단축형을 사용한다. 부정어는 לֹא 가 아닌 אַל을 사용한다. 이때 부정어 אַל이 미완료와 함께 쓰면 구체적이며 즉각적인 금지를 표현한다.
④ 강한 부정이나 신적 금지에는 לֹא를 사용한다. 부정어 לֹא는 미완료 앞에 썼을 경우 절대적인 혹은 영원한 금지를 나타 낸다.

(2) 연장형

① 연장미완료형(cohortative)은 1인칭 화자 자신의 동작에 대 한 의지나 소원을 나타내는 청유형으로 일반 미완료형과는

달리 ㄱ, 접미어를 가진다. 욕망, 의향, 결심, 청원 등을 나타낸다. "…하겠습니다. …합시다"로 번역한다.

② 연장형은 말을 길게 끌어서 "마음이나 행동의 방향"을 나타낸다.

* 강세명령형은 2인칭 명령형이 때때로 '의지 접미어 ㄱ, (volitive)'와 함께 오며, 이 형태가 주로 동사의 동작이 1인칭 화자 자신에게 어떤 영향을 미칠 때 사용된다. 강한 명령을 구성한다.

7. 분사

분사는 형용사와 같이 명사를 수식하거나 문장의 서술어로 사용될 수 있다. 분사의 성과 수는 명사의 성과 수에 일치하며, 명사에 정관사가 오면 분사에도 정관사가 온다. 이때 분사는 <u>항상</u> 명사 뒤에 온다(형용사적 용법). 반면에 서술적 용법에서는 분사의 성과 수가 명사의 성과 수에 일치하는 것 같지만, 명사에 정관사가 오더라도 분사에는 정관사가 오지 않는다. 이때 분사는 <u>주로</u> 명사 뒤에 온다. 분사가 독립적으로 쓰일 때는 형용사와 마찬가지로 명사처럼 쓰이기도 한다. 분사의 용법은 형용사를 참고하라.

1) 분사의 용법

(1) 분사는 동사적 형용사로서 동사와 형용사 모두의 성질을 가지고 있다.

(2) 능동 분사는 동작의 연속적인 사건을 말한다(창 28:12; 사 6:1).

(3) 시제는 문맥에서 정해진다. 분사는 과거, 현재, 미래에서의 사건의 상태를 나타낼 수 있다.[114]

(4) 분사는 종종 닥쳐올 미래에 사용된다(going to, about to).

(5) 많은 경우에 분사는 분명하지 않은 주어를 나타낼 때 쓰인다(사 21:11).

8. 부정사

부정사는 말 그대로 인칭과 성과 수가 정해지지 않은 동사이다. 히브리어 동사의 부정사는 동사와 명사의 중간 기능을 한다. 즉 동사적 성질을 띤 명사라 할 수 있다. 부정사는 절대형과 연계형의 두 가지로 쓰인다. 두 가지 용법에 대해 알아보자. 일반형은 부정사 연계형에 ְל를 붙여서 사용한다. 이는 영어의 to 부정사와 같은 의미와 용법을 가진다.

1) 부정사 절대형(강조형)

(1) 부정사 절대형은 주로 일반 동사 **앞에** 사용되어 **동사를 강조**하며 "정말로, 반드시, 정녕, 기필코"라는 의미를 표현한다(출 19:5; 21:5; 왕하 1:6).

(2) 부정사 절대형이 동사 **뒤에** 올 때 문맥에 따라 **동작의 계속** 또는 **동시 동작**을 표현한다(출 22:17; 삿 14:9; 삼하 15:30).

(3) 부정사 절대형 단독으로도 명령의 의미를 표현할 수 있다 (출 13:3; 신 5:12).

(4) 부정사 절대형이 드물게 완료형이나 미완료형 대신에 사용

---

114) 과거=삼상 3:8; 창 25:28; 현재=삼상 28:14; 전 1:4; 미래=삼상 3:11; 창 18:17.

되기도 한다(상보적 기능이라고 불린다. 창 41:43; 민 13:35).
(5) 부정사 절대형은 부정사 연계형과 마찬가지로 명사처럼 사용될 수도 있다.

2) 부정사 연계형(명령형과 같다)[115]
히브리어 연계형의 부정사는 영어의 동명사 개념(…ing)으로 이해하면 무난하다.

(1) 부정사 연계형은 명사처럼 문장의 주어나 목적어로 올 수 있다(시 132:1).
(2) 전치사 לְ와 함께 목적(…을 위해, …위한, …하도록)의 의미를 나타낸다(대하 3:3). 목적을 표시하며 부사적인 용법으로 쓰인다.
(3) 전치사 לְ와 함께 "…하면서"의 의미로 사용할 수 있다(창 1:22). 바로 취할 동작(곧, "막")을 표현하기도 한다(창 15:12; 수 2:5).
(4) 전치사 בְּ 또는 כְּ와 함께 시간(…할 때, …동안)을 나타내는 부사절을 만들기도 한다(삼상 13:10; 14:27; 사 55:6).
(5) 부정사 연계형의 부정어는 "…않도록, …말라고, …않으면서"이다(부정어 אַל과 לֹא를 사용하지 않고 빌티(1115, בִּלְתִּי를 쓴다).
(6) 부정사 연계형은 다른 전치사들과도 어울려 사용할 수 있다.

---

115) 불분리 전치사 בְּ, כְּ 그리고 לְ는 단순 부정사(연계형 부정사) 앞에 붙기도 한다. 그러나 보통 לְ를 동반한 단순 부정사는 목적이나 결과를 표현할 때 쓰인다. 그리고 단순 부정사 앞에 오는 불분리 전치사 בְּ, כְּ 는 시간의 의미를 살려 "…할 때, …하는 동안"으로 번역한다. 동사의 패턴 중에서 전치사가 붙는 것은 단순 부정사밖에 없다. 따라서 동사형에 전치사가 붙었다면 단순부정사임을 알 수 있다.

(7) 인칭대명사 소유격접미어가 부정사 연계형과 결합된 경우
　　인칭대명사 소유격은 문맥에 따라 주어 또는 목적어로 사
　　용된다.
(8) 동사(시작하다, 계속하다, 그치다)의 의미를 보충한다.

9. 바브(Waw) 연속접속사

히브리어 문법 중에 대표적인 것 중에 하나가 바브(Waw) 연
속법이다. 바브 연속법은 주로 **이야기체**에서 연속적으로 나타
나는 동작 동사들이 바브 접속사를 통해 연결되는 표현법을 말
한다. 미완료에 바브 접속사가 함께 쓰일 경우에는 모두 과거
시제(혹은 현재완료)를 표현한다.116) 반대로 완료에 바브 접속사
가 함께 쓰일 경우는 모두 미래시제를 표현한다.117) 다만 명령
형 다음에 완료 + 바브 접속사가 쓰일 경우에 명령의미를 표
현한다. 문장 내용에서 이야기가 연속성이 없을 경우에는 바브
접속사 연속법이 아니라 정상적인 시상으로 해석해야 한다.

히브리어 문장에서 동사가 두 개 이상 나타나는 경우(한 문장
에서든지 내용상 연결된 몇 개의 문장에서든지) 첫 동사가 완료로
나오면 그 다음 동사는 완료로 쓰지 않고 바브 + 미완료로 온
다. 이때 바브를 연속바브(Waw Consecutive)라고 부르는데, 연
속 바브가 붙은 미완료 동사는 **앞의 동사와 같은** 완료의 의미
로 사용된다. 다시 말해서 연속 바브를 통하여 앞의 완료가 계
속되는 것이며, 형태적으로는 미완료지만 의미적으로는 완료가

---

116) 바브 미완료는 주로 과거시제의 연속적인 이야기를 표현할 때 쓴다.
　　일련의 과거 사건은 완료 동사로 시작한 후 여러 개의 바브 미완료가
　　잇따르는 경우가 많다. 그러나 부정어를 동반한 동사는 이야기의 흐름
　　을 방해하는 탓에 바브 미완료를 더는 쓰지 않고 부정어를 잇는 완료
　　형을 쓴다.
117) 바브 완료는 미래 사건의 흐름을 표현할 때 쓰는데, 습관이나 지속
　　적인 동작을 나타내기도 한다.

되는 구문법이다. 반대로 문장에서 먼저 나오는 동사가 미완료나 그에 준하는 형태로 묘사되면, 다음 동사는 바브 + 완료로 표현한다. 이 경우에는 이 동사의 형태가 완료지만, 의미는 앞의 미완료나 그에 준하는 형태의 의미가 된다.

히브리어 접속사 וְ가 항상 "그리고"로 번역되는 것이 아니라는 사실은 원문을 자주 접하다 보면 자연스럽게 알게 된다. 히브리어 접속사는 연결과 분리라는 두 가지 속성을 갖는다. 연결형 바브는 주로 동사 앞에 붙어서 시간과 논리에 따라 절을 연결시킨다. 반면 분리형 바브는 동사 이외의 어구에 붙으면 연속성을 띠지 않는다. 분리형 바브의 용법은 4가지다.

1) **삽입**; 사건을 이해하는데 중요한 내용을 추가하기 위해 이야기 도중에 삽입된다(창 42:23).
2) **정황**; 주요 사건과 관계가 깊은 정황을 소개할 때 쓴다 (창 39:11). 보디발의 아내가 요셉을 유혹할 수 있었던 정황을 비중 있게 소개한다(וַיְהִי).
3) **대조**; "그러나"로 옮길 수 있는 대조적인 아이디어를 소개할 때도 바브를 붙인다(창 4:4-5).
4) **도입**; 사건 안에서 새로운 아이디어나 주제를 도입하거나 시작할 때 쓴다(창 3:1).

10. 접두 자음 מ

히브리어 알파벳 중에는 단어의 본래 어근이 아니지만, 그 단어 앞에 붙어서 일정한 역할을 하거나 새로운 단어를 형성케 하는 자음들이 있는데, 이들을 접두 자음이라고 말한다.

א; זְרֹעַ가 '팔'이란 뜻인데, א가 발음을 부드럽게 하기 위해서 쓰였다.

ה; 동사를 사역적인 의미로 표시하는 데 사용된다. 히필 동
사의 ה

נ; 동사를 수동적 의미로 표시하는 데 사용된다. 니팔 동사의
נ

שׁ; לֶהָבָה(3852)는 보통 '불꽃'이란 의미로 쓰는데 이것을
שַׁלְהֶבֶת로 쓴다.

ת; פְּאֵר(6287)는 '머리 장식'의 의미를 가지는 데 "영광"이란
의미로 '티프아라'나 '티프에레트'를 쓴다.

그러나 가장 폭넓게 쓰는 접두 자음이 מ이다. מ은 동사나 명
사의 앞부분에 붙으면서 특별한 역할을 한다.

① 동사에 사용되는 경우 מ은 분사를 만든다.
② 명사에 사용되는 경우 מ은 도구나 장소적인 개념의 명사
를 만든다.

11. 간략한 구문론의 이해

히브리어 평서문의 어순은 동사-주어-목적어가 일반적이다
(창 8:1; 37:5).

1) 동사 구문

동사 구문에서 동사는 대부분 문장의 첫머리에 온다(출 1:8;
시 96:1). 동사 부정은 부정어구 뒤에 동사가 온다.

(1) 동사가 부사 뒤에 오는 경우(출 18:11)
(2) 동사는 문맥이나 정황을 가리키는 어구 혹은 앞 절(구)과

연결되는 어구 뒤에 오는 경우(창 2:24)

(3) "보라"(הִנֵּה), 뒤에 동사가 오는 경우(대하 29:9)

(4) 바예히(וַיְהִי)로 시작하는 종속절 뒤에 동사가 올 수 있다(창 4:8).

(5) 동사가 부정어 뒤에 올 때(시 23:4)

(6) 인칭대명사 뒤에 올 경우(출 19:6)

(7) 동사가 다른 한정사나 문장 구조 뒤에 올 때(시 22:1)

2) 주어 구문

히브리어 문장에서는 주어를 밝히며 쓰지 않아도 된다. 그러나 주어를 쓸 경우엔 동사 뒤에 쓰는 경우가 일반적이다.

(1) 문장에서 동사는 구체적인 주어 바로 앞에 쓴다(창 3:4; 출 24:16).

(2) 동사가 주어 뒤에 올 때도 있다(창 6:8; 출 15:18).

3) 목적어 구문

(1) 간접목적어는 동사가 간접적으로 설명하는 대상(사람, 사물)이다. 대체로 전치사 לְ(…에게, …을 위해)나 אֶל(…에게, …을 위해)와 함께 쓰며, 직접목적어가 있을 경우 그 앞이나 뒤에 온다(신 5:1; 수 2:9).

(2) 직접목적어는 대체로 주어나 동사 다음에 쓰며, 간접목적어의 앞이나 뒤에 온다(창 1:1; 시 37:4).

(3) 동사는 목적어 다음에 오기도 한다(신 10:20; 전 3:17).

4) 부가절

절의 패턴은 매우 다양하지만, 흔히 볼 수 있는 유형은 다음과 같다.

(1) 원인절(3588, כִּי, 834, אֲשֶׁר)

사건의 원인을 일컫는다. 원인절은 대개 כִּי(왜냐면)이나 אֲשֶׁר(왜냐면)로 시작한다(창 43:5; 레 19:2).

(2) 목적절(834, אֲשֶׁר)

주어나 다른 절이 성취하거나 피하고픈 목표를 나타낸다. 목적절은 주로 לְמַעַן(…하기 위하여, …하도록), פֶּן ,פֶּן, (6435, …하지 않기 위해서)로 시작한다(창 11:4; 신 6:3).

(3) 결과절(3588, כִּי)

결과절은 어떤 원인으로 벌어지는 사건을 일으키며 연속형 바브나 כִּי(따라서)로 시작한다(출 3:11; 삼하 2:14-15).

(4) 양보절

양보절은 어떤 사건이 일어나지 않을 거라고 생각했으나 실제로는 그렇게 되어 버린 절을 말한다. 양보절은 אִם, גַּם, כִּי, וְ를 붙이며, 혹은 עַל을 붙이며, 모두 "…일지라도, …임에도"로 옮긴다(시 23:4).

(5) 조건절(518, אִם)

조건절은 귀결절과 짝을 이룬다(창 43:4-5; 44:22; 렘 51:53).

원어 문장 분석과 해석

1. 문장 분별법

단어는 그 자체의 개념을 설명한다. 그러나 하나의 문장은 단어 상호간의 관련성 속에서 주체와 그 주체가 어떻게 행동하고 어떤 상태에 있는가를 표현한다. 여기서 문장의 구성요소를 알아보자.

1) 문장의 구성요소[118]

주어		* 행위의 주체이며 문장의 주인공으로 가장 핵심적인 부분이다. * 모든 문장의 구성요소들이 이 주어를 향한다.
술어	동 사	* 주어를 설명하는 단어이며 주로 주어의 움직임을 나타낸다. * 주어의 변화에 따라서 동사의 형태도 변화한다.
	목적어	* 주어 행위의 목적을 제시한다. * 목적어는 거의 동사의 움직임과 지향점에 영향을 받는다.
	보 어	주어의 상태를 보충 설명한다.
	수식어	시간, 장소, 행위, 근거 등을 위해 넣는 단어이다.

118) 송연석, 영문법 무조건 따라 하기, 길벗, 2010, 22-23.

2) 육하원칙(5W1H)에 근거하여 문장에 쓰이는 구성요소들

누가/ 무엇이	주어
어떻게	* 동사 * 문장의 요소에서 많은 부분을 지칭할 수 있다. 즉 전치사구 또는 부사도 주어를 설명하는데 사용될 때 이 질문이 가능하다.
무엇을	목적어(직접목적어, 간접목적어, 목적격 보어)
언제	부사 또는 전치사구
어디서	부사 또는 전치사구
왜	전치사구 또는 원인과 결과를 제시하는 접속사

3) 품사의 설명

품 사	설 명
동 사	* 움직임을 표현하는 품사로서 주어에 따라 인칭이 변화한다. * 히브리어에서는 자체로 인칭과 시제를 가진다.
명 사	살아있는 것과 살아있지 않은 것 또는 추상적 개념을 표시하는 이름이며, 단어 자체에 자신의 특징을 가진다. 히브리어에서는 단수, 복수, 쌍수가 있다.
대명사	명사 대신 들어가 명사 역할을 하는 품사.
형용사	* 명사를 꾸미거나 서술하거나 또는 명사로서 변할 수 있는 가능성을 지닌 품사. * 히브리어에서는 형용사가 자기 규칙과 위치에 따라서 명사를 꾸미거나 서술한다.
부 사	* 움직임이 어떻게, 왜, 언제, 어디서를 꾸미는 작용을 한다. * 형용사, 다른 부사 등을 더욱 자세하게 표현하는 역할을 한다.

전치사	* 위치나 방향 그리고 원인과 결과를 나타낼 때 쓰는 품사다. * 전치사는 항상 단독으로 사용되지 않으며, 히브리어에서는 명사와 소유격어미와 결합하여 사용한다.
접속사	단어, 구, 절, 문장들을 서로 단순하게 연결하거나 또는 논리적으로 연결하는 품사
감탄사	감정을 표현하는 품사
한정사	명사의 범위를 한정해주는 품사
부정사	* 명사+동사의 성격을 가지고 있다. * 문장에서 명사로서 주어와 목적어를 또는 동사로서 문장에서 사용된다.
분 사	* 명사+동사+형용사의 성격을 가지고 있다. * 주로 형용사의 성격이 강하다. * 분사는 명사를 꾸미는 형용사처럼 사용하거나 관계대명사의 동사로 사용된다.

4) 문장 구조에 따른 분류

(1) 단문

한 문장은 주어와 술어로 단순하게 이루어진다. 이같이 단순한 문장을 단문이라고 부른다(창 1:1, 전치사구+주어+동사+목적어).

(2) 중문

두 개 이상의 단문이 대등접속사로 이어져 있는 문장을 말한다(창 1:2).

* 그리고 그 땅은 공허하고 황폐했다(단문).
* 그리고 어둠이 흑암의 깊음의 표면 위에 있었다(단문).
* 수면 위를 배회하는 하나님의 영이 있다(단문).

(3) 복문

주절과 종속절로 이루어져 있는 문장을 말한다. 이것은 중문과는 다르게 문장과 문장의 한쪽이 다른 절의 명사, 형용사, 부사에 상응하는 역할을 하여 종속되어 있는 절을 가진 문장이다. 따라서 종속절은 명사절, 형용사절, 부사절이 있다.

* 명사절; 접속사(That, if, whether 등), 의문사(who,   what 등), 관계사(what, whoever 등) 등이 이끄는 절로 문장에서 주어, 목적어, 보어 동격의 역할을 한다.
* 형용사절; 관계사(yhat, which, that, when 등)가 이끄는 절로서 문장에서 형용사의 역할을 하여 명사나 대명사를 수식한다.
* 부사절; 문장 안에서 부사의 역할을 하는 절로서 시간, 장소, 이유, 목적, 결과, 조건, 양보 등의 뜻을 나타낸다.

5) 주문장의 형식

문장의 5형식 방법을 식상하게 여기며 혁명적 방식이라고 해서 여러 가지 대안을 내놓는 이 시대에 의외로 고대 언어를 이해하는 데는 도움이 된다. 그래서 여기에 다시 정리해본다.

형식	동사의 종류		목적어	보어	문장의 형태
자동사	1형식	완전자동사	X	X	주어+완전자동사
	2형식	불완전자동사	X	○	주어+불완전자동사+보어
타동사	3형식	완전타동사	○	X	주어+완전타동사+목적어
	4형식	수여동사	○	X	주어+수여동사+간·목+직·목
	5형식	불완전타동사	○	○	주어+불완전타동사+목적어+목적보어

6) 히브리어 문장의 종류

히브리어 문장에는 동사 문장과 명사 문장 그리고 복합문장이 있다. 원어 성경을 해석하기 위해서는 반드시 필요한 것이 문법을 아는 것과 그 다음이 구문을 이해하는 것이다. 히브리어 문장을 이해하는 데 있어서 까다롭게 여기는 부분은 명사문장 곧 동사가 없이 명사로만 문장이 성립되는 경우이다.

(1) 동사 문장

동사 문장은 한 문장 안에 하나의 동사가 반드시 있는 경우다 (창 1:1,3-5). 이 문장은 "A는 B를 행하다"는 동작을 강조한다. 타동사가 있는 문장이라면 주어가 어떻게 동작하는가에 초점이 있고, 자동사인 경우는 주어가 처해있는 상황에 관심을 갖는다. 동사 문장은 동사를 통해 사건의 진행을 묘사한다.

(2) 명사 문장

명사 문장은 최소한 두 개의 명사 혹은 명사 그룹으로 만들어진다(창 1:2). 이 문장은 "A는 B이다"로 번역된다. 서술어가 be 동사와 보어로 제시되는 문장이다. 설혹 동사가 없을지라도 번역할 때, 거의 be 동사가 있는 것처럼 사용한다. 명사 문장은 주어의 상황과 배경을 설명한다.

(3) 복합문장

복합문장은 하나의 명사가 자체적으로 서술어를 포함한다. 문장 구조에서는 언제나 명사가 주어로써 그 문장의 선두에 위치한다(창 1:2上).

(4) 문장들의 차이점

문장의 종류	형 태	특 징
명사문장	술어가 명사	정적인 것, 어떤 상태, 어떤 존재, 고정적/지속적
동사문장	술어가 동사와 명사	동적이며 점진적인 것, 사건의 진행
복합문장	주어가 술어인 문장	주어를 묘사

　이제 직접 원어 문장을 펼쳐 놓고 직접 해석하는 자리로 나아가 보자. 이 훈련이 되지 않으면 원어로 설교하겠다는 취지 자체가 무색해지기 때문에 실로 중요한 일이라 하겠다.

1. 하나님의 긴 코

　본서 앞에서 히브리 사고방식을 다룰 때 이미 언급한 적이 있지만, 이곳에서 좀 더 자세하게 다룬다. 성경에서 하나님에 관한 경이로움은 하나님의 속성을 계시하는 것에 관한 이해가 따를 때이다. 하나님은 만물의 창조자(창 1:1-2:3; 사 45:6)이며, 그의 백성의 구속자(출 14장; 사 43:1)가 되신다는 것을 하나님의 백성이라면 모두 알고 있는 사실이다. 하나님의 사역은 측량할 수 없으며, 비유할 수 없는 능력의 소유자이시다. 그분의 속성에 대해 알 수 있는 다른 방법은 하나님의 영에 감동된 사람들의 진술을 통해 발견할 수 있다(출 15:11; 시 145:8).
　그러나 우리가 하나님의 속성에 대해 가장 확실하게 알수 있는 방법은 하나님께서 자신에 대해 스스로 말씀하신 진술을 통해 아는 것이다. 예를 들면, 나는 자비롭고(출 34:6), 은혜로우며(출 34:6), 거룩하다(레 11:45; 19:2)는 등의 표현이다. 이는 하나님의 속성 가운데 대표적인 몇 가지에 불과하다. 그런데 하나님에 관한 다음과 같은 표현에 대해 어떤 반응이 있을지 궁금한데, 어쩌면 놀라고 의아해할지도 모르겠다.

> "여호와께서 그의 앞으로 지나시며 반포하시되 여호와로라 여호와로라 자비롭고, 은혜롭고, **노하기를 더디 하고**, 인자와 진실이 많은 하나님이로라"(출 34:6)

이 문장에서 "노하기를 더디 하신다"는 표현에 주목하라. 한글 번역에는 노하기를 더디 한다고 되어 있다. 그러면 영어번역은 어떻게 했을까? NIV, RSV, NASB, ESV 등은 모두 slow to anger로 번역했다. 유대인을 위한 영어번역 성경 CJB, JPS도 마찬가지다. 그럼 히브리어 원문은 어떻게 되어 있을까?

📖 출 34:6下

571	2617	7227	639	750
וֶאֱמֶת:	חֶסֶד	וְרַב	אַפַּ֫יִם	אֶ֫רֶךְ
접.명여단	명남단	접.형비단연	명남쌍	형비단
진실	인자	풍성한	코	긴

문법적 번역: 긴 코와 인자와 진실이 풍성하다.

문자적인 의미인 '긴 코'에 대한 해석은 인내(patient) 혹은 오래 참음(longsuffering-KJV)으로 번역하기도 한다. 히브리어 관용구인 '긴 코'는 "분노를 참는 사람" 또는 "천천히 화내는 사람"을 묘사할 때 사용하는 구문이다(잠 14:29). 반대로 짧은 코를 가진 사람은 참을성이 없거나 성급하게 화를 내는 사람을 설명할 때(잠 14:17) 사용하는 관용구다.

200	6213	639	7116
אִוֶּלֶת	יַעֲשֶׂה	אַפַּיִם	קְצַר
명여단	동칼미남3단	명남쌍	형비단연
어리석음	그가 행하다	코	짧은

문법적 번역: 짧은 코 그는 어리석음을 행할 것이다.

영어권 사람들이 성급한 사람을 hot-head(뜨거운 머리), 화를 급하게 내는 사람을 short-fuse(짧은 도화선)로 사용하는 것과 비슷한 표현이다. 이상에서 알 수 있는 것은, 하나님의 긴 코의 의미가 가지는 신학적 중요성은 크다 할 수 있다. 하나님의 긴 코(인내)의 속성으로 인하여 그분의 백성은 멸망하지 않는다(시 103:8-10). 신약에서도 이 같은 하나님의 속성으로 인한 우리의 복된 모습에 관해 이야기하고 있다는 것을 알 수 있다(참고. 벧후 3:9).

"또 우리 주의 오래 참으심이 구원이 될 줄로 여기라"(벧후 3:15上)

2. 여호와 이레

한글 성경으로 창세기 12:1에서 아브람이 부름을 받았을 때, 그는 하나님이 자기를 "내가 너에게 지시할 땅으로" 인도하실 것으로 알고 여호와의 말씀을 따라갔다(12:4)고 기록되었다.

"여호와께서 아브람에게 이르시되 너는 너의 본토 친척 아비 집을 떠나 내가 네게 지시할 땅으로 가라"(창 12:1)

그런데 원문으로는 '지시할' 땅이 아니라 '보여 줄' 땅으로 기록되어 있다.

📖 창 12:1下

7200	834	776	413	*	3212
אַרְאֶךָּ	אֲשֶׁר	הָאָרֶץ	אֶל	…	לֶךְ־לְךָ
동일미공1단. 남2단 내가 네게 보여줄	계	관.명여단 그 땅	전 으로		전.남2단, 동칼명남2단 너는 가라

문법적 번역: 너는 가라. … 내가 네게 보여 줄 땅으로.

　아브람의 입장에서는 어디로 가야 하는지도 모른 체, 하나님이 보여주시겠다는 땅을 향하여 정든 모든 것을 떠나라는 명령을 놓고 고민하는 상황이었다. 어떤 면에서는 그야말로 극단적인 모험을 감행해야 하는 상황이었다. 그에게는 하나님이 네게 보여주겠다고 하신 약속의 말씀 외에는 달리 믿을 것이 없었다. 하나님에 대해서도 잘 모르는 상황에서 무조건 그 약속을 믿고 따르라고?

　한편 아브람의 일생에 큰 결단을 해야 하는 두 번째 시험(창세기 22장)에서 아브라함은 사랑하는 독자 이삭을 바치라는 명령을 받게 된다. 그런데 이삭을 제물로 바치라는 장소가 모리아 산이었다. 이 장소에 주목하게 되는 이유는 그 단어의 어원이 "보다"(רָאָה)이기 때문이다.

📖 창 22:2中

776	413	*	3212
אֶרֶץ	אֶל	לְךָ	וְלֶךְ
명여단연 땅을	전 향하여	전.남2단 너를 위하여	접.동칼명남2단 너는 가라

5930	8033	5927	4179
לְעֹלָה	שָׁם	וְהַעֲלֵהוּ	הַמֹּרִיָּה
전.명여단	형부	접.동일명남2단.남3단	관.명고
번제로	거기서	너는 그를 올려라	모리아

문법적 번역: 너는 너를 위하여 **모리아** 땅을 향하여 가라. 그리고 거기서 그를 번제로 올려라.

이 문장에서 특이한 점은 '모리아'란 지명에 있다. 모리아란 지명은 합성어로서 "여호와께 보이다"는 의미다.

🔍 4179 מֹרִיָּה **모리아**

7200(보다; רָאָה)과 3050(여호와; יָהּ)에서 유래; '여호와께 보여짐'; 팔레스틴의 한 언덕 '모리아'

아브라함은 신속하게 떠났고, 삼 일째 되는 날 눈을 들어 하나님이 인도하시는 곳을 바라보았다(바브 연속법, 칼미완료3남단-창 22:4). 그리고 이어지는 8절에서 이삭이 번제물이 어디 있느냐고 물었을 때, 아브라함은 짤막하게 대답했다.

📖 창 22:8上

5930	7716	*	7200	430
לְעֹלָה	הַשֶּׂה	לּוֹ	יִרְאֶה	אֱלֹהִים
전.명여단	관.명남단	전.남3단	동칼미남3단	명남복
번제할	양은	그를 위하여	그가 보이리라	하나님이

문법적 번역: 하나님이 번제를 위한 양(어린 양)은 그를 위하여 **보이시리라**

이 문장에서도 아브라함은 "하나님이 자신을 위하여 번제물을 보이실" 것이라고 확신하며 말한다. 여기서의 초점도 "보다"에 있다. 지금까지 아브람과 관계된 문장을 보면, 계속해서 '보다'라는 단어가 쓰인다는 것을 알 수 있다. 다시 말해서 하나님이 아브람을 부를 때부터(보여 줄 땅) 계속해서 양육하는 일에 뭔가를 보여주면서 가르치고 있다는 것이 느껴진다는 말이다.

드디어 아브라함이 이삭을 제단 위에 묶고 제물로 잡으려 할 때, 천사가 막아(22:9-11)서며 아브라함이 하나님을 경외한다는 사실을 인정하는 말씀을 주신다. 그리고 아브라함이 갑자기 눈을 들어 주위를 돌아보는 장면이 이어진다. 그래서 수풀에 걸려 있는 숫양을 발견하게 되고, 아주 당연하다는 듯이 그 숫양을 잡아 이삭 대신 번제를 드린다.

📖 창 22:13上

7200	5869	853	85	5375
וַיַּרְא	עֵינָיו	אֵת	אַבְרָהָם	וַיִּשָּׂא
접와. 동칼미남3단	명여쌍. 남3단	격	명고	접와. 동칼미남3단
그가 보았다	그의 눈	을	아브라함이	그가 들어올렸다

문법적 번역: 아브라함이 그의 눈을 들어 올려 **보았다.**

이 문장에서도 "보았다"는 단어가 나타나는데, 아브라함의 인생 여정에 눈을 들어 바라보는 장면들이 자주 연출된다(창 13:14; 18:2; 22:4). 아브라함이 하나님을 처음 만날 때부터 보여주겠다는 약속을 받으면서 믿음의 길을 출발했기 때문에, 아마도 그런 경험이 축적되어 마지막 시험의 때까지도 하나님이 친히 보여주실 것을 기대하는 믿음을 보인 행동이 아닌가 생각된다.

'보다'라는 동사(רָאָה)는 하나님이 보낸 사자들에 의해 전달된 하나님의 말씀을 받고, 이해하고, 믿음으로 수용하는 것을 가리킨다. 이사야 6:10에서 눈으로 본다는 것은 하나님의 말씀을 듣고, 이해하고, 그에게로 돌아간다는 의미로 쓰였다. 한편 같은 구절에서 하나님의 메시지에 마음을 굳게 한다는 것은 눈을 감는다는 것이다(사 6:10). 그럼에도 불구하고 그 앞의 구절 (6:9)에서 "참으로 보다"(see indeed)를 뜻하는 문구 레우 라오 (רְאוּ רָאוֹ; 독립 부정사가 따르는 칼명령남성복수)는 하나님의 선지자 메시지를 순전히 지적으로 인지하는 행동에 대해 사용되었다.119)

아브라함은 "하나님이 주셨다"고 하여, 그곳의 이름을 '여호와 이레'라고 지었다고 했다.

📖 창 22:14上

7200	3068	1931	4725	8034	85
יִרְאֶה	יְהוָה	הַהוּא	הַמָּקוֹם	שֵׁם	אַבְרָהָם
동칼미남3단	명고	관.형지남단	관.명남단	명남단연	명고
그가 보리라	여호와	그	그곳의	이름	아브라함이
이레	여호와				

문법적 번역: 아브라함이 그곳의 이름을 여호와가 **보리라**

한글 번역은 '여호와 이레'라고 했는데, 이는 원어를 그대로 음역한 번역이다. 영어번역을 비교해보라. NIV와 NASB 등은 "주(여호와)께서 제공할 것이다"로 번역했고, 유대인 번역인 CJB와 JPS는 '아도나이 이레'라고 음역했다.

📖 Gen 22:14

[NIV] So Abraham called that place <u>The LORD Will Provide</u>. And to this day it is said, "On the mountain

---

119)이 단어가 믿음으로 이해한다는 의미로 사용되는 다른 실례들을 참고하라(사 52:10,15; 대하 26:5; 시 63:2[H3]; 69:23[H24] 등).

of the LORD it will be provided."

[NASB] And Abraham called the name of that place The LORD Will Provide, as it is said to this day, "In the mount of the LORD it will be provided."

[CJB] Avraham called the place ADONAI Yir'eh [ADONAI will see (to it), ADONAI provides] —as it is said to this day, "On the mountain ADONAI is seen."

[JPS] And Abraham named that site Adonai-yireh, whence the present saying, "On the mount of the LORD there is vision."

또 유대인 영어 성경은 "산에서 주(아도나이)가 보일 것이다"(CJB), 혹은 "주의 산 위에 비전이 있다"(JPS)는 식으로 번역했다. 그러나 일반 영어번역들은 대부분이 "주의 산에서 그것이 준비될 것이다(제공될 것이다)"는 식으로 번역되었다. 그래서 많은 번역에서 '여호와 이레'라고 번역한 이유는 "나의 필요를 채우시는 하나님", "나의 필요를 공급하시는 하나님"으로 사람에게 초점을 맞추는 번역으로 이해하는 것은, 그렇게 기대하는 쪽으로 마음이 기울어졌기 때문이다. 하지만 분명히 해야 할 것은 시야(sight)와 관계가 깊다는 점을 염두에 두어야 할 것이다. 하나님은 번제물을 보여주신 것이지, 아브라함 개인의 필요를 채워주거나 준비하신 것이 아니다. 하나님이 요구하신 희생제물(속죄 제물을 상징)은 하나님이 친히 보여주실 것이란 메시지가 담긴 사건이다.

📖 창 22:14下

7200	3068	2022	3117	559
יֵרָאֶה	יְהוָה	בְּהַר	הַיּוֹם	יֵאָמֵר
동닢미남3단	명고	전.명남단연	관.명남단	동닢미남3단
그것이 보이다	여호와	산에서	그 날에	그가 말했다

문법적 번역: 그가 말했다. 그날에 여호와의 산에서 **그것이 보일 것이라**

구약에서는 믿음이 보는 것으로 묘사될 때가 있다. 다만 그 때 믿음이란 보는 것(묵시, 환상 포함)을 얼마나 바르게 깨닫느냐는 것을 의미한다(대하 26:5). 구약에서 보는 예언자(선견자)를 로에(רֹאֶה; 보는 자)[120]라고 칭했다. 또 아브라함은 하나님의 선지자로 불렸다(창 20:7)는 점을 참고하면 좋을 것이다. 선견자란 신령한 것을 볼 뿐만 아니라, 세상의 것을 하나님의 시각으로 볼 수 있는 사람을 가리킨다.

---

120) 보다(רֹאֶה)의 능동태 분사형.

원어 연구를 통한 설교의 실제

A. 인간에게 주어진 독특한 축복

"하나님이 그들에게 복을 주시며 그들에게 이르시되 생육하고 번성하여 땅에 충만하라, 땅을 **정복하라**, 바다의 고기와 공중의 새와 땅에 움직이는 모든 생물을 **다스리라** 하시니라"(창 1:28)

만물을 창조 후 인간에게 주어진 복은 다섯째 날 창조대상보다 두 가지가 더해졌다. 다섯째 날 창조 대상에게 주어진 복은 생육-번성-충만의 복이었으나(창 1:21-22) 인간에게는 그들보다 정복하고 다스리는 복이 더해졌다. 다스림의 복을 수행할 대상은 다섯째 날에 창조된 피조물들이다. 이는 인간이 하나님의 형상을 따라 창조된 사실에 따르는 특권이다. 인간에게도 주어진 생육-번성-충만의 복은 저들(다섯째 날에 창조된 피조물들)과 같다.

1. 단어분석

▶ 생육(6509, פָּרָה); 열매를 맺다, 결실하다.
▶ 번성(7235, רָבָה); 양이 많아지다, 증가하다.
▶ 충만(4390, מָלֵא); 가득 차다(공간), 때가 차다(시간)

인간에게만 주어진 정복과 다스림의 의미를 살펴보자.

🔎 정복하다(3533, כָּבַשׁ)

카바쉬는 기본어근이며 "정복하다, 지배하다, 짓밟다, 속박하다, 억압하다, 강요하다"를 의미한다. 이 단어의 동사와 파생어들은 구약성경에서 15회 사용된다. 구약성경에서 이 단어는 "필요할 경우에 강제로 봉사하도록 만드는 것"을 의미한다. 카바쉬는 정복할 경우에 어떤 유형의 강제가 필요불가결한 이유로 정복당하는 편이 정복하는 편을 적대하기 때문임을 가정한다. 따라서 이 단어는 에스더 7:8에서 "강간", 혹은 민수기 32:22,29; 여호수아 18:1; 역대상 22:18에서 가나안의 정복을 의미한다. 역대하 28:10; 느헤미야 5:5; 예레미야 34:11,16에서 이 단어는 압박받는 노예 상태를 언급한다.

창세기 1:28에서 "정복하다"라는 말은 피조물이 인간의 명령에 기꺼이 혹은 쉽게 순종하지 않을 것이며, 인간이 강력한 힘으로 피조물을 정복해야만 한다는 것을 암시한다. 정복은 인간을 정복하라는 것이 아니고, 땅과 그 외에 피조물들에 해당한다. 하나님이 우리 인간에게 필요한 모든 것을 주셨지만, 인간은 자신에게 부여한 자유의지의 권한을 사용하여 하나님의 뜻에 맞도록 다른 피조물을 정복할 필요가 있다는 것을 가르친다. 이는 사람을 제외한 다른 피조물들은 인격적인 존재들이 아니기 때문에 강제할 필요가 있음을 나타낸다. 욕심을 위해 자연을 파괴하는 것과는 다른 생명의 유지를 위해 필요한 땅을 정복하는 강제를 의미한다.

🔍 다스리다(7287, רָדָה)

이 단어는 "지배하다, 다스리다"를 의미한다. 창세기 1:26에서 사람이 통치할 대상들은 원문에 따르면 5종류로 분류된다.

①바다의 물고기들, ②공중의 새들, ③육축(가축), ④땅의 모든 것(우베콜 하아레츠)을 직역하면 "그리고 땅의 모든 것"이다. 한글 개역과 KJV, NASB, NIV 등은 "온 땅"이라는 의미로 번역했다. 그러나 표준 새 번역은 "땅 위에 사는 온갖 들짐승", 공동번역은 "모든 들짐승"이라고 번역했다 ─이것은 S사본을 따른 것인데, 거기에는 하이야트(동물, 짐승, 여성, 단수, 연계형)가 삽입되어 있다. 따라서 "그리고 그 땅의 모든 짐승"이라는 의미를 지닌다.─ 그런데 마소라 본문의 표현대로 생각할 때, "땅의 모든 것"이란 무엇을 가리키는 것일까?

"우리는 '온 땅'을 문자 그대로의 단순한 의미로 취한다. 즉, 땅은 인간이 정복해야 할 대상이다. 인간이 이 분야에서 해야 할 활동이란 자연력 정복, 물리, 전기, 화학, 생리학 등의 분야이다. 참된 과학은 무엇이나 하나님께서 인간에게 주신 이 광범위한 특허장에 포함된다."(Leupold 창세기 주석)

⑤ 땅에 기는 모든 것.

창세기 1:28에서도 사람이 통치할 대상들은 마찬가지이다. 라다(רָדָה)는 "지배하다"는 개념이 강하다. 여기서 명령형이 사용되었다. 하나님은 피조물을 인간의 지배하에 두고 "다스리라"고 명령하신다. 인간의 사명은 세상에서 그의 직무를 하나님께 책임 있는 것으로 인정하고, 피조물에 대해 주권을 행사하는 것이다. '라다'는 보다 빈번히 사용되는 동사인 '마샬'(4910, משׁל)121)과 가까운 동의어로 사용되지 않는다. 일반적으로 '라다'는 하나님의 지배보다는 인간의 지배를 가리키는데 한정되어 사용된다(시 110:2 등). 이 어근은 적들에 대한 이스라엘의 지배(사 14:2)와 종족, 민족에 대한 이방 나라들의 지배(사 14:6)에 대해 사용된다.

👆 참고

신의 현현은 하나님이 인생을 <u>다스리기 위해</u> 친히 인간 세상으로 내려오는 것으로 묘사된다. 이럴 때 쓰인 단어는 '야라드'(3381, ירד)이다. 그는 자기의 거처를 떠나 직접적으로 말로써 혹은 간접적으로 어떤 도구를 매개로 하여 인간과 의사소통을 하기 위해 찾아오신다. 하나님은 시내 산에 불로 내려오셨고(출 19:18; 대하 7:1 이하), 장막에서 구름 기둥으로 나타나셨다(출 40:34이하; 민 12:5). 하나님은 모세의 짐을 덜어주기 위해 장로들 사이에 내려오셔서 모세에게 임한 성령을 장로들에게도 나눠주셨다(민 11:17). 하나님은 자기 백성을 구원하시기 위해 내려오신다. 그는 자기 백성들을 애굽의 속박에서 구출하기 위해 나타나셨다(출 3:8). 하나님은 심판하러 내려오시는데, 심판하시기 전에 인간의 악한 정도의 실상을 조사하신다(예: 바벨탑에서 창 11:5, 그리고 소돔과 고모라에서 창 18:20이하). 죄악이 관영하였음을 확인하고서 강림하사 인생의 높아진 곳을 짓밟으신다(미 1:3). 즉 우상숭배의 중심지를 파괴하심으로써 심판을 시작하신다. 패역한 국가들을 쳐부수기 시작하신다(옵 1:4).

우리도 자기에게 주어진 다스리는 권세를 지배하고 짓밟는 것에만 초점을 맞출 것이 아니라, 하나님처럼 친히 다스릴 대

---

121) 기본어근; '통치하다':-지배(하다, 하게 하다), 통치자, ×참으로, 다스리다(다스리게 하다), 권력을 잡다.

상에게로 내려가 눈높이를 가지고 조사하고, 살피며, 구원과 심판을 병행하는 자세를 배워야 한다.

2. 문장 분석

📖 창 1:28上

430	*	559	430	853	1288
אֱלֹהִים	לָהֶם	וַיֹּאמֶר	אֱלֹהִים	אֹתָם	וַיְבָרֶךְ
명남복	전.남3복	접와. 동칼미남3단	명남복	격.남3복	접와. 동피미남3단
하나님	그들에게	그가 말했다	하나님	그들에게	그가 복을 주셨다

두 개의 동사 문장이 연결된 중문이다. 이때 동사를 먼저 분석하는 것이 순서다. 바브(와우)접속사를 가진 두 개의 동사를 분석하라. 히브리어에서 바브(와우)접속사는 이야기체에 주로 쓰이며 완료를 미료로, 미완료를 완료로 해석한다. 본문은 모두 미완료와 바브(와우)접속사가 함께 쓰였기 때문에, 이는 어떤 동작이나 사건, 행위들의 시간적인 계속과 연속을 표현한다. 히브리어에서 미완료는 아직 행위가 끝나지 않았거나 동일한 행위의 반복일 경우에 쓰인다.

3533	776	853	4390	7235	6509
וְכִבְשֻׁהָ	הָאָרֶץ	אֵת	וּמִלְאוּ	וּרְבוּ	פְּרוּ
접.동칼명남2복. 여3단	관.명여단	격	접.동칼명남2복	접.동칼명남2복	동칼명남2복
땅을 정복하라	그 땅	을	충만하라	번성하라	생육하라

이 문장은 동사 문장 네 개가 연결된 문장이다. 각 동사는

칼명령형으로 일반적인 명령 형태를 생각하면 된다. 이 문장은
단어의 의미만 살피는 것으로도 충분하다.

📖 창 1:28下

8064	5775	3220	1710	7287
הַשָּׁמַיִם	וּבְעוֹף	הַיָּם	בִּדְגַת	וּרְדוּ
관.명남쌍	접.전.명남단연	관.명남단	전.명여단연	접.동칼명남2복
공중의	새	바다의	물고기	너희는 다스리라

776	5921	7430	2416	3605
הָאָרֶץ:	עַל	הָרֹמֶשֶׂת	חַיָּה־	וּבְכָל
관.명여단	전	관.동칼분능여단	명여단	접.전.명남단연
그 땅	위	움직이는	생물의	모두

위 문장도 특별한 주의를 기울일만한 부분은 별로 없고, 분
사로 쓰인 רָמַשׂ(7430)에 대해 살피는 정도면 족하다. 동사 라마
스는 작은 동물들, 특히 파충류의 움직임(기어 다님)을 묘사한
다. 이 단어는 주로 창조 기사에서122), 부정한 음식에 대한 금
지 규정에서(레 11:44, 46; 렘 20:25), 짐승들에 대한 또 다른
목록들(신 4:18)에 쓰였다.

이상의 단어분석과 본문의 문장 분석을 통해 한편의 설교를
만들어보라는 차원에서 설교힌트를 제공했다. 다음은 실제 원
어로 설교를 작성해 본 사례를 소개한다. 이를 바탕으로 앞으
로 독자의 노력과 성령의 은혜로 주어지는 훌륭한 원어 설교를
기대한다.

---

122) 창 1:21,26,28,30; 7:8,14,21; 8:12,19; 9:2.

B. 네피림, 고대의 유명한 용사

"당시에 땅에 **네피림**이 있었고 그 후에도 하나님의 아들들이 사람의 딸들을 취하여 자식을 낳았으니 그들이 용사라 <u>고대에 유명한 사람</u>이었더라."(창 6:4)

오늘 본문은 그 배경을 이해하는 것부터 시작해야 올바른 결론에 도달할 수 있다. 본문에 "당시에"(בַּיָּמִים הָהֵם)라고 가리킨 때는 언제인가? 땅에서 사람의 딸들이 나오고, 하나님의 아들들이 사람의 딸들의 아름다움을 보고 자기들을 위하여 아내를 삼는 때를 가리킨다. 성령께서 하나님의 아들들의 그런 모습을 보고 더 이상 그들과 다투지 않고 떠나심으로 하나님의 아들들이 육체가 된 때를 말한다. 그 시대의 상황을 정리하자면 다음과 같다.

"땅에 사람들이 번성할 때 딸들(여성)이 나온다.' -하나님의 아들들이 땅에서 난 그 딸들의 아름다움을 본다.- 그리고는 자기들을 위하여 원하는 '모든 여자'를 아내로 선택한다."

한 마디로 정욕과 쾌락 위주로 돌아가는 세상을 가리킨다. 성령은 육신에 속한 자와 함께 할 수 없다. 구약에서는 다투고 떠나는 것으로 묘사하고 있고(창 6:3), 신약에서는 떠날 수가 없으니 안에서 탄식하신다(롬 8:26). 성경을 올바로 읽기 위하여 우선 구약성경을 읽는 가장 기초적인 부분을 되새김하고 넘어가자.

BHS(구약원문)는 의미 단락을 나타내는 프투하(ㅍ; 열린 절)와 스투마(ㅇ; 닫힌 절)라는 표시를 통해 절의 연속과 분리를 나타낸다. 구약 히브리어 성경은 장과 소절로 단락을 구분하고 있다. 장은 사멕(ㅇ)으로, 소절은 페(ㅍ)로 구분한다. 창세기 제1장은 사멕알렢(אס), 제2장은 사멕베스(בס) 등으로 표시한다. 창세기 1장은 2:3까지 사멕알렢(אס)의 한 장이고, 창세기 제2장은 2:4부터 3:21까지가 사멕베스(בס) 한 장이며, 창세기 3장은 3:22-4:26까지가 한 장으로 나누어진다.

번역 성경과 전혀 다른 구분이다. 이러한 히브리어 원문의 구분을 알아야 하는 이유가 오늘 본문 해석과 밀접한 관계가 있기 때문이다. 원어 성경으로 창세가 5:31을 보면, 의미 단락 표시인 스투마(ㅇ)가 있다. 히브리어 성경으로는 창세기 5:32-6:4까지가 한 절이란 뜻이다. 그런 시각으로 볼 경우, 문장과 문맥이 새롭게 보인다. 즉 노아가 500세에 아들을 낳는 것부터 한 절의 시작이 된다. 따라서 다음과 같은 비교와 대조의 모습을 발견할 수 있다.

- ▸ 노아가 아들들을 낳는다(하나님의 아들들).
- ▸ 땅에서 사람의 딸들이 나온다(사람의 딸들).

"낳는다"는 것도 다르게 표현되어 있다. 하나님의 아들들은 바브(와우) 접속사에 히필사역동사로서 지속적으로 아들 낳는 것을 사명으로 여기는 것을 말하고, 사람의 딸들은 푸알동사(강조수동태)로 쓰여 뭔가 심상찮은 조짐을 암시하고 있다. 수동태이므로 딸들을 낳으려고 낳은 것이 아니라 생겨난 것임을 강조하는 뉘앙스다. 땅에서 나왔다고 강조하는 여자들의 외적인 아름다움(2896, טוב)을 보고 하나님의 아들들이 유혹을 받은 것으로 기록되었는데, 이 문장에서 가장 강조되는 부분이 "보았다"(7200, רָאָה)는 말이다. 이 동사의 문자적인 의미에 대해서는 특별한 언급이 필요가 없다. 왜냐면 이 동사는 눈으로 보는 것을 뜻하는 일반적인 단어이기 때문이다(창 27:1). 이 단어는 어떤 것에 관심을 가지는 것에 대해 쓰인다.[123] 특별히 아담과 하와가 선악을 알게 하는 나무의 과실을 보았을 때도 같은 단어가 쓰였다(창 3:6).

여기서 얻는 결론은 하나님의 아들들은 창세기 5장에서 소개되고 있는 아담-셋으로 이어지는 계열을 말하고, 반면에 사람의 딸들은 창세기 4장에서 언급하고 있는 아담-가인으로 이어지는 계열을 가리키는 것으로 이해된다는 말이다.

이러한 배경 가운데 네피림(5303, נְפִיל)들이 등장한다. 인본주의의 시대에, 영적으로 흑암의 시대에 소개되는 네피림 그들은 누구인가? 한글 개역은 "용사, 고대에 유명한(renown) 사람"으로 번역했다. 한 마디로 영웅(hero)이다. 실제 NIV, DBY에서는 hero로 번역했다. 참고로 영어번역을 보면 KJV, NASV, RSV 등은 mighty man으로 번역했다. 이 단어에 대한 원어적 개념은 무엇인지 살펴보겠다.

🔎 5303, נְפִיל 네필

nephil, 네필; 5307에서 유래; 본래 의미는 '벌목꾼', 즉 '약한 자를 못살게 구는 사람', 또는 '폭군':-거인, 장부

네피림은 "습격이나 공격하는 자"를 의미한다. 70인역은 '기간테스'(γίγαντες)로 번역하는데, "거인들"(giants)이란 의미다. 그러나 이 단어는 반드시 외적인 거인으로 보기보다는 "침략자"나 "약탈자" 또는 "탈락한 자"로 보는 것이 낫다. 구약성경

---

123) 창 1:4,9,10,12,18,21,25,31.

에서 이 단어는 3회 쓰였다.

🔍 5307 נָפַל 나팔

기본어근; '떨어지다', 매우 다양한 적용에서(자동사, 또는 사역동사로, 문자적으로, 또는 상징적으로): 던지다(내리, 자신을【주사위를】, 밖으로), 중단하다, 죽다, 실패하다(실패케 하다), 떨어지(게 하)다, 넘어뜨리다(넘어뜨리는), 도망자, 상속하다, 열등한, 내동댕이치다, 압도하다, 멸망하다, 썩(히)다, 죽이다, 강타하다,

이 단어는 일반적인 육체적 행동이나 사건 외에도 격렬한 사건이나 우연한 사건을 종종 나타내는데, 그 결과에 대해 아주 부정적인 뉘앙스를 가진 단어다. 이 문장에서 네피림이란 단어가 제일 먼저 나온다는 것은 그만큼 강조하고 있음을 나타낸다.

📖 창 6:4上

1992	3117	776	1961	5303
הָהֵם	בַּיָּמִים	בָאָרֶץ	הָיוּ	הַנְּפִלִים
관.형지남복	전.관.명남복	전.관.명여단	동칼완공3복	관.명남복
그들의	날들에	땅에	그들이 있었다	네피림들

문법적 번역: 그들의 날들에 땅에 **네피림**들이 있었다.

그뿐만 아니라 네피림의 소속이 확실하게 드러나는데 "땅"이다. 6:1에서 소개하고 있는 사람의 딸들과 같이 그들의 소속은 확실히 땅이다. 우리의 소속이 어디냐는 이같이 중요하다. 하나님은 이 소속을 분명히 하신다(요 8:23,47; 17:14,16). 여기까지가 서론적으로 성경을 연구하여 설교를 전개하는 과정에서 필

요한 부분을 얻어내는 방식을 소개했다. 이러한 원어 개념을 가지고 설교를 작성해보도록 하겠다.

1. 영육의 혼합에서 인본주의적 열매가 맺힌다.

하나님의 아들들과 사람의 딸들의 결합(영육의 혼합)은 하나님의 아들들이 주도적으로 취한 결과다. 하나님의 아들들은 성경에서 신령한 것을 나타내는 상징적 언어이며[124], 사람의 딸들은 육신적인 것을 비유해 말하는 것[125]으로 나타난다. 이 둘의 혼합은 육신적 욕망에 기인한다. 거룩하신 하나님은 영에 속한 것과 육신에 속한 것의 혼합을 아주 싫어하신다(호 7:8; 고후 4:2). 오히려 거룩하게 따로 구별하라고 명령하셨다.

> "너희는 믿지 않는 자와 멍에를 같이 하지 말라 의와 불법이 어찌 함께 하며 빛과 어두움이 어찌 사귀며 (15)그리스도와 벨리알이 어찌 조화되며 믿는 자와 믿지 않는 자가 어찌 상관하며 (16)하나님의 성전과 우상이 어찌 일치가 되리요 우리는 살아 계신 하나님의 성전이라 이와 같이 하나님께서 가라사대 내가 저희 가운데 거하며 두루 행하여 나는 저희 하나님이 되고 저희는 나의 백성이 되리라 하셨느니라. (17)그러므로 주께서 말씀하시기를 **너희는 저희 중에서 나와서 따로 있고** 부정한 것을 만지지 말라 내가 너희를 영접하여 (18)너희에게 아버지가 되고 너희는 내게 자녀가 되리라 전능하신 주의 말씀이니라 하셨느니라."(고후 6:14-18)

"하나님의 아들들이 사람의 딸들의 아름다움을 보고"란 표현은 하와가 선악과를 바라본 것과 동일한 모습이다(창 3:6上). 이 표현은 범죄의 단계로 나아가는 모습이다.

---

124) 마 5:9; 갈 4:7; 살전 5:5; 계 21:7 등.
125) 출 34:16; 삼하 1:20; 겔 16:45-46 등.

🔍 창 3:6上

3978	6086	2896	3588	802	7200
לְמַאֲכָל	הָעֵץ	טוֹב	כִּי	הָאִשָּׁה	וַתֵּרֶא
전.명남단	관.명남단	형비단	접	관.명여단	접와.동칼미여3단
먹기에	그 나무	좋은	때문에	그 여자	그녀가 보았다

문법적 번역: 그 여자가 보았다. 먹기에 좋은 그 나무이기 때문에.

🔍 창 6:2上

430	1121	7200
הָאֱלֹהִים	בְנֵי	וַיִּרְאוּ
관.명남복	명남복연	접와.동칼미남3복
하나님의	아들들	그들이 보았다

2007	2896	3588	120	1323	853
הֵנָּה	טֹבֹת	כִּי	הָאָדָם	בְּנוֹת	אֵת
명인여3복	형여복	접	관.명남단	명여복연	격
그녀들	아름다운	확실히	사람의	딸들	을

문법적 번역: 하나님의 아들들이 사람의 딸들을 보았다. 그녀들이 아름답기 때문에.

문장구성요소가 창세기 6:2의 패턴과 똑같다. 3:6의 원문을 의역하면 "그 여자가 먹기에 좋은 그 나무를 보고"라고 해석할 수 있다. 따라서 창세기 6장에서는 하나님의 아들들이 인간의 육적인 것에 끌려 미혹 받음으로 영적인 것을 잃어버리는 모습을 나타낸다. 영적인 면(영성)이 약화되는 원인은 땅에 속한 것으로 인한 미혹 때문이다. 그런데 이런 일이 중단되지 않고 반복되는 이유는 무엇인가?

이어지는 내용이 이를 뒷받침한다. "그 후에도"는 "그럼에도 불구하고 계속되는 같은 방법으로"란 뜻이다. 하나님의 아들들이 사람의 딸들을 취하는 일들이 계속되었다는 의미이며, 그 방법 또한 이전과 마찬가지로 그녀들의 외적인 아름다움을 보고 선택했다는 이야기다. 그런 혼합의 열매가 인본주의적이지만 크고 강하며 달콤하다는 것이 하나님의 아들들에게 강력한 유혹으로 작용했다. 성경은 "그들이 용사요 고대에 유명한 사람이었더라"고 묘사하므로 끊지 못하고 계속 미혹의 자리를 벗어나지 못하는 모습을 보여준다.

육신에 속한 사람의 가장 큰 소망이 무엇인가? 세상에서 출세하는 것 곧 세상에서 유명한 사람이 되는 것이다. 육신의 것으로 세상에서 유명해진 사람의 결과가 실패의 나락으로 떨어지는 것임(시 37:7-10)을 네피림이라는 호칭에 이미 함축되었다.

📖 창 6:4下

8034	582	5769	834	1368
הַשֵּׁם׃	אַנְשֵׁי	מֵעוֹלָם	אֲשֶׁר	הַגִּבֹּרִים
관.명남단	명남복연	전.명남단	계	관.형비복
이름난	사람들	고대로부터		용사들

문법적 번역: 고대로부터 이름난 사람들인 용사들.

이 문장에서 올람(עוֹלָם)은 긴 시대 혹은 긴 기간 ―때로 영어에서 world(세상)으로 표현되는 개념― 을 가리키는 데 사용되게 되었다. 그러니까 네피림들은 아주 긴 기간 동안 세상에서 이름난 용사들로 존재했다는 의미다. 본문에서 아느쉐 하쉠(אַנְשֵׁי הַשֵּׁם)은 사라질 수밖에 없는 그 이름(평판, 명예, 권위)을 가리킨다. 범죄한 인간의 죽음이 필연적인 것처럼 그런 인간이 아무리 용사요 유명한 존재가 된다고 할지라도 그것은 일시적임을 강조한 표현이다. 베드로가 말한 "인생은 풀이요 그의 영광은 풀의 꽃과 같다"(벧전 1:24)고 한 표현이 아주 적절하다. "이름이 알려졌다"(유명해졌다, 출세했다)는 말은 풀에 꽃이 핀 것과 같다. 그 순간은 확실하게 아름다울 것임을 의미하고, 실제 외적으로는 그 말이 옳다. 이런 현상을 우리 신앙에 비추어 적용하자면, 신자가 세상의 것을 추구하고 따라가면 일시적으로는 부자가 될 수도 있고, 출세하여 명예, 권세의 자리에 오를 수도 있으며, 교회를 크게 짓고 이름을 날리는 유명목사도 될 수 있다는 이야기에 적용할 수 있을 것이다. 이들이 본문에서 말하는 용사요, 유명한 사람일 수 있음을 알고 두려워 자기 자신을 올바르게 성찰해야 한다(빌 2:12).

그 순간에는 유명한 사람이 되고 용사가 된다. 그러나 반면에 그것이 크고 무서운 미혹으로 자기를 나락으로 떨어지게 만들 수도 있다는 것을 깨달아야 한다. 깨달아야 할 것을 깨닫는 신자가 복이 있다. 여기서 "용사"로 번역된 단어는 기뽀르 (1368, גִּבּוֹר)이다.

🔎 1368 גִּבּוֹר 기뽀르

gibbor; 1397의 동형에서 유래한 강세형; '강력한' 함축적으로 '용사', '폭군':- 전사, 우두머리, ×빼어나다, 거인, 사랑, 강한 (사람), 힘센(사람), 용사

이 단어는 양면적으로 쓰였다. 창세기 10:9에서 "특이한 사냥꾼"은 "능력 있는 사냥꾼"이란 의미다. 반면에 이사야 9:6에서는 메시아에 대한 기대로 메시아가 "(전)능하실"(גִּבּוֹר- mighty) 것이라는 소망도 포함되어 있다.

"여호와께서 이같이 말씀하시되 지혜로운 자는 그 지혜를 자랑치

말라 용사(גִּבּוֹר)는 그 용맹을 자랑치 말라 부자는 그 부함을 자랑치 말라 (24)자랑하는 자는 이것으로 자랑할지니 곧 명철하여 나를 아는 것과 나 여호와는 인애와 공평과 정직을 땅에 행하는 자인 줄 깨닫는 것이라 나는 이 일을 기뻐하노라 여호와의 말이니라."(렘 9:23-24)

"나 여호와가 이같이 말하노라 무릇 사람을 믿으며 혈육으로 그 권력을 삼고 마음이 여호와에게서 떠난 **그 사람**(1397, גֶּבֶר)은 저주를 받을 것이라"(렘 17:5)

예레미야 17:5에서의 '그 사람'(1397, גֶּבֶר)은 기보르의 동의어다. 여기서 권고하는 사항은 하나님을 떠난 사람이 세상적으로 유명해지는 것을 자랑하지 말라는 말씀이다. 세상의 것들을 믿고 의지하며 살아나가는 것이 곧 저주를 받는 일이다. 본문 창세기 6:4과 연계하여 이해할 때, 세상과 혼합하여 크고 강한 인본주의적 열매를 기대하거나 사모하지 말라는 의미다. 왜냐면 세상을 사랑한다는 것, 그래서 하나님과 원수가 되는 이유가 바로 이런 세상적으로 유명한 것들을 사모하고 추구하다가 발생하기 때문이다(약 4:4).

"이 세상이나 세상에 있는 것들을 사랑치 말라 누구든지 세상을 사랑하면 아버지의 사랑이 그 속에 있지 아니하니 (16)이는 세상에 있는 모든 것이 육신의 정욕과 안목의 정욕과 이생의 자랑이니 다 아버지께로 좇아온 것이 아니요 세상으로 좇아온 것이라 (17)이 세상도, 그 정욕도 지나가되 오직 하나님의 뜻을 행하는 이는 영원히 거하느니라."(요일 2:15-17)

2. 인본주의 열매인 네피림

네피림이란 용어가 하필 이때 등장하는 것을 보면 좋은 의미로 쓰인 것은 아니다. 지금 상황이 하나님의 아들들과 사람의 딸들이 결합하여 신령한 자리에서 떨어져 나가는 상황이다. 하나님의 아들들로부터 하나님의 영이 떠날 수밖에 없는 상황에 등장하는 것이 네피림이니 결코 좋은 의미가 아님이 분명하다.

네피림을 정의하자면, **하나님의 영적인 것이 타락한 가운데 육신의 것과 결합하여 얻어진 열매**라고 말할 수 있겠다. 사람들이 속는 부분이 무엇인가 하면, "그들이 당시에 용사요 고대에 유명한 사람이었다."라고 소개하는 부분이다. 세상적인 시각으로는 멋지고 강하게 보이는 것은 맞지만, 하나님 보시기에는 타락의 절정이다. 이런 부분에서도 사람의 시각과 하나님의 판단이 너무 다르다. 하나님으로부터 멀어져가는 롯의 시각과 비교해보자.

"이에 롯이 눈을 들어 요단들을 바라본즉 소알까지 온 땅에 물이 넉넉하니 여호와께서 소돔과 고모라를 멸하시기 전이었기 때문에 여호와의 동산 같고 애굽 땅과 같았더라."(창 13:10)

소돔과 고모라는 실제 죄악이 가득하여 하나님의 심판을 기다리는 상태였다고 성경은 고발한다(창 13:13). 창세기 6장 당시의 형편을 소개하는 내용에서도 성경은 죄악이 관영한 때라고 지적하고 있다(창 6:5-7). 하나님의 영이 떠난 육체(1320, בָּשָׂר)로서의 네피림들은 육체의 소욕을 따라 살 수밖에 없기 때문에 자연히 그 마음으로 생각하는 모든 사상이나 목적이 악할 수밖에 없다. 사람이 육체만 남는다는 표현은 그 마음이 바싹 야위어 약해지는 것을 의미한다. 다른 말로 "파리하게" 된다는 이야기다(시 106:15 참고). 이런 사람들은 세상적이며 육체적인 것이 채워진다고 할지라도 그 영의 상태가 야윈 모습이다. 이렇게 볼 때, 하나님 없이 스스로 크다고 여기는 것이 창세기 6

장의 용사요 네피림이다. 따라서 하나님의 홍수 심판은 이런 자들을 대상으로 시행되었다.

땅 위의 사람의 딸들(여자들)과 땅의 네피림은 같은 소속이다. 모두 땅에 속한 자들이요, 신약적으로 표현하자면 육에 속한 자들이다. 이들을 물로 대청소한 것이 홍수 심판이었다. 그렇다면 이 땅에는 네피림이란 존재는 없어야 마땅하지 않은가. 경건한 의인 노아의 후손들만 남았고, 그들로 인하여 세상에 사람들이 다시 퍼지게 되었으니 말이다. 그런데 민수기에서 다시 네피림이 등장하는 이유는 뭘까?

> "모세에게 보고하여 가로되 당신이 우리를 보낸 땅에 간즉 과연 젖과 꿀이 그 땅에 흐르고 이것은 그 땅의 실과니이다 (28)그러나 그 땅 거민은 강하고 성읍은 견고하고 심히 클 뿐 아니라 거기서 아낙 자손을 보았으며 ……(31)그와 함께 올라갔던 사람들은 가로되 우리는 능히 올라가서 그 백성을 치지 못하리라 그들은 우리보다 강하니라 하고 (32)이스라엘 자손 앞에서 그 탐지한 땅을 악평하여 가로되 우리가 두루 다니며 탐지한 땅은 그 거민을 삼키는 땅이요 거기서 본 모든 백성은 신장이 장대한 자들이며 (33)거기서 또 네피림 후손 아낙 자손 대장부들을 보았나니 우리는 스스로 보기에도 메뚜기 같으니 그들의 보기에도 그와 같았을 것이니라."(민 13:27-33)

이스라엘이 가나안 땅을 정탐한 결과 네피림의 후손인 아낙 자손들이 살고 있다고 소개한다. 그들 모두가 "대장부들"(원어로 네피림)이라고 소개한다. 그렇다면 홍수 심판 이후 모두 사라진 네피림이 어디에서 출현한 것일까? 노아와 그의 식구 외에 이 땅에 남은 자가 없었는데, 도대체 네피림은 어디서 생겼을까? 일부의 주장처럼 노아 시대의 홍수가 지엽적인 홍수였다는 증거일까? 그 부분을 추적해보도록 하겠다.

현재 아낙 자손 곧 네피림의 후손들이 사는 땅은 가나안[126)]
이다. 성경은 이 가나안이 함의 후손(막내아들)에게서 나왔다고
말한다(창 10:6). 또 함의 후손 구스에게서는 강한 폭군 니므롯
이 나왔다고 그 가계의 영적 상태를 고발하고 있다. 이를 토대
로 추적하면 가나안 정복 전쟁은 결국 노아의 아들들 간에 전
쟁이란 이야기다. 셈과 함의 후손들 사이의 전쟁이다. 이런 비
극이 일어나게 된 배경은 외부적으로는 창세기 9장 방주에서
나온 노아의 가정에 문제가 발생하는 것으로 시작되었다(창
9:18-29).

노아의 가정에서 시작된 문제는 단순한 가정사가 아니다. 어
떻게 보면, 새롭게 시작하는 인류 역사의 시작에서 함은 첫 인
류 아담과 하와의 잘못을 유도한 뱀의 악함을 반복하는 죄를
범했다. 함이 아버지 노아의 수치를 가리지 않고 드러낸 행위
는 셈과 야벳의 행동과 대조를 이룬다. 다행히 셈과 야벳은 아
담과 하와와 같은 죄를 범하지 않았다. 뱀의 후손과 여인의 후
손이 싸울 것을 예고한 창세기 3:15의 원시 복음과 같이 여기
서도 똑같은 예언이 주어진다. 이는 창세기 3:15 예언의 점진
적 발전을 보이는 계시다. 그래서 함의 후손인 가나안과 노아
의 후손인 셈과의 전쟁이 구체적으로 예고되었다.

문제는 그 정복해야 할 땅의 중앙에 네피림의 후손 아낙 자
손이 버티고 있다는 점이다. 창세기 6장에서 등장했던 네피림
곧 심판으로 완전히 제거해야 할 대상이었던 "육체"(하나님이
안 계신 육신에 속한 자들; 유 1:10,15-16,19)들과 같은 종류라는
메시지다. 그러니까 네피림이 갑자기 어디에서 나타났느냐에
초점이 있는 것이 아니라 어느 시대, 어느 누구든 간에 철저하
게 육신적이고 죄악이 관영하면 그들이 곧 네피림이요, 멸망의

---

126) 가나안 땅은 죄가 관영하여 멸망하는 소돔과 고모라가 있는 땅이고
(창 10:19), 블레셋 족속(미스라임〈함의 둘째 아들〉-가슬루힘-블레
셋)이 거하여 끊임없이 이스라엘과 대적했던 땅이다.

심판을 받는다는 것을 가르친다고 보여진다(창 6:5,13; 참고. 창 15:16). 네피림은 앞에서 정의한 바와 같이 어떤 특정한 족속이라기보다는 육체적인 정욕으로 인하여 죄악이 관영한 인간을 일컫는 용어다. 가나안 7족속이 모두 네피림에 속하지만, 그들 중에 대표가 아낙 자손이란 이야기다. 그들 곧 아낙 자손이 단순히 신체적으로 키가 크고 힘이 강하기 때문에 하나님을 대적하는 주적이 되었다고 생각하는 것은 어리석은 발상이다. 하나님이 가나안을 정복하여 멸하라는 명을 내린 것은 이러한 예언적 성취와 그들의 죄악이 가득 찼기 때문이라고 말씀하신다(신 9:4-5). 따라서 저들을 진멸하는 것은 결코 잔인한 하나님을 보여주는 것이 아니라 하나님의 공의와 구속의 성취를 보여주는 모형으로서 가치가 있다(노아 시대 때 홍수로 공의로운 심판을 행하심 같이).

인본주의의 극치를 가리키는 네피림을 이해하기 위해 우리는 또 한 사람의 인물에 대해 상고할 필요가 있다. 함의 후손 니므롯이다.

"구스가 또 니므롯을 낳았으니 그는 세상에 처음 영걸이라 (9)그가 여호와 앞에서 특이한 사냥꾼이 되었으므로 속담에 이르기를 <u>아무는 여호와 앞에 니므롯 같은 특이한 사냥꾼이로다</u> 하더라. (10)그의 나라는 시날 땅의 바벨과 에렉과 악갓과 갈레에서 시작되었으며 (11)그가 그 땅에서 앗수르로 나아가 니느웨와 르호보딜과 갈라와 (12)및 니느웨와 갈라 사이의 레센 (이는 큰 성이라) 을 건축하였다."(창 10:8-12)

니므롯은 외국어에서 유래했으며, "반역" 또는 "우리 반란을 일으키자"라는 의미를 가지고 있다. 니므롯은 함의 장자 구스의 아들이다(창 10:8; 대상 1:10). 그는 "세상에 처음 있는 영걸"이라고 번역한다.

📖 창 10:8下

776	1368	1961	240	1931
בְּאָֽרֶץ:	גִּבֹּר	לִהְיֹות	הֵחֵל	הֽוּא
전.관.명여단	형비단	전.동칼부연	동일완남3단	명인남3단
그 땅 안에서	강한	되기 위해	그가 시작했다	그는

문법적 번역: 그는 그 땅 안에서 강한 자가 되기 위하여 **시작했다.**

이 본문을 의역하자면 "니므롯 그는 그 땅 안에서 강한 자가 되기 위하여 하나님을 대적하며 욕되게 하는 자가 되기 시작했다"는 의미로 이해할 수 있다. 참고로 이는 할랄(הָלַל)이란 단어가 가지는 뉘앙스로 인한 이해다(사전을 참고하기 바란다). 여기서 "영걸"(기뽀르 바아레츠)이라는 말은 "그 땅에서 강하거나 용감한 자"를 가리킨다(창 10:8). 요즘 말로 해서 조폭이요, 거칠고 악한 인간 사냥꾼이었다. 그런 그의 특성이 "특이한(기뽀르) 사냥꾼"으로 불린 이유다(창 10:9). 따라서 니므롯은 강한 자, 곧 폭군 내지는 전제 군주였으며, "능한 사냥꾼", 곧 사람을 사냥하여 그들을 노예로 삼은 자다. 그의 이름은 그의 시대의 사회에서 악을 뜻하는 속담이 되었는데, 이는 마치 금세기에 히틀러의 이름이 악과 잔인성을 뜻하는 속담이 된 바와 같다.

니므롯의 왕국은 세상에 알려진바 최초의 제국이었다. 그는 시날 땅의 바벨과 엘렉, 악갓, 갈레를 접수하고 그것들을 그의 왕국이 시초로 삼았다. 그는 바벨론으로부터 앞으로 나아가며 니느웨와 르호보딜, 갈라, 레센을 건설했다. 니느웨는 모세 시대에도 거대한 도시였다. 이 성은 계속 성장하여 요나 시대에는 "3일 길"(욘 3:3)의 큰 성읍이 되었다. 니느웨는 그 성의 창설자를 따라 그 잔인성과 호전성으로 유명했을 뿐만 아니라(창 10:10 이하) 하나님 앞에 죄악이 관영한 도시로 전락해갔다. 니므롯은 이같이 그 땅에서의 강함을 내세워 하나님을 대적한 첫 사람으로 그 이름이 성경에 기록된 사람이다.

그가 주도한 바벨탑 사건을 보면 하나님을 대적한 사실이 잘 드러난다(창 11:1-4). 오늘날에도 스스로 인간의 위대함을 내세우는 땅에 속한 자들 가운데 영걸(강한 자)이 인간들의 연합을 주장하며 선동한다. 그가 또한 마지막 시대의 적그리스도의 모습으로 충분히 예상된다(계시록의 바벨론을 참고하라). 인간의 크고 위대한 업적만을 내세우며, 하나님을 대항하여 맞설 때 자신도 모르게 네피림으로 전락하게 될 것을 알고 두려워하여 인간의 한계를 인정하고 겸손해야 한다.

아낙 자손 곧 네피림들은 여호수아에 의해 모두 진멸 당한다(수 11:21-22).[127] 네피림이 이 땅에 존재하는 한 전쟁은 그치지 않을 것이며, 가장 강력한 아낙 자손을 굴복시킬 때, 비로소 이 땅에 평화가 도래할 것이다(수 14:13-15). 네피림은 교만한 인간의 육신적 능력만을 의지하고 하나님 앞에서 대적하는 자들을 가리킨다. "교만은 패망의 선봉"(잠 16:18; 18:12)이라는 말씀을 기억하여 낮은 자리에 서는 것이 지혜요, 은혜받는 길이다.

사랑하는 성도 여러분!

여러분은 세상에서 크고 위대해지길 바라는가? "그들은 용사요 고대의 유명한 자라." 하나님과 다투어가면서까지 세상의 아름다움을 선택할 것인가? 결국 땅에 속한 사람의 딸들의 아름다움에 취하여 잘못된 선택으로 하나님과 결별하게 되는 비극이 네피림을 만드는 길임을 알고 정신 차려야 한다. 네피림의 단계에 이르면 하나님의 심판이 따른다는 사실을 명심하라. 세상에 네피림이 많아지고 그 가운데 니므롯 같은 자가 나와 바벨을 건설하는 상황이 벌어진다면, 그때가 마지막 때인 줄 알라(계시록의 바벨론 건설). "노아 시대와 같으리라"는 경고의

---

127) 영적인 주석을 덧붙이자면, 네피림(인본주의 극치)은 여호수아(예수)에 의해 진멸되게 되어 있다.

말씀처럼 주의 심판과 재림이 임박했다는 표적인 줄 깨달으라. 믿는 신자들이 세상과 혼합하여 영성을 잃고, 세상(땅)에서 유명한 자가 되길 바라는 한 타락과 심판은 정해진 순서다.

하나님의 아들들인 신자들이 세상의 딸들과 결합하면 영적이며 신령한 자손을 얻는 것이 아니라 인본주의 열매인 네피림을 얻게 된다는 것을 알고 두려워하라. 아울러 우리가 속한 나라 곧 하나님의 나라는 세상의 기준과 아주 다르다는 사실을 명심하고, 주님의 말씀을 기억하기 바란다.

> "예수께서 제자들을 불러다가 가라사대 이방인의 집권자들이 저희를 임의로 주관하고 그 대인들이 저희에게 권세를 부리는 줄을 너희가 알거니와 (26)너희 중에는 그렇지 아니하니 너희 중에 누구든지 크고자 하는 자는 너희를 섬기는 자가 되고 (27)너희 중에 누구든지 으뜸이 되고자 하는 자는 너희 종이 되어야 하리라" (마 20:25-27)

구약 믿음의 선진들이 삶에서 경험한 지혜의 권고를 들으라.

> "여호와여 내 마음이 교만치 아니하고 내 눈이 높지 아니하오며 내가 큰일과 미치지 못할 기이한 일을 힘쓰지 아니 하나이다 (2)실로 내가 내 심령으로 고요하고 평온케 하기를 젖 뗀 아이가 그 어미 품에 있음 같게 하였나니 내 중심이 젖 뗀 아이와 같도다." (시 131:1-2)

C. 사람의 두 주인

"한 사람이 두 주인을 섬기지 못할 것이니 혹 이를 미워하며 저를 사랑하거나 혹 이를 중히 여기며 저를 경히 여김이라 너희가 **하나님과 재물**을 겸하여 섬기지 못하느니라. (25)그러므로 내가 너희에게 이르노니 <u>목숨을 위하여</u> 무엇을 먹을까 무엇을 마실까 몸을 위하여 무엇을 입을까 염려하지 말라 목숨이 음식보다 중하지 아니하며 몸이 의복보다 중하지 아니하냐? (26)공중의 새를 보라 심지도 않고 거두지도 않고 창고에 모아들이지도 아니하되 너희 천부께서 기르시나니 너희는 이것들보다 귀하지 아니하냐? (27)너희 중에 누가 염려함으로 그 키를 한 자나 더할 수 있느냐? (28)또 너희가 어찌 의복을 위하여 염려하느냐? 들의 백합화가 어떻게 자라는가 생각하여 보라! 수고도 아니 하고 길쌈도 아니 하느니라 (29)그러나 내가 너희에게 말하노니 솔로몬의 모든 영광으로도 입은 것이 이 꽃 하나만 같지 못하였느니라. (30)오늘 있다가 내일 아궁이에 던져지는 들풀도 하나님이 이렇게 입히시거든 하물며 너희일까 보냐? 믿음이 적은 자들아! (31)그러므로 염려하여 이르기를 무엇을 먹을까 무엇을 마실까 무엇을 입을까 하지 말라 (32)이는 다 이방인들이 구하는 것이라 너희 천부께서 이 모든 것이 너희에게 있어야 할 줄을 아시느니라."(마 6:24-32)

예수님이 본문을 말씀하게 된 배경이 무엇인가? 먹고 입고 사는 문제 때문이다. 인간에게 가장 1차적이며 우선시되는 문제가 의식주 문제다. 의식주 문제로 염려하는 것은 결코 그리스도인이 할 일이 아님을 강조하는 내용이다. 이유는 아버지(천부)가 있기 때문이며(32절), 그런 염려는 아버지가 없는 이방인들이 해야 할 일이라고 말씀하신다. 의식주 문제로 염려한다는 것은 육의 목숨 때문이다(눅 12:22). 우리 인간은 아무리 염려한다고 하더라도 지극히 작은 것 하나도 해결할 능력이 없는 존재인데(눅 12:26), 무엇을 염려하느냐고 지적하신다.

염려(3309, μεριμνάω)는 세상일을 생각하느냐와 주의 일을 생각하느냐에 따라 나누인다(고전 7:34-원문). 주님은 베드로를 향하여 사람의 일을 생각하기 때문에 사단의 종이 된 것을 책망하셨다(마 16:23). 역설적으로 누구든지 자기 목숨을 구원하고자 하면 잃을 것이라고 경고하셨다(마 16:25). 주님은 결국 인간이 염려하는 궁극적인 문제는 목숨(5590, ψυχη) 문제라는 것을 드러내셨다. 이 목숨 문제를 다스리는 길은 자기 십자가를 지는 길밖에는 없다고 하셨다(마 16:24).

🔎 3309 μεριμνάω **메림나오**
3308에서 유래; '근심하다', 염려하다, 생각에 잠기다 〈마 6:34〉동. to be anxious;

🔎 3308 μέριμνα **메림나**
3307(마음이 어수선해짐, 나누다)에서 유래; '걱정', 근심, 염려 〈눅 21:34〉여명. anxiety;

본문에서 주님이 말씀하고자 하는 것은 그 목숨의 염려 때문에, 세상일로 인한 염려 때문에 두 주인을 섬기려는 말도 안되는 일이 생긴다는 것을 지적하신다. 사람은 두 주인을 섬길 수가 없는 존재임을 미움(증오)과 사랑, 중히 여김과 경히 여김으로 구별하여 설명하신다. "중히 여기다"고 번역한 안텍세타이(472, ἀνθέξεται)는 중간태로서 "자기 자신의 이익 때문에 이 일을 하다, …에 대하여 자신을 지키다, …에 관여하다"란 의미를 가진다. "경히 여기다"로 번역한 카타프로네세(2706, καταφρονήσε)는 카타(2596, κατα)와 프로네오(5426, φρονέω: 생각하다, 이해하다)에서 유래한 미래능동태로, "대수롭지 않게 생각하다, 업신여기다, 멸시하다"를 의미한다. 이 단어는 사람 또는 사물에 대해, 또는 어떤 일을 이유로 사람에 대해 멸시하고 무시하는 식의 행동을 한다는 일반적인 의미로 흔히 사용되는 단어이다. 긍정적으로 또는 부정적으로 사용된다.

그런데 사람에게 주인 노릇 할 수 있는 것으로 하나님과 "재물"(3126, μαμμωνᾶς)을 말씀하신다. 재물은 하나님이 우리의 필요를 위해 선물로 주신 것이다(전 5:19). 재물에 관계된 모든 것은 하나님이 주시는 것이고, 하나님께로부터 나오는 것이지 결코 하나님과 대등하게 비견될 것이 아니다.[128] 그리고 주신 그 재물로 하나님을 섬기며 공경하는 일에 사용해야 한다고 성경은 말씀한다(잠 3:9). 그럼에도 불구하고 그 재물이 하나님과 주인 자리를 놓고 다툴 정도로 격상된 것은 순전히 인간의 목숨에 대한 염려로 생기는 어리석음 때문이다.

🔍 3126 μαμμωνᾶς **맘모나스**
아람어에서 유래 ('안락', 즉 【상징적으로】 의인화 한 '부'); 신성화된 '허욕', 돈 〈마 6:24〉남명. mammon;

맘모나스는 마모나스(3120의 이형, μαμμωνᾶς)로도 표기되었다. 이 단어는 신약성경에서 맨 처음 나타나며, 아람어 마몬의 강조형 마모나(아마도 '아무개가 신뢰하는 것'을 뜻하는 어근 아만 〈539, אָמַן〉에서 파생)에서 유래했으며, "부, 재물, 맘몬"을 의미한다. 유대 문헌에서 "자원", "이득"[129] 사이에는 밀접한 연관

---

128) 신 8:18; 대하 1:12; 잠 22:4; 전 6:2.

이 있다. 그러나 마모나스는 인간의 가치를 구성하는 부와 재산을 암시한다. 우리는 언제나 이 마모나스의 유혹으로부터 자유로워야 한다. 우리가 재물을 의지하여 신으로 섬기는 자세는 한 마디로 믿음이 적기 때문이다(마 6:30). 이는 책망 들어 마땅함 모습임을 알고 회개해야 한다.

본문에서 "재물"로 번역된 맘모나스는 돈만을 가리키는 것이 아니다. 돈을 비롯하여 인간의 탐욕을 만족시킬만한 것들 곧 부의 가치를 채우는 모든 것들을 가리킨다.

지금까지 살핀 근거를 가지고 이제 원어 설교를 만들어보자.

📖 마 6:24下

3756	1410	2316	1398	2532	3126
οὐ	δύνασθε	θεῷ	δουλεύειν	καὶ	μαμωνᾷ.
형부	동직현중복2	명여남단	동부현능	접대	명여남단
못	너희가 할 수 있다	하나님	섬기지	과	재물

문법적 번역: 너희는 하나님과 재물을 섬길 수 **없다.**

1. 맘모니즘(재물)의 신앙이란 어떤 것인가?

우리가 살고 있는 현대는 물질 만능주의에 젖어 사는 세대임은 부인할 수 없다. 그것이 오늘 교회 안에까지 들어와 모든 신자의 의식을 장악한 것이 큰일이다. 주님은 당시 제자들을

---

129) (특히 부정직한 것), "배상금"이나 "몸값, 속전, 뇌물" 등의 의미로 사용되었다. 일반적으로 이것은 고상하지 못한 의미를 가지고 있으며, 종종 불의한 것으로 불리고, 윤리적 비난과 훈계의 표적이 된다. μαμωνᾶ τῆς ἀδικίας(불의의 재물; 눅 16:9,11)와 ἡ ἀπάτη τοῦ πλούτου(재리의 유혹; 마 13:22; 막 4:19)

향하여 이 말씀을 가르치심으로 이미 인간이 무엇에 약하며, 노예가 될 위험성이 있는지 간파하셨다. 현대 그리스도인들은 이미 바알 신앙과 맘모니즘에 빠져 허우적거린다. 탐욕을 부추기고 바알과 맘몬을 섬기고 있으면서도 그것이 우상숭배인 줄 모른 채 속는 인생을 살고 있다. 돈은 중립이라고 가르치면서 은근히 물질 축복 사상을 집어 넣어 부추기는 가르침이 교회 안에 난무한다. 재물이 이제는 경제적 가치를 넘어 신이 되어 신자들 위에 군림하기까지 되었다.

바알과 맘몬 신에게는 말씀이 없고, 거기에는 윤리 또한 있을 수 없다. 오늘날의 교회가 그런 영에게 미혹되는 이유는 교회에 말씀이 없기 때문이다. 말씀이 선포되고 전해진다고 하지만 형식에 치우치고, 말씀을 듣기는 들어도 말씀을 주인으로 여겨 지배를 받지 않는 신앙은 결코 하나님을 주인으로 섬기는 신앙은 아니다. 그런 신앙의 토양에는 맘몬과 바알이 자리 잡기에 아주 좋다. 마치 군대 귀신이 돼지 떼에게 들어가길 구하듯이… (막 5:1-13).

  "이스라엘이 바알 브올에게 부속된지라 여호와께서 이스라엘에게 진노하시니라"(민 25:3)

오늘날 많은 교회의 상태도 바알브올에게 "부속된"(6775, צָמַד) 상태라고 해도 과언이 아니다. 이 단어는 바브 연속접속사 니팔 미완료형으로 쓰여 "스스로 결합했다, 스스로 부속(귀속)시켰다"를 의미한다. 이스라엘이 스스로 바알브올에게 결합하여 그에게 귀속되었다는 뜻이다(민 25:3,5; 시 106:28).

물질적인 '부'(富) 자체를 정죄할 이유는 없다. 왜냐면 하나님의 선물이기도 하기 때문이다. 선물로서 바로 활용하면 되는 일인데, 현실은 그렇지 못하기 때문에 문제가 된다. 부를 쌓고 이루어가는 과정에 문제가 바알 숭배로 이어진다는 것이다. **맘**

모니즘은 재물에 인간의 탐욕이 결합하여 재물이 신이 되는 것을 말한다. 재물에 인간의 마음을 빼앗기고 재물에 종이 되어 얻는 모든 이익은 불의의 재물이 되며, 그것이 물질을 최고의 가치로 여기는 맘모니즘 숭배로 이어진다. 우리는 말씀의 교훈을 잊지 말고 늘 새김질해야 재물의 종이 되지 않을 수 있다. 재물은 우리 신자들의 다스림을 통하여 사람의 생명을 살리는 일에 유익하게 사용해야지 재물의 종이 되어서는 안 된다.

> "저희에게 이르시되 삼가 **모든 탐심을 물리치라**. 사람의 생명이 그 소유의 넉넉한 데 있지 아니하니라."(눅 12:15)

사람의 탐심은 과정을 중요하게 생각하지 않는다는 것이 특징이다. 오히려 탐심을 하나님의 비전을 이루는 것으로 합리화한다. 또한 "꿩 잡는 게 매"라는 식의 사고를 소유하고 있다. 목사와 교인들의 의식에 이 정신이 아주 강하게 자리 잡고 있다. 그럼에도 이게 무서운 미혹인 줄을 모른다는 것이 문제다. 부의 목적이 탐욕으로 대체되었고, 사리사욕을 위해서 모든 불법과 탈법을 자행하면서도 입으로는 "하나님을 위하여"란다. 그렇게 이루고 성취한 세속적 성공을 하나님의 축복이라고 떠들어댄다. 이것이 바알브올에게 연합된 모습이요, 하나님의 진노를 쌓는 일이다. 여기서 사도 바울의 안타까운 권면을 잊지 말아야 한다.

> "부하려 하는 자들은 시험과 올무와 여러 가지 어리석고 해로운 정욕에 떨어지나니 곧 사람으로 침륜과 멸망에 빠지게 하는 것이라 (10)**돈을 사랑함**이 일만 악의 뿌리가 되나니 이것을 사모하는 자들이 미혹을 받아 믿음에서 떠나 많은 근심으로써 자기를 찔렀도다."(딤전 6:9 - 10)

누가 부한 것이 하나님의 뜻이요, 신자에게 축복이라고 가르치는가? 부귀는 하나님이 선물로 줄 사람에게 주시는 것이지 모든 신자에게 주는 것이 아니다. 부귀야말로 다른 사람, 곧 가난하고 약한 사람을 위해 사용하라고 주시는 곧 하나님의 나라와 의를 위하여 사용하라고 주는 도구일 뿐이다. 그래서 어떤 신자에게 부귀를 주신다면, 그것은 자기만을 위하여 쓰라는 뜻이 아니라 청지기로서 하나님의 뜻대로 사용하라고 주시는 사명인 줄 알아야 한다. 거기에 자기 사욕을 채우려는 탐욕이 끼어들면 바알브올에게 귀속된다는 사실을 아는가? 바울은 이렇게 권면한다.

"오직 너 하나님의 사람아! **이것들을 피하고** 의와 경건과 믿음과 사랑과 인내와 온유를 좇으며 (12)믿음의 선한 싸움을 싸우라 영생을 취하라 이를 위하여 네가 부르심을 입었고 많은 증인 앞에서 선한 증거를 증거 하였도다."(딤전 6:11-12)

"그런 것들을 피하라"(5343, φεύγω)고 가르친다.[130] 피하라! 그런 것들이 무엇인지 알고 거기서 도망치라는 말이다(각주를 참고하라). 요셉처럼 보디발의 아내가 미혹하며 붙들고 달려드는 정욕의 영을 피하여 도망하라는 말이다. 비록 그로 인하여 자신에게 억울한 누명이나 불이익이 주어질지라도 그 자리에서 도망치는 것이 하나님이 원하시는 신앙이다. 디모데에게 권한 것처럼 생명의 길로 힘 있게 달려가야 한다. 수동적으로 피하고 도망만 하라는 뜻이 아니라, 피할 것은 피하면서 적극적으로 추구하고 달려가야 할 것이 따로 있다는 의미다.

---

130) 퓨고는 도덕적으로는 "삼가다, 멀리하다, 피하다"를 의미한다. ①고린도전서 6:18에서 "음행을 피하라"고 권면한다. ②고린도전서 10:14에서 "우상숭배를 피하라"고 권면한다. ③디모데후서 2:22에서 "청년의 정욕을 피하라"고 권면한다. 본문은 "부자가 되려는 미혹을 피하라"고 가르친다.

2. 누구(무엇)를 섬기는 신앙이어야 하는가?

사람은 홀로 살 수 있는 독립된 존재가 아니다. 처음부터 그렇게 빚어졌다. 홀로 서기에는 너무나 부족한 존재로 창조되었다. 따라서 반드시 누군가와 연합해야 비로소 제 구실을 하는 존재라는 사실을 잊으면 실패한다. 그 "누군가"가 우리를 지으신 하나님이시다. 우리 인간은 하나님 없이 생존이 불가능하고 영생은 말할 것도 없다. 그런데 범죄한 인간은 하나님 없이 독립하려 한다. 이것이 교만이요 어리석음이라고 성경은 말한다. 성경에서 고아와 과부는 영적으로 하나님 없이 사는 인생들을 가리킨다. 그래서 신자들을 일컬어 하나님의 자녀요, 예수 그리스도의 신부라고 하는 신분을 주셨다. 더 이상 거듭난 신자들은 고아도, 과부도 아니란 것을 증명하기 위해서다.

📖 마 6:24上

3762	1410	1417	2962	1398
Οὐδεὶς	δύναται	δυσὶ	κυρίοις	δουλεύειν·
형형기주남단	동직현중단3	형기여남복	명여남복	동부현능
아무도 못	그가 할 것이다	두	주인을	섬기지

문법적 번역: 아무도 두 주인을 섬기지 못할 것이다.

분명하게 밝히고 넘어가야 할 것은 그 누구도 절대 두 주인을 섬길 "능력이 없다"는 점이다. 마태복음 6:24에서 섬길 수 있는 사람이 아무도 없다는 사실을 두 번(Οὐδεὶς δύναται, οὐ-δύνασθε)이나 반복하여 말하고 있다. 결국 내가 주인을 선택하는 것이 아니라 주인에 의해 선택받는 존재임을 알라는 말이다. 재물도 나를 노예로 삼으려고 하고, 하나님도 나를 당신의 소유로 삼고자 하신다. 하나님은 이미 나를 피 값으로 사셔서 주인이 되셨는데, 내가 그것을 깨닫지 못하는 것이고, 재물은 나를 위해 아무것도 하지 않았으면서 현실적이며 육적인 정욕을 자극하여 미혹하는 것으로 노예 삼고자 한다는 것을 깨달아야 한다.

우리 신자들은 죄에서 이미 해방되었는데, 여전히 죄가 우리를 자기의 종으로 부리려는 것과 같다. 따라서 우리가 실질적으로 붙들려 노예(의의 종)로 섬겨야 하는 분은 하나님이다(롬 6:13,19). 본문에서 "섬기다"라고 번역된 δουλεύω(1398)는 노예가 되는 것을 가리킨다. 그리스도인이란 말은 곧 그리스도의 노예란 말과 의미적으로 동일어란 것을 알아야 한다(이 문제를 다룰 기회가 있을 것이다).

🔎 1398 δουλεύω 둘류오
1401(둘로스-종, 묶인 사람)에서 유래;(문자적으로 혹은 상징적으로) '예속되다', 속박되다, 섬기다 〈행 20:19〉동. to serve as a slave;

🔎 1210 δέω 데오
기본 동사; (문자적으로 혹은 상징적으로 여러 면에서) '묶다', 동이다.

이 단어를 무엇으로 번역해야 하는가? 자칫 번역하는 것이 원어의 본래 뜻을 호도(糊塗)할 수 있기 때문에 주의 깊게 조심스러운 태도로 접근해야 한다. 영어로는 Servant, Slave 등으로 번역하는데, 과연 어느 단어가 적절한지 고민해야 한다. 한글로는 어떤지 살펴보자.

▶ 종
1. 남의 집에서 대대로 천한 일을 하던 사람
2. 남에게 얽매여 그 명령에 따라 움직이는 사람(비유적)

▶ 노예

1. 남의 소유물이 되어 부림을 당하는 사람. 모든 권리와 생산 수단을 빼앗기고, 물건처럼 사고 팔리던 노예제 사회의 피지배 계급이다.
2. 인간으로서 기본적인 권리나 자유를 빼앗겨 자기 의사나 행동을 주장하지 못하고 남에게 사역(使役)되는 사람.

〈영어〉

1. Servant; 집안의 허드렛일을 하는 하인, 고용된 종업원, 봉사자, 공무원.
2. Slave; 노예, 뼈 빠지게 일하는 사람, 주인의 소유물.

종(Servant)과 노예(Slave)의 공통점과 차이점은 무엇일까? 공통점은 자신의 뜻이 우선되는 것이 아니라, 주인의 뜻이 우선되어야 한다는 점이다. 차이점은 주인의 뜻을 성실히 따라야 하는 충직한 노예의 이미지가 Slave의 의미인 반면, 어느 정도 자기의 이익을 따라 노동력을 제공하는 것이 바로 Servant의 의미다. Slave는 운명적인 것으로 묶여 있다고 생각했고, Servant는 계약 또는 고용의 개념이 있기 때문이다. 그런 면에서는 Slave는 자기 의사대로 신분을 바꿀 힘이 전혀 없으나 Servant는 언제든지 계약이 해지되면 자유로운 신분이 되는 종업원 개념으로 이해된다. 요약하면 종(Servant)은 고용된 존재요, 노예(Slave)는 소유된 존재다.

영어번역 성경은 둘로스를 거의 Servant로 번역했다. 그러나 둘로스(1401, δοῦλος)가 신약성경이나 세속적인 헬라문학에서 사용될 때는 '언제나' 노예(Slave)를 의미했다(Theological Dictionary of the New Testament, Rengstorf, δοῦλος 항목, 2:261).131) 그에

---

131) 이 단어의 강조점은 항상 노예로 섬기는 것이다. 즉 섬기는 사람의 선택과는 상관없이 주인의 뜻에 따라야 하기 때문에 자신이 좋든 싫

비해 Servant는 누구를 위해 일할 것인지 무엇을 위해 일할 것인지를 선택할 자유가 있다. 어느 정도의 자치권과 개인적인 권리를 포함한다. 이같이 노예(Slave)는 자치권이나 권리가 전혀 없는 주인의 소유물 그 자체를 말한다. 둘로스라는 단어가 이리도 분명한데, 왜 모든 성경의 번역은 노예보다 종이란 용어를 선택했는지 조금은 의아하다(한글 번역조차도).

섬기는 문제를 집요하게 분석하는 이유는, 용어의 의미가 제대로 전달되지 않기 때문에 재물과 하나님 섬기는 것을 인간의 선택 정도로 여기기 때문이다. 사람에게는 절대 그런 권한이 없다. <u>인간에게 참된 지위는 하나님의 노예가 되는 것이라고 말할 정도로 이 문제는 중요하다.</u> 우리가 하나님의 소유요, 노예라고 생각하는 것은 절대 자존심 상하는 문제가 아니라 행복한 일이다. 왜냐면 노예라고 할지라도 보통 노예가 아니기 때문이다. 그리스도께서 우리를 당신의 피 값으로 사셨기 때문이다. 도대체 우리가 무엇이기에 그렇게 값진 희생을 치르셨는가 생각하면 감격할 수밖에 없다.

참된 기독교 신앙이란 나의 삶 + 예수님이 아니다. 우리가 그 어떤 것보다도 하나님을 기쁘시게 하는 삶을 추구하며, 그분에게 온전히 헌신함으로 영광 돌려야 한다. 우리 삶에서 어떤 값을 치르더라도 그리스도의 노예로서 사는 것만이 영원한 즐거움이 될 때, 비로소 진정한 그리스도인이라고 말할 수 있다.

3. 신자의 삶은 하나님의 나라와 의를 구하는 삶이다.

재물과 하나님, 둘을 비교하며 인간이 주인으로 섬길 대상이 누구인가를 논하는 자체가 하나님께 불경스럽고 말이 안 되지만, 그 말이 되지 않는 짓들을 신자들이 하고 있기 때문에 이

든 상관없이 주인을 섬겨야만 한다.

런 말씀까지 전해야 하는 지경에 이르렀다. 재물의 노예가 될 것인지, 하나님의 노예가 될 것인지 입으로 정답을 말하라는 것이 아니라 삶으로 말하라는 이야기다. 이것은 결국 참된 믿음에 관한 문제다.

재물과 하나님 사이에서 번민하고 마음이 나누인다는 것, 곧 염려한다는 것은 믿음이 적기 때문이다. 주님이 이 땅에서 제자들을 향하여 강조하시고 가장 염려하셨던 문제가 이 믿음의 문제다. 믿음이 적다는 말은 주를 믿긴 하지만, 온전한 신뢰 관계가 되지 못했다(완전한 연합이 되지 못했다)는 말이다. 현실적인 문제에 부딪히면 언제나 흔들리고 근심하며(5015, ταράσσω) 염려하는 것이 적은 믿음의 증거다. 동사 타랏소는 "함께 흔들다, 선동하다, 동요시키다, 교란(혼란)시키다, 어지럽히다"를 의미한다. 수동태는 항상 부정적인 의미로 사용되어 "두려워하다"와 같은 감정적 동요를 함축하고 있다. 즉 마음 상태를 "혼란(무질서)에 빠뜨리다"는 것을 의미한다(요 14:1은 수동태로 쓰였다).

주님이 바라시는 "하나님의 나라와 그의 의를 구하는 삶"(6:33)을 살려면 "천부께서 이 모든 것이 너희에게 있어야 할 줄을 아신다"(6:32)는 믿음을 가져야 한다. 이 말씀은 우리에게 곧 당신의 자녀들에게 '필요한'(5535, χρήζω) 모든 것을 아시고 공급하신다는 의미다. 그러나 분별해야 할 것은 우리의 '원하는'(2309, θέλω) 모든 것을 공급하는 것이 아니란 점이다. 만일 우리의 원하는 대로 다 공급하신다면 행복이 주어지는 것이 아니라 믿음이 무너지고 결국 망하고 만다. 하나님의 나라와 그의 의를 구하는 삶이 무엇이기에 우리의 필요를 채워주시는 하나님을 신뢰하라고 하는지를 깨달아야 한다. 그것이 하나님의 나라와 의를 구하는 일에 무슨 근거가 된다는 말인지 알아야 한다.

여기서 하나님의 나라는 하나님의 온전한 통치가 시행되는 나라를 가리킨다. 그 나라는 재물이 신(god) 노릇을 하는 나라가 아니고 오히려 재물이 하나님의 의를 세우는 나라이다. 왜냐면 여기 의가 "구제"를 가리키는 의미를 포함하기 때문이다 (마 6:1-2). 마태복음 6:1을 스테판 사본으로 살펴보라. 알랜드 사본의 의(1343, δικαιοσύνη)는 구제(1654, ἐλεημοσύνη)로 나타난다. 스테판 사본의 기록을 따르면 그대로 2절과 문맥이 잘 어울리게 연계된다. 결론적으로 33-34절과도 잘 연계되어 6장 전체의 주제가 무엇인지 알 수 있다. 그것은 곧 하나님의 나라와 그의 의를 구하는 삶이 무엇인지 보여 준다.

📖 마 6:33下

2532	3778	3956	4369	4771
καὶ	ταῦτα	πάντα	προστεθήσεται	ὑμῖν.
접대	형형지주중복	형주중복	동직래수단3	명대여복2
그러면	이것들을	모두	그것이 더해질 것이다	너희에게

문법적 번역: 그러면 이 모든 것들이 너희에게 **더해질 것이다.**

즉 하나님의 나라가 온전히 시행되는 것, 곧 사랑의 긍휼(구제)을 행하면, 하나님이 너희에게 필요한 모든 것을 더하시겠다는 의미다(참고. 마 10:21). 이는 마치 누가가 말한 내용과 일치한다.

> "주라! 그리하면 너희에게 줄 것이니 곧 후히 되어 누르고 흔들어 넘치도록 하여 너희에게 안겨 주리라 너희의 헤아리는 그 헤아림으로 너희도 헤아림을 도로 받을 것이니라."(눅 6:38)

다시 말해서 하나님의 나라와 의는 용서, 대접, 자비를 베푸는 것 등 하나님의 사랑이 실현되는 나라를 만드는 것으로서 (눅 6:27-38), 신자의 삶이 어떤 모습이어야 하는지 잘 보여주는 말씀이다. 재물의 노예가 되지 않고 하나님의 노예로서 구제(자비, 긍휼)의 삶을 실제로 사는 것이 하나님의 나라와 그의 의를 이루는 온전한 성화의 삶이요, 영생을 얻는 길이란 것을 가르치셨다. 그리하면 우리에게 필요한 것은 충분하게 더하실 것이라는 약속과 함께.

> "예수께서 가라사대 네가 온전하고자 할진대 가서 네 소유를 팔아 가난한 자들을 주라 그리하면 하늘에서 보화가 네게 있으리라 그리고 와서 나를 좇으라 하시니"(마 19:21)

지금까지의 말씀을 통해 부자 청년에게 말씀하신 "네가 온전하고자 할진대 네 소유를 다 팔아 가난한 자에게 주라"는 말씀이 곧 하나님 나라의 의를 구하는 일이었다는 것이 밝혀진다.

Ⅳ. 원어 연구방법의 문제점들

Ⅲ. 원어 연구방법의 문제점들

원어를 연구하고 설교에 적용하며 해석하는 운동이 현대 (1980년대 이후)에 들어와 많이 활성화되었다. 그러나 아직 목사들에게는 여전히 어렵고 손대기 껄끄러운 대상이 원어 성경이다. 다행스러운 일은 시대를 좇아 원어 성경을 해석하기 쉽도록 여러 가지 컴퓨터 프로그램이 개발되어 속속 출시되고 여기저기서 많은 신자들도 애용하기에 이르렀다는 점이다. 그러다 보니 우후죽순처럼 원어 성경을 가르치는 자들이 나타났고, 그로 인한 부작용도 심각할 정도이다. 심지어 원어 성경을 공부하고 다룬다고 하면 이상한 신자라고 의심의 눈총을 받을 정도로 혼란스러운 시대인 것도 사실이다. 소위 원어를 한다고 하는 사람들을 만나보면 그럴 법도 하다는 생각이 든다. 별의별 희한한 방법으로 원어 성경을 해석하며, 자기들만이 무슨 희대의 비밀을 아는 사람인 양 교만하기 짝이 없고, 안하무인이며, 인격적으로나 영적으로 상대하기 싫을 정도로 왜곡된 사람이 많기 때문이다.

일반 신자들까지 원어 성경을 가까이하게 된 현상은 바람직하나 그렇다고 해서 검증되지 않은 자기 식으로 원어 성경을 대하거나 푼다면 그것은 심히 두려운 일이다. 과거 교회사에 나타났던 이단과 사이비한 자들의 나타남과 다름이 없다. 참으로 원어 성경을 해석하든지 번역 성경을 다루든지 간에 항상 두렵고 떨리는 마음으로 성경 말씀을 대해야 한다. 원어 성경이 아니라 천하의 어떤 성경 말씀을 다루더라도 지금까지 다루었던 성경해석법에서 크게 다르지 않음을 명심하되 점진적인 발전을 이루는 것이어야 한다.

원어 성경을 연구하고 해석하는 것은 무슨 특별권한이 있어서이거나 능력 때문이 아님을 인식해야 한다. "나는 원어 성경을 가지고 신앙생활 한다"는 특권의식을 가진 것부터가 교만의 발로이다. 다만 하나님을 사랑하고 그분의 말씀을 사랑하기 때문에 다른 사람이 껄끄러워하는 원어까지도 다루는 것뿐이란 정신을 가져야 한다. 더욱 겸손하고 온유한 심정으로 말씀을 대하고 원어를 대해야 할 일이다.

이제 원어 성경을 이해하는 요령과 방법에 대해 다루고자 한다. 먼저 잘못된 원어 해석의 방법을 몇 가지 소개하고, 조심스럽게 원어 성경을 이해하는 방법을 생각해보고자 한다.

잘못된 원어 해석방법들

이 부분에서 필자의 목표는 일부 잘못된 원어 해석 사례를 통하여 올바른 원어 성경 연구방법을 위한 지침을 제시하고자 한다. 여기서 예로 든 원어 성경에 대한 왜곡된 해석과 적용 사례들은 여러 저자의 출판물에서 발췌한 것들이다.

1. 주로 히브리어로 원어를 해석하는 방법

원어를 강조하는 사람들 가운데 주로 "히브리어"로 성경을 해석하는 자들이 있다. 심지어 그들은 신약도 원래는 히브리어 (혹은 아람어)로 되어 있는데, 제자들이 헬라어로 번역한 것이라고 주장한다.[132] 그 근거로 예수님이나 대부분의 제자들은 배운 것이 없는 불학무식한 자들로 당시 학문의 주축을 이룬 헬라어를 알지 못했다고 주장한다(행 4:13). 그러나 생각해보라. 마가복음은 로마인에게, 누가복음은 이방인에게, 로마서, 고린도서… 등의 서신서는 대부분 헬라 문화권에 있는 교회들에게 보낸 편지다. 그곳에 히브리어로 쓴 편지를 보냈다면 누구보고 읽으라고 그런 편지를 보냈다는 말인가? 이해하기가 어려운 주

---

132) 교회사적으로 마태복음은 본래 히브리어(혹은 아람어)로 기록되었으나 후에 헬라어로 번역되었다는 주장은 있었다.

장이다. 다만 헬라어로 된 신약성경에 히브리식 사고가 담겨 있다는 것만은 인정할 수 있다.

왜 그런 주장에 쉽게 미혹되는 것일까? 히브리어 한 가지로 신구약 성경을 모두 다루려는 편리한 생각 때문일 가능성이 높다. 그러나 그들이 주장하는 근거는 인간적 추론에 불과하다고 말할 수밖에 없다. 당시 유대인이나 서기관들 같은 인본주의자들과 닮은 부류로 이해할 수밖에 없다. 실제로 주님이 아람어를 쓰신 것도 사실이다. 그렇다고 해서 모든 말씀을 아람어나 히브리어로 사용하셨다는 근거도 없다. 오늘날 우리만 해도 일제 치하를 거쳤고, 세계적인 공용어인 영어를 배우며 사는 시대에 일상생활에 필요한 몇 개 언어를 사용할 정도로 다양한 언어를 구사하며 산다. 간단한 문장이나 단어 등은 자유자재로 섞어 쓰면서 산다.

그럼에도 불구하고 히브리어만을 사용하여 해석해야 한다고 고집하는 이유는 무엇일까? 생각하건데 헬라어에는 알파벳 자체의 단어 의미가 없으므로 자기들이 해석하는 방식으로는 안 되기 때문에 어쩔 수 없이 히브리어만을 고집하게 된 것이라고 이해된다. 따라서 인간의 인본주의적인 아집이라고 말할 수밖에 없다. 인간의 잘못된 고집은 완고한 우상숭배와 같음을 잊지 말아야 한다. 물론 신약의 헬라어를 구약의 히브리어로 번역하여 '참고'하는 문제는 얼마든지 가능하다고 생각한다. 그러나 그것은 어디까지나 '참고용'이다. LXX(70인역)가 구약을 헬라어로 번역하여 참고한 것처럼, 그 모든 것은 번역서이지 원문 Text는 아니란 점을 확실하게 구분하는 것은 필요하다.

최종적으로 하나님께서 구약은 히브리어로, 신약은 헬라어로 기록하여 우리에게 주셨다는 확신을 가지고 원문을 대해야 한다는 바른 자세를 말하고자 함이다. 갖가지 인간의 잡스러운 추론으로 말씀을 혼잡하게 만들지 말아야 한다. 하나님의 능력과 의도를 믿는다면 현재까지 섭리하신 그분의 주권과 인도하심을 순종해야 한다. 그렇지 않다면 그는 이미 참 그리스도인이 아니다.

부언하자면, 깊은 진리이기 때문에 이해하지 못한다는 얘기가 들리는데, 물론 깊은 진리라서 그 내용을 이해하는 데 한계가 있을 수 있다. 그러나 그들의 해석하는 방법이나 결과가 말이 되지 않기 때문에 이해할 수 없는 것이 있음도 알아야 한다. 가장 중요한 것은 '깊은' 진리보다 '바른' 진리가 우선이란 사실이다. 이들의 문제 있는 사례를 몇 가지 짚어보자.

1) 알파벳을 분해하여 단어를 해석하는 사례
고대 히브리어는 상형 문자로서 알파벳 자체가 의미를 가지고 있다. 예를 들어,

אַ = 황소, בּ = 집, ג = 낙타, ד = 문… 133)

그런데 문제는 이 각 알파벳이 가지고 있는 의미를 통하여 지나친 '영해'를 한다는 점이다. 몇 가지 사례를 들어보자.

אַ = "황소, 수소"란 의미를 가지고 있으며, 이 철자가 포함된 단어는 시작이나 신적인 요소가 함축되어 그 의미를 나타낸다고 하여, 이 알파벳이 들어가는 모든 단어를 이런 잠정적 의미가 있는 것으로 간주하여 해석한다.

אֶרֶץ가 단어적 의미로는 "땅"인데, אַ이 들어갔으므로 이 역시 "수소"의 의미를 가진 **신적인 요소나 시작의 요소가 함축되어** 있는 것으로 이해한다. ד는 "머리"란 의미를 가진 **진리가 채워져야 할 장소의 핵으로서 머리 또는 꼭대기의 역할**로 그 의미를

_____

133) 그러나 알파벳의 의미도 여러 갈래로 주장되고 있어 신중한 접근이 필요하다.

나타낸다고 해석한다. 또 צ는 "낚시 바늘"이란 의미를 가지고 **진리를 수행하는 요소를 선택하는 역할**을 한다고 주장한다.

그러면 결국 אֶרֶץ란 "땅"이란 의미를 어떻게 이해해야 하는가? 수소 + 머리 + 낚시 바늘 = 땅, 알파벳 자체의 의미를 연결하면 "수소의 머리가 낚시 바늘 역할을 한다." 정말 어이가 없는 해석이 만들어진다. 다음으로 각 알파벳이 가지고 있다는 영적인 이해를 중심하여 해석하면, "신적인 요소가 함축된 머리로서의 진리를 수행하는 역할을 하는 것이 땅"이다. 이것이 알파벳 문자를 분해하여 해석하는 방법의 하나인데, 실로 위험하기 짝이 없다.

알파벳의 고대 의미를 알고 적용할 필요가 있을 때가 있다. 단어 자체가 만들어진 배경과 뉘앙스를 알고자 할 때다. 그러나 단어는 단어 하나만으로 의사를 전달하는 데는 한계가 있다. 단어의 결합을 통해 문장이 만들어지면서 다양한 의미가 생성되기 때문이다. 이런 현상은 다른 나라의 언어에도 있다.

▸ family; father and mother I love you.
▸ 聽(들을 청); 王(왕) + 十(10) + 目(눈) + 一(하나) + 心(마음)
▸ 船(배); 舟(싣다) + 八(여덟) + 口(입) = 노아의 방주에 들어간 8식구

이는 마치 성경을 단어의 퍼즐 맞추기 식으로 이해하는 방식이다. 알파벳이 모여 하나의 의미를 가진 단어로서 어떤 내용을 전달하려는 것이 아니라 그 단어를 전부 해부하여 알파벳 하나하나의 의미를 자기 임의로 영해하여 적용하려는 것으로 비밀스런 암호처럼 해석하는 것이다. 성경은 그리스도에 대한 기록이라고 하는데, 하나님께서 단어로서의 기능은 상실한 채 알파벳을 전부 분해한 후 이해하도록 의도하셨을까? 그 단어가

가진 뜻이 저들이 말하는 영해를 따라 각 알파벳이 가지고 있는 의미를 전부 분해한 후 적용하여 이해해야 하는지 묻고 싶다(물론 고대 알파벳의 상형 문자의 의미를 찾아 이해하는 것이 도움이 되는 경우가 있다).[134]

이런 방식을 사용하는 자들 사이에도 혼선이 있다. 즉 단어 하나하나가 모두 예수 그리스도를 가리킨다는 말씀을 따라 모든 단어를 그리스도와 연계하여 해석하는 무리가 있다. 그 이유는 모든 성경이 주에 대하여 기록했다고 했기 때문이란다(요 5:39,46). 이런 사람들은 위 단어 אֶרֶץ도 결국 예수 그리스도로 귀결된다. 이들은 앞에서 알파벳을 분해하여 이해하는 방식처럼 해석하지는 않는다. 다만 모든 알파벳이 예수 그리스도와 연관되어 있다고 말하며, 그렇기 때문에 모든 알파벳의 조립은 결국 예수 그리스도를 가리키는 것으로 이해한다.

예를 들면, א이 "수소"인데 성경에서 "수소"는 예수 그리스도의 희생제물을 가리키는 제물로서 상징된 것이고, ר는 "머리"란 의미를 가지므로 머리 되신 예수 그리스도를 가리키고, צ는 "낚시 바늘"이란 의미로서 사람을 낚는 어부로서의 예수 그리스도를 가리킨다고 한다. 그래서 אֶרֶץ는 예수 그리스도를 나타내는 "땅"이라고 해석한다.

이들이 원어를 해석한다는 방법이 모두 이런 식이다. 이런 해석을 듣고 처음 듣는 해석이니, 놀라운 내용이니, 깊은 내용이니 하여 미혹되는 사례가 많기 때문에 여기에 실었다. 하여튼 히브리어를 중심하여 전 성경(신구약)을 해석하는 분들(종류는 다양하

---

134) 만일 히브리어 알파벳의 올바른 의미나 분해방법에 대해 도움받고자 하는 분들은 다음을 참고하라. Rabbi Michael L. Munk, *The Wisdom in the Hebrew Alphabet*, Mesorah Pub., 2014.; Robert M. Haralick, *The Inner Meaning of the Hebrew Letters*, Rowman & Littlefield Pub. 2005. ; Rabbi Yitzchak Ginsburgh, *The Hebrew Letters*, Linda Pinsky Pub. 1990. ; http://elshaddaiministries.us.

지만)을 조심해야 한다. 분별력이 요구되는 시대이므로 정신을
차리고 깨어 있어야 한다.

> "사랑하는 자들아, 영을 다 믿지 말고 오직 영들이 하나님께 속하
> 였나 시험하라 많은 거짓 선지자가 세상에 나왔음이니라"(요일
> 4:1)

2) 신약성경을 히브리어로 적용하여 해석한 방식
;요한계시록 13장의 '짐승'을 "생명"이라고 해석한다.

> "내가 보니 바다에서 한 <u>짐승</u>이 나오는데 뿔이 열이요 머리가 일곱
> 이라 그 뿔에는 열 면류관이 있고 그 머리들에는 참람된 이름들이
> 있더라."(계 13:1)

여기서 '짐승'은 θηρίον(2342)으로서 본래 "야생 동물"이나
"들에 사는 동물"을 의미하는데, 때로는 "새와 곤충"을 포함하
기도 한다. 후기에는 일반적으로 동물을 의미하게 되었다. 데리
온(θηρίον)은 일찍부터(플라톤 이후) 은유적으로 불손함을 나타내
는 용어로서 짐승과 같은 사람, 즉 동물, 괴물과 같은 자에 대
해 사용되었다. 로마 황제 네로는 모든 것을 먹어버리는 맹수
로 불렸다.

계시록에는 두 종류의 짐승으로 분류되므로 조심해서 분별해
야 한다(다른 하나는 ζῶον(2226)으로 "살아있는 동물"을 가리킨다).
어쨌든 계시록 13장의 짐승은 히브리어로 번역할 때 '찌이'(צִיִּי,
6728)로 번역되는데, '찌-'(צִי)와 동일하며, "들짐승(야생동물),
사막에 거하는 것"을 의미한다. 구약성경에서 이 단어는 6회
나온다(시 72:9; 74:14, 사 13:21; 23:13; 24:14; 렘 50:39). 분별
있는 번역을 하지 않고, 구약에서 히브리어로 '짐승'이라고 번
역할 수 있는 단어를 자기 임의로 적용하여 해석하다 보니 왜

곡이 발생한다. 아마도 구약의 '하이'(2416, חַי)를 적용하여 번역한 결과로 생각된다. 실제 신약을 히브리어로 번역한 성경을 보면 חַיָּה로 되어 있다. 이 단어를 חַי의 여성명사단수형으로 보느냐? 아니면 '하야'(1962, הַוָּה) 곧 "매우 사악하고 괴팍한 것"으로서의 '재앙'을 의미하는 명사로 볼 것이냐도 관건이다.

한 언어를 번역할 때, 그 단어에 적합한 단어를 찾는 것은 아주 어려운 작업이다. θηρίον이란 단어는 분명히 사나운 짐승을 가리킨다. 비록 사막에 거하는 짐승과 물에서 올라오는 짐승으로 다른 것 같지만, 계시록 13장에서는 상징과 비유의 표현이므로 그 문제에 집착할 필요는 없다. חַי란 단어는 ζῶον으로 번역하기에 적합한 단어이다. 따라서 만일 히브리어로 חַיָּה로 번역된 부분을 굳이 참고한다면, 여기서는 חַי의 여성명사 단수형이라기보다는 "매우 사악한 재앙"이란 의미로 보는 것이 문맥상 차라리 낫다.

생각해보라. 바다에서 올라오는 짐승을 "생명"으로 푼다면 그야말로 그 해석은 짐승에게 속한 자요, 사단에게 속한 자로 그자를 생명의 존재로 묘사하는 악한 일이다. 심지어 6은 생명의 숫자이니 생명을 가진 자들은 666표를 받아도 상관없다고까지 말한다. 이는 창세기의 뱀의 말과 무엇이 다른가? 선악을 알게 하는 나무(열매)를 먹으면 반드시 죽는다고 말씀하신 것을, 먹으면 하나님같이 되지 죽지 않는다고 말을 뒤집은 뱀의 후손이 아닌가 말이다. 참으로 두렵고도 개탄할 일이 아닐 수 없다. 아무리 원어 성경을 다루는 자라고 할지라도 그렇게 해석하는 것은 실로 위험하기 짝이 없다.

3) "자기 이해"식의 히브리어 적용 방식
(스타우로스 원어성경연구원, K 목사)
▸ 표시는 그의 문법적 설명이고, ☞는 그의 번역 내지는 사적인

해석이다.

사례 1. 창세기 1:1을 해석하다.

📖 창 1:1 בְּרֵאשִׁית בָּרָא אֱלֹהִים אֵת הַשָּׁמַיִם וְאֵת הָאָרֶץ׃

단어 하나하나를 해석하여 나름대로의 의미를 부여한다. 그의 방식을 하나씩 따라가 보자.

(1) בְּרֵאשִׁית(P.NFSG)태초에, 〈사역(私譯)의미〉; 인친 나의 머리 (시작) 안에

רֹאשׁ(7218)[135]= 머리,   בְ = …안에, '집'의 의미,

י =연계형, 나의(엘로힘의)   ת = 목표를 뜻함,   יִת =목표인

〈반론〉 יִת 는 여성형을 나타내는 어미 표시이다(스트롱번호 1004, 1285 참고). 그것을 더욱 세분하여 י =연계형, ת=목표를 뜻한다고 주장하는 근거가 희박하다. 앞에서도 이미 반론한 내용이지만 언어를 그렇게 분류하고 쪼개는 것은 문장의 의미를 파악하게 하는데 방해요소만 될 뿐이다. 어원과 어근을 참고하여 찾아가는 것은 합당하지만, 이렇게 알파벳을 쪼개는 것은 이미

---

135) 7225, רֵאשִׁית(레쉬트); 7218과 동형에서 유래; '첫째', 장소, 시간, 질서, 또는 계급에 있어서(특히 첫 열매):-시작, 중요한(-가장 중요한), 첫째의(열매, 부분, 시간), 제일의 것, 주요한 일.

7218, רֹאשׁ(로-쉬); '흔들다'는 뜻인 듯한 사용하지 않는 어근에서 유래;(가장 쉽게 '흔들리는' 것인)'머리', 문자적으로나 상징적으로(장소, 시간, 지위 등에 다양하게 적용됨):-무리, 시작, 기둥머리, 우두머리, 가장 중요한(장소, 사람, 일들), 떼, 끝, ×모든 【남자】, 탁월한, 첫째의, 선두의 우두머리(이다), 높이, 높은, 가장 높은 부분, 대 (제사장), ×이끌다, ×가난한, 제일의, 통치자, 총계, 꼭대기

단어형성을 부정하는 것이므로 합당하지 않은 방법이다. 알파벳으로 있을 때의 의미와 단어로 조합하여 형성된 후의 의미가 완전히 달라지는 예가 흔하기 때문이다.

(2) בָּרָא(VQAMZS)[136]창조하시니라, 〈사역(私譯)의미〉; 그가 창조했다(속성)

▸ 완료(태)는 시제가 아니라 상태이므로 속성이다.

ב=(1004, בַּיִת) 집(말 3:10), ר=(7218, רֹאשׁ) 머리(창 2:10)

א=(502, אָלֵף)[137] 배우다(마 11:29)

예) "나는 마음이 온유하고 겸손하니 <u>나의 멍에를 메고</u> 내게 배우라 그러면 너희 마음이 쉼을 얻으리니"(마 11:29)

☞ 배우고 익혀서 머리(우두머리)로 집을 세우는 속성이다.

〈반론〉 א="수소"의 의미가 있는데, 왜 "배우다"로 갑자기 선회하였으며, 예를 든 성구도 왜 갑자기 신약으로 가는가? 더구나 신약의 마태복음 11:29에는 히브리어로 번역된 אָלֵף가 쓰인 예가 없는데…

(3) אָלֵף(NMP)하나님, 〈사역(私譯)의미〉; 전능자를 소망하는 사역으로

אֱלוֹהַּ(433; 신성)→ אֵל(410; 힘센)에서 유래함

---

136) 1254, בָּרָא(빠라); 기본어근; (절대적 의미로)'창조하다' (권한을 가지고) (나무를)'찍어내다', 선택하다, 먹이다(형식적인 절차로서) :– 선택하다, 창조하다(창조자), 찍다, 부치다, 하다, 뚱뚱한(하게 하다)
137) 502, אָלֵף(알라프); 기본어근; …와 '사귀다'('연관시키다'); 따라서 '배우다'(사역형 가르치다):– 배우다, 가르치다, 발언하다.

▸ 본동사인 בָּרָא의 수와 불일치하여 주어가 될 수 없고, 창조주의 목표에 도달하는 사역이라 해석함이 합당하다.

☞ 엘로힘은 '전능자를 소망하는 사역인 창조주의 향함'이다.

⟨반론⟩ 본동사와 시제가 일치하지 않아 주어가 될 수 없다는 주장은 유대인의 언어사용 습관에 대한 무지의 소치이다. 엘로힘은 복수 형태를 취하고 있으나 구약성경에서 복수의 의미로 사용된 경우는 매우 드물다. 심지어 단일 이방 신을 가리키는 때도 복수형 엘로힘이 사용되었다(예: 삿 11:24; 왕상 11:5; 왕하 1:2).

엘로힘이 하나님에 대하여 사용될 때 복수 어미는 일반적으로 위엄을 나타내기 위해 사용된 것이며, 진정한 복수를 의도한 것은 아니다. 이것은 명사 엘로힘이 항상 단수 동사, 그리고 단수 형용사나 대명사와 함께 사용되었다는 사실에서도 입증된다. 본절에서 바라(בָּרָא) 역시 3인칭 단수 완료형이다. 이스라엘에 있어서 이 복수형은 완전을 나타내는 형태로 이해했다. 즉 하나님은 실제로, 그리고 그 단어의 가장 완전한 의미에서의 신이신 하나님이시라고 이해한 것이다.

복수형이 사용된 이유의 또 하나는 성경 자체에서 찾아볼 수 있다. 즉 창세기 1장에서 한 분이신 하나님의 유일성을 나타내면서도 위격의 복수성(삼위일체)을 허용해 줄 수 있는 용어의 필요성을 찾아보게 된다(창 1:2,26). 엘로힘이란 어형이 히브리어에서만 나올 뿐, 다른 셈어에서는 나오지 않으며, 심지어 성경 아람어에서도 나오지 않는다는 사실은 엘로힘이 삼위일체되신 유일무이하신 하나님이심을 지칭하는 이스라엘의 독특한 신명(神明)임을 확증하는 것이다.

(4) אֵת(O)[138]···를, ⟨사역(私譯)의미⟩; 전체를(길을 의미한다)

---

138) 853, אֵת(에트); '실재'의 지시적 의미로 226에서 유래한 압축형인

▸ 명사의 활동 범위이다.
☞ **배워야 목표에 도달한다.**

〈반론〉 אֵת는 목적어를 분명하게 지시해주는 번역 불가능한 불변사이다. 이 불변화사는 문법에서(다소 피상적으로) 타동사 뒤에 오는 직접 목적어의 표시로서 사용되곤 하는데, 그 기원은 알려져 있지 않다. 유력한 견해로는 אֵת가 본래는 '본질'(essence), '진수'(self) '실체'(substance)를 의미하는 명사였으나 그 후 언어의 역사적 발전 과정에서 그 의미를 상실했다고 보는 견해다. 요약해서 말하면, אֵת는 본래 실사였으며, 그 뒤에 오는 명사를 강조하기 위해 사용되었다. 시간이 흐름에 따라 강조적인 의미는 사라지고, אֵת는 특별한 의미를 지니지 않는 불변화사가 되었다(참조: V. P. Hamilton).

(5) הַשָּׁמַיִם(D.MND)하늘의, 〈사역(私譯)의미〉; 그 권위(진리를 연마)의

8064, שָׁמַיִם -하늘, 두 이름=진리(인식)를 의미

↑ 4325, מַיִם(물=인식)+ 8127, שֵׁן(치아)

〈반론〉 '솨마임'이 '마임'(물)과 '쉔'(치아)의 합성어라는 근거는 하나는 단어에서(마임=물), 다른 하나는 알파벳의 의미(신=치아)에서 뽑아 합성되었다고 이해한 것으로 보인다. 솨마임(NMD)은 쌍수로서 문자적으로는 "두 개의 하늘"을 의미하지만, 일반적으로 "하늘, 하늘들, 창공" 등으로 번역한다. 그리고 아마도 솨마임은 "높다"를 뜻하는 동사 '솨마'(사용하지 않는 어근)에서 유래된

듯하다; 아마 '자아(그러나 일반적으로 동사나 전치사의 목적을 보다 분명하게 지적하기 위하여 사용됨, '곧' 또는 '즉'):– 【일반적으로 표현되지 않음】

것이므로 "높은 곳"이라는 의미를 함축한다(B. D. Lexicon of the O.T.).

성경에 쓰인 솨마임의 용법은 다음과 같다.

① 물리적 하늘, 즉 보이는 하늘, "창공"

하늘은 공중에 있는 모든 것을 포함하며, 문맥에 따라 하늘 전체를 가리킬 수도 있고, 단지 일부분만을 가리킬 수도 있다. 하늘과 땅이 함께 우주를 구성하며 하나님에 의해 창조되었다. 하늘에는 새가 날고 있다(창 1:30; 신 4:17; 렘 8:7; 잠 23:5). 하늘은 구름으로 어두워지고(왕상 18:45), 바람으로 맑아진다(욥 26:13). 하나님은 그의 곳간에서 바람을 내신다고 한다(시 135:7).

은유적으로 성경은 하늘의 창문(창 7:11; 왕하 7:2; 말 3:10)에 대해 언급하며, 하늘은 문(창 28:17; 시 7:23), 기둥(욥 26:11), 기초(삼하 22:8)를 가지고 있고, 천막이나 커튼같이 펼쳐져 있는 것으로 말한다(사 40:22). 이러한 비유적 표현은 종종 현상학적이며, 또한 편리하고도 생생한 힘이 있다. 따라서 이스라엘이 불순종할 때 하늘은 철(레 26:19)이나 놋(신 28:23)과 같이 되고, 필요한 만큼의 비를 내리지 않을 것이라고 했다.

② 하나님이 거하시는 거처인 "하늘"

하늘은 하나님의 거처이며(신 26:15; 왕상 8:30-49; 대상 21:26; 시 139:7-8). 하나님은 하늘에서 통치하시며(신 4:35-36; 33:26,27), 간구를 들으시며(왕상 8:30-39, 54-56; 대상 21:26; 대하 7:14; 느 9:27; 시 20:6), 재앙을 내리신다(창 19:24; 삼상 2:10; 단 4:13-17). 에스겔은 하늘이 열리고 거기 계시는 하나님의 이상을 보았다(겔 1:1).

하늘은 하나님의 영광을 선포하고(시 19:1), 그의 의를 선포하고(시 50:6; 97:6), 그를 찬양한다(시 69:34). 그러나 하늘이 아무리 장대하다 할지라도 창조주 하나님에 비하면 보잘 것 없는 것이니 예배해서는 안 된다(출 20:4; 렘 44:17-25). 하늘은 비록 하나님의 보좌이긴 하지만(사 66:1), 어느 날 그 종말의 때에 연기같이 사라질 것이며(사 51:6) 두루마리같이 말릴 것이다(시 34:4). 그때에 하나님께서 새 하늘과 새 땅을 창조하실 것이다(사 65:17; 66:22; 벧후 3:13; 계 21:1-4).

③ 여러 가지 관계에서 의인화된 "하늘"

(사 1:2; 렘 2:12; 욥 15:15; 시 50:6; 89:5; 97:6)(참조: BDB; H. J. Austel).

(6) הָאֵת(O) 〈사역(私譯)의미〉; 그리고 전체를

▸ 동사의 활동 범위이다.

☞ 배워야 목표에 도달한다.

〈반론〉 이에 대한 반론은 이미 앞에서 다루었으니 참고하기 바란다.

(7) הָאָרֶץ(D.NFS)[139]땅, 〈사역(私譯)의미〉; 그 바탕의

Strong NO. 772, 773, 777 등을 참고.

☞ ① אֶרֶץ,는 여성명사로서 하늘(M)의 뜻을 수용하고 생산해야 할 바탕적 요소인 הָאָדָם의 바탕으로 혼돈, 공허, 흑암의 상태이다.

② הַשָּׁמַיִם과 הָאָרֶץ는 인자(人子)(마 10:23; 12:8; 13:37; 20:28; 26:64; 요 3:13)이다.

---

139) 에레츠(776, אֶרֶץ); 아마 '확고하다'는 의미의 사용하지 않는 어근에서 유래; '땅'(전체적으로, 또는 부분적으로 '토지') :- x공동의, 시골, 땅, 들, 흙, 토지, x옆방, 길, +광야, 세계

❖ 창세기 1:1의 번역; 그가 전능자를 소망하는 사역(אֱלֹהִים)의 목표인 머리(ἀρχή)안에 권위(הַשָּׁמַיִם; 인식의 연마) 전체(אֵת)와 땅(הָאָרֶץ; 바탕) 전체(אֵת)를 창조했었다.

❖ 창세기 1:1의 설명; 이는 우주 창조가 아닌 인간의 속사람인 아담의 내면세계를 구성하는 요소인 하늘(남성)과 바탕(여성)을 통해 하나님의 목적이 성취되도록, 그의 속성인 전능자를 소망하는 사역을 부여하시고, 이 속성은 אֵת의 범위 안에 처음 천지와 새 천지를 함께 언급하고 있다(스타우로스 원어성경연구원「창세기」, 2-4.).

스타우로스 번역

HOME > 학습자료실 > 스타우로스번역

제목	창세기[Genesis 빼레쉬트]		
작성자	관리자	등록일	2006-10-27
조회	2843		
파일	📄		

[창 1:1] 그가 전능자를 소망하는 사역(elohim)으로 인천 머리안에 권위인식(사상의 연마)의 전체와 땅(바탕)의 전체를 창조하였다.

[창 1:2] 그리고 그 바탕은 시끄러움으로 인천(내적상태) 나타내는 사역을 이끌어 흘러 황폐한 상태와 비어있는 상태와 흑암이 목표를 소망하고 있었다. 그리고 전능자를 소망하는 사역(엘로힘)의 영(기운)은 그 진리(認識)의 나타냄을 이끌어 흘려 (부화하려고)품고 있었다.

[창 1:3] 그리고 그가 전능자를 소망하는 사역(엘로힘)으로 (흑암, 무지를)밝힘이 있기 시작하라 말(정)하니 밝힘이 있기 시작하니라.

[창 1:4] 그리고 그가 전능자를 소망하는 사역(엘로힘)으로 그 (흑암, 무지를)밝힘의 전체를 감찰(인지)하기 시작했다. 왜냐하면 그가(밝힘) 선하기 때문이다. 그리고 전능자를 소망하는 사역(엘로힘)으로 그가 (흑암, 무지를)밝힘에 대한 이해와 그 흑암(무지)에 대한 이해로 구별하게 하기 시작하니라.

[창 1:5] 그리고 그가 전능자를 소망하는 사역(엘로힘)으로 그 (無知)밝힘을 위해서 시한(世代)를 초청하기 시작했고, 그 흑암을 위해서는 그가 역경(밤)을 초청했었다. 그리고 보증(저녁/무역)이 있고, 통일(하나)된 시한(世代)를 경작(아침/牧羊)하는 일이 있기 시작했다.

[창 1:6] 그리고 그가 전능자를 소망하는 사역(엘로힘)으로 정(말)하되 사상(認識)의 중앙에 궐침(궁창)이 있고, 사상(認識)을 위해 사상(認識)을 이해하므로 구별하게 했다.

[창 1:7] 그리고 그가 전능자를 소망하는 사역(엘로힘)으로 그 궐침(궁창)의 전체를 만들기(행하기)가 시작했다. 그리고 그 궐침을 위하여 바닥에서 나온 바 그 사상(認識)의 이해(理解)와 그 궐침을 위하여 위에서 나온 바 그 사상(認識)의 이해(理解)로 그가 구별하게 하니, 확립되기 시작했다.

Ⅳ.원어 연구방법의 문제점들 281

📖 총평:

　객관적인 해석으로서 일관성이 결여된 순전히 자기 생각에서 나온 주관적인 해석이다. 간단한 문법과 단어의 의미와 알파벳의 의미와 자기 사상 속에서의 생각들을 혼합하여 만들어 낸 해석이다. 자기의 의도를 따라 필요한 부분을 가져다 조합하여 만들어 낸 해석이라고 말할 수밖에 없다.

　물론 문자적이며, 단어적이며, 문법적인 해석이 전부란 의미가 아니다. 영적인 해석과 적용도 필요한 부분이 있다. 그러나 해석에는 분명한 일관성과 객관성이 따라야 한다. 성경을 빙자하여 자기만의 주장을 내세우는 것은 이미 정당한 해석이 아니라, 성경을 자기주장에 이용한 것에 불과한 행위이다. 아무리 원어가 아니라 그 이상의 어떤 것을 다룬다고 할지라도 원칙을 벗어나면 탈선하게 마련이다. 원어 및 기타 어떤 언어를 다른 언어로 번역하고 해석한다는 것은 실로 두렵고 떨리는 일이며, 원저자의 의도를 훼손할까 삼가 조심해야 하는 자세가 필요하다. 교만한 자는 반드시 패망할 것이며, 말씀을 혼잡하게 하는 자도 마찬가지다.

"또 우리에게 더 확실한 예언이 있어 어두운 데 비취는 등불과 같으니 날이 새어 샛별이 너희 마음에 떠오르기까지 너희가 이것을 주의하는 것이 가하니라 (20)먼저 알 것은 경의 모든 예언은 사사로이 풀 것이 아니니 (21)예언은 언제든지 사람의 뜻으로 낸 것이 아니요 오직 성령의 감동하심을 입은 사람들이 하나님께 받아 말한 것임이니라 (1)그러나 민간에 또한 거짓 선지자들이 일어났나니 이와 같이 너희 중에도 거짓 선생들이 있으리라 저희는 멸망케 할 이단을 가만히 끌어들여 자기들을 사신 주를 부인하고 임박한 멸망을 스스로 취하는 자들이라 (2)여럿이 저희 호색하는 것을 좇으리니 이로 인하여 진리의 도가 훼방을 받을 것이요 (3)저희가 탐심을 인하여 지은 말을 가지고 너희로 이를 삼으니 저희 심판은

옛적부터 지체하지 아니하며 저희 멸망은 자지 아니하느니라."(벧후 1:19-2:3)

4) '삶 배움터 성서연구원'의 L목사의 가르침을 살펴보자. 그의 저서 『원어 성서로 밝혀 본 신앙인이 알아야 할 정해진 규정들』(조직신학적으로 쓴 글)에서 "인간론" 부분을 보되 먼저 그의 주장을 그대로 옮겨 보겠다. 그가 제시한 히브리어 알파벳(자음) 문법을 실었으니 참고하기 바란다.

히브리어로만 성경을 푸는 단체에서 만든
히브리어 자음 문법

1. א(알레프) 표면의 뜻; **황소**,   수치; 1
☞ **내면의 뜻**(어근의 의미); **배움**-진리를 개방으로 익힌 믿음

2. ב(베트) 표면의 뜻; 집,   수치; 2
☞ **내면의 뜻**(어근의 의미); **안**-진리를 목표로 사역하게 한 안

3. ג(기멜) 표면의 뜻; 낙타,   수치; 3
☞ **내면의 뜻**(어근의 의미); **보답**-진리를 익힘으로 사역한 보답

4. ד(달레트) 표면의 뜻; 문,   수치; 4
☞ **내면의 뜻**(어근의 의미); **종속**-진리를 목표로 익힌 종속

5. ה(헤) 표면의 뜻; 숨구멍,   수치; 5
☞ **내면의 뜻**(어근의 의미); **실존**-진리를 배운 실존

6. ו(봐브) 표면의 뜻; 갈고리,   수치; 6
☞ **내면의 뜻**(어근의 의미); **있게 됨**-진리가 있게 되어 있게 됨

7. ז(자인) 표면의 뜻; 무기,　　수치; 7
☞ **내면의 뜻**(어근의 의미); **수행**-진리를 규정하게 한 수행의 상태

8. ח(헤트) 표면의 뜻; 울타리,　수치; 8
☞ **내면의 뜻**(어근의 의미); **생명**-진리를 목표로 사역하게 한 생명

9. ט(테트) 표면의 뜻; 뱀,　　수치; 9
☞ **내면의 뜻**(어근의 의미); **지혜**-진리를 목표로 사역하게 한 지혜

10. י(요드) 표면의 뜻; 손,　　수치; 10
☞ **내면의 뜻**(어근의 의미); **하게 함**-진리를 종속으로 있게
되어 하게 함

11. כ(카프) 표면의 뜻; 굽은 손,　　수치; 20
☞ **내면의 뜻**(어근의 의미); **적용**-진리를 개방한 적용

12. ל(라메드) 표면의 뜻; 소몰이 막대,　수치; 30
☞ **내면의 뜻**(어근의 의미); **익힘**-진리를 종속으로 사역한 익힘

13. מ(멤) 표면의 뜻; 물,　　수치; 40
☞**내면의 뜻**(어근의 의미); **사역**-진리를 사역하게 한 사역

14. נ(눈) 표면의 뜻; 물고기,　수치; 50
☞ **내면의 뜻**(어근의 의미); **규정**-진리의 규정을 수용(있게 되
어 있게 됨)한 규정

15. ס(사메크) 표면의 뜻; **지주, 버팀대**,　수치; 60
☞ **내면의 뜻**(어근의 의미); **측정**-진리를 적용으로 사역한 측정

16. ע(아인) 표면의 뜻; 눈,　　수치; 70
☞ **내면의 뜻**(어근의 의미); **대답**-진리를 규정하게 한 대답의 상태

17. פ(페) 표면의 뜻; 입,   수치; 80
☞ **내면의 뜻**(어근의 의미); **개방**-진리를 배운 개방

18. צ(차데) 표면의 뜻; 낚시 바늘,   수치; 90
☞ **내면의 뜻**(어근의 의미); **책임**-진리를 사역하게 함으로 종
속한 책임

19. ק(코프) 표면의 뜻; 바늘귀,   수치; 100
☞ **내면의 뜻**(어근의 의미); **소망**-진리의 개방으로 있게 된
소망

20. ר(레쉬) 표면의 뜻; 머리,   수치; 200
☞ **내면의 뜻**(어근의 의미); **잉태**-진리로 올바르게 됨으로 사
역하게 한 잉태

21. שׁ(쉰) 표면의 뜻; 윗니,   수치; 300
☞ **내면의 뜻**(어근의 의미); **올바르게 됨**-진리를 규정하게
함으로 올바르게 됨

22. שׂ(신) 표면의 뜻; 아랫니,   수치; 300
☞ **내면의 뜻**(어근의 의미); **있게 된 올바름**-진리를 규정하게
함으로 있게 된 올바름

23. ת(타브) 표면의 뜻; 표시, 십자,   수치; 400
☞ **내면의 뜻**(어근의 의미); **목표**-진리로 있게 된 목표

* 여기서 '**내면의 뜻**'이라고 만든 부분이 L목사가 만들었다
는 '자음 문법'이다(히브리어 의미문법」, 삶 배움터).
* 알파벳 발음도 그들이 발음하는 표기법 그대로 옮겼음을
밝힌다.

〈문제 제기〉

1. 그가 만들었다는 "내면의 뜻" 곧 어근의 의미는 구체적으로 무엇에 근거하여 만든 것인가? 하나님의 계시인가? 아니면 많은 생각과 묵상 가운데 만들어냈는가? 어떤 다른 서적이나 참고할만한 내용에 근거한 것인가?
2. 알파벳 자음의 의미만 가지고 해석하려 한다면, 구별하기 위해 모음을 만들어 사용하는 단어의 의미는 무용지물인가?
3. 알파벳 조합으로 만들어진 단어는 의사소통을 위하여 만들어 사용한 것인데, 그것을 다시 분해하여 알파벳 자음의 의미로 다시 만들어 사용해야 하는 근거는 무엇인가?

아무리 생각해도 너무 자의적이고 주관적인 해석으로 객관성이 결여되었다. 이런 식으로 문법을 만들면 너도나도 문법을 만들어 수백, 수천 개의 자의적 문법으로 말씀을 혼잡케 하는 우를 범하게 된다. 그의 인간론을 살펴보자. 그의 주장을 그대로 옮긴 것이니 무슨 말인지 이해가 되지 않는 표현들이 나와도 인내를 가지고 한 번 훑어보기 바란다.

♣ 성서에서는 사람(אָדָם)을 어떻게 표현하고 있는가?(인간론)

1. 사람(120,אָדָם)[140]은 본래 무지(無知)한 존재
   사람의 정신(5315, נֶפֶשׁ)[141]**의 생명**(2416, חַי)[142], 그 붉은 것

---

140) 120, אָדָם(아담); 119에서 유래; '붉으스름한', 즉 '인간'(개인적, 또는 종으로서의 '인류' 등) :- x또 다른, +위선적인, +동류의, x낮은, 사람(비열한, 낮은), 인간
141) 5315, נֶפֶשׁ(네페쉬); 5314에서 유래; 본래 의미는 '호흡하는 '생물, 즉 '동물', 또는(추상적으로)'생명력' 문자적으로 조절된, 또는 상징적인 뜻으로 매우 광범위하게 사용됨(육체적, 또는 정신적으로):-어떤

(הָאָדָם)의 육체는 물건이고, 창조주는 신(7307, רוּחַ)143)이시다.

그분의 정신을 전수받을 수 있는 대상으로서 적법자를 창조주(אֱלֹהִים)께서 준비하셨다(여기서 K목사는 엘로힘을 "전능자를 소망하는 사역"으로 보는 반면, L목사는 "창조주"로 보는 차이가 있다). 바로 그것이 삶을 향하는 **정신**(נֶפֶשׁ)의 **생명**(חַי), 곧 **아담**(הָאָדָם)이란 것이다. 피조물의 세계에 창조주의 일을 대행할 자, 곧 그 붉은 것(הָאָדָם)이 피조물인 사람의 육체라는 생명체 속에 생명이기 때문에 단번에 완성할 수가 없다.

그 붉은 것은 처음부터 삶을 가지는 육체라는 공간 속에 창조주 자신이 만든 물건으로서 만물을 공평으로 통치할 수 있는, 지식을 인식할 수 있는, 그리고 시간을 필요로 하는 <u>무지의 존재</u>인 것이다. 그러한 그 붉은 것이 지니고 있는 무지의 존재인 그 바탕에 관해서 창세기 1:2에서 다음과 같이 밝히고 있다.

"땅이 혼돈하고 공허하며 흑암이 깊음 위에 있고 하나님의 신은 수면에 운행하시니라"(창 1:2)

식욕, 동물, 신체, 숨, 생물, ×죽은, 욕망, ×만족하는, ×물고기, 혼령, +욕심 사나운, 그가 마음(심적)으로, 생명(× 위태롭다), 갈망

142) 2416, חַי(하이); 2421에서 유래;'산; 고로 '생'(살);'신선한'(풀, 물, 해),'힘센' 또한(명사로서 특히 여성 단수로서 그리고 남성복수로) '생명'(또는, 살아있는 것) 문자적이건, 상징적이건 간에 :+나이, 산, 식욕, 야수, 동료, 회중, 생(애), 활발(하게), 살아있는(피조물, 것)유지, + 즐거운, 다수, +늙다, 빠른, 날 것의, 흐르는, 샘솟는, 군대

143) 7307, רוּחַ(루아흐); 7306에서 유래; '바람' 그 유사성에서 '호흡', 즉 느낄 수 있는(또는 거칠기까지 한)내쉼; 상징적으로 '생명', '분노', '하찮음' 연루된 의미로 하늘의 '영역'그 유사성에서 '영', 그러나 단지 의사를 표현하고 활동하는 이성적인 존재에게만 사용됨:-공기, 분노, 돌풍, 숨, ×서늘함, 용기, 마음, ×측면, 영(【영적인】), 태풍, ×허무한, (회오리)바람

וְהָאָרֶץ הָיְתָה תֹהוּ וָבֹהוּ וְחֹשֶׁךְ עַל־פְּנֵי תְהוֹם וְרוּחַ אֱלֹהִים
מְרַחֶפֶת עַל־פְּנֵי הַמָּיִם: (창 1:2)

그 붉은 것의 바탕(אֶרֶץ)의 요소가 혼돈한 것(8414, תֹהוּ)[144]과
공허한 것(922, בֹהוּ)[145]과 혼란한 것(8415, תְהוֹם)[146]의 얼굴들의
이끌어 올린 것(עַל־פְּנֵי)의 어두운 것(2822, חֹשֶׁךְ)[147]으로 사람의
정신(נֶפֶשׁ)의 **생명**(חַ)에 대한 <u>인격적 지식이 없고</u>, 본연의 상태
가 무지한 것으로 있음을 알 수 있다.

그러나 창조주, 곧 하나님(אֱלֹהִים)은 농부처럼 씨를 심어 가꾸
어 다시 씨를 볼 수 있기까지는 본래 심은 것과 같은 종자의
씨를 볼 수 없는 것처럼 **정신**(נֶפֶשׁ)의 **생명**(חַ)인 **그 붉은 것**
(הָאָדָם)에게도 창조주의 마음인 계시의 정신을 심어서, 그 씨가
그(אָדָם)의 속에서 창조주의 의도대로 성장하여 피조물의 세계
를 창조주처럼 다스릴 수 있도록, 그(אָדָם)를 인류의 삶 속에서
정신(נֶפֶשׁ)의 **생명**(חַ)에 대한 섭리의 원칙을 실행하는 존재로서
자라게 했다. 그러한 그 붉은 것(הָאָדָם)에게 만물을 섭리대로 통
치할 수 있는 지식으로 창조주의 권세를 부여받게 하였다[아마
도 이런 주장은 신지식(神知識)을 주어 만들어진 최초의 아담을 말하

---

144) 8414, תֹהוּ(토후); '황폐한 채로 있다'는 뜻의 사용하지 않는 어근에
서 유래; '황폐'(지면의), 즉 '사막' 상징적으로, '무가치한 것', 부사-
'헛되이';-혼돈, 빈 장소, 형태가 없는, 무, 헛된(것), 헛됨, 불모의 광
야.
145) 922, בֹהוּ(보후); ('비어있다'는 의미의) 사용하지 않는 어근에서 유
래;'공허',즉(피상적으로) 구별할 수 없는 '폐허':-텅 빈, 공허
146) 8415, תְהוֹם(테홈); (보통 여성형)1949에서 유래; '심연'(물의 '파도
치는' 큰 더미로서)특히 '깊음'('대양', 또는 지하의 물의 '공급처'):-깊
은(곳), 깊음
147) 2822, חֹשֶׁךְ(호쉐크); 2821에서 유래; '어두움' 따라서(문자적으로)
'흑암' 상징적으로 '불행', '파멸', '죽음', '무지', '슬픔', '사악':-어두운
(흑암), 밤, 불분명

는 것 같다].

그러한 그 붉은 것(הָאָדָם)이 타락할 수 있는가? 전능한 창조주(אֱלֹהִים)가 만든 것, 그것도 창조주 곧 하나님을 닮은 그 붉은 것(הָאָדָם)이 타락할 수 있는가? 그렇지 않다. 또 그럴 수도 없다. 창조주 곧 하나님(אֱלֹהִים)의 전능성을 인정한다면 그렇게 해서도 안 된다.

창조주의 형상으로 만든 그 붉은 것의 타락설은 창조주의 전능성을 무능한 것으로 낙후시킨 것이다. 창조주 곧 하나님(אֱלֹהִים)과 밀접한 상태에 있는 피조물 된 사람, 곧 그 붉은 것(הָאָדָם)이 창조주를 찾지도 아니하고, 신뢰할 수 없도록 불신 풍조를 낳게 한 것이다(이 주장은 첫 아담이 자유의지를 통하여 타락한 것이 아니라, 처음 만들어질 때부터 자라나는 과정을 주어서 그리된 것 뿐이라는 주장이다).

그러한 사실이 지금까지 그 붉은 것의 **정신**(נֶפֶשׁ)의 **생명**(חַ)의 인식 속에서 창조주를 멀어지게 하는 중요한 원인으로 제공된 것을 부인할 수 없을 것이다. 그와 같은 사실로 인하여 피조물이 창조주를 찾지도 아니하고, 의지하지도 아니하는 사람들에게 인위적 방법으로 전도를 하려고 언어라는 문자로 또는 조직의 모양을 갖추어 당을 짓기에 급급하다면 그것은 무엇을 위한 것이며, 누구를 위하여 열심을 내는 것인지 점검해 볼 여지를 준다.

창조주 곧 하나님의 말씀은 마치 우리가 숨을 쉬고 있는 좋은 공기와 마시고 있는 좋은 물과 같아서 누구나의 그 붉은 것이 원하고 찾는 것이다. 그 찾음은 우리의 **정신**(נֶפֶשׁ)의 **생명**(חַ)에 필수적임으로 전도를 해야 하는 것이 아니라 필요에 따라서 또는 필요하기 때문에 반드시 소유해야 하고, 우리 모두에게 요구되는 것이다

[이런 주장은 전도의 미련한 것으로 구원하기에 기뻐하신다(고전

1:21)는 말씀을 부정하는 것이다. 그리고 자기의 필요를 따라 자기 힘으로 주를 찾고, 말씀을 찾을 수 있다는 세속적 철학이나 자유주의적 이론이요, 영지주의적인 학설이다. 이런 가르침은 이미 기독교의 가르침이 아니다. 그에 따라 예수님의 죽음도 성장을 위한 과정으로서의 죽음으로 치부하지 속죄의 죽음으로 강조하지 않는다(201쪽)].

> "마음이 청결한 자는 복이 있나니 저희가 하나님을 볼 것임이요"(마 5:8)

그 가르치신 말씀에 이르지 못하고 진리 밖에서 어떠한 일부의 무리에게만 일시적 감화 감동에 머물러 있게 할 뿐만 아니라, 현실 속에서 자신과 함께 계심에도 그 사실을 인식하지 못한다. 육안으로 보이는 다른 세계를 찾아 헤매다 그 마지막은 진리에 대하여 인식하지 못한 것으로 인해 곤고한 정신(נֶפֶשׁ)의 삶(חַי)으로 살아가게 되는 현상을 낳게 된다. 즉 장래를 내다보지 못하는 사람의 정신(נֶפֶשׁ)의 삶(חַי)이 되어 현실을 망각하게 된다. 창조주와는 관계없는 자처럼 생각되어지는 삶에 이르러 아담 자체가 가졌던 정신(נֶפֶשׁ)의 생명(חַי)에 대한 본성의 무지 아래로 자신을 끌어내려 스스로 자멸의 길을 택한 것이 된다.

육신적으로는 강건하여 장수함으로 표면적 삶에 부족함이 없다고 자부할지라도 삶의 이치를 모르는 무지로 말미암아 허무라는 무가치하고 허탄한 정신(נֶפֶשׁ)의 생명(חַי)으로 인해 곡식의 쭉정이와 같은 정신(נֶפֶשׁ)의 생명(חַי)에 대한 결실된 것을 스스로 거두어들일 수밖에 없는 것이다. 그것은 피조물 자신의 내면세계에 창조주를 닮은 아담의 정신(נֶפֶשׁ)의 생명(חַי)에 관해서 각자, 그 누구나 자신의 삶 속에 평생동안 삶(חַי)의 지식을 쌓아야 하는데, 그렇지 못함으로 육체가 모든 노동을 끝마치는 날에 그의 **정신**(נֶפֶשׁ)의 **생명**(חַי)의 열매가 없는 것을 의미한다.

이것이 어느 날 갑자기 "믿습니다!"라고 입으로 말하는 순간에 이루어지는 것이 아니다. 창조주께서 피조물에게 약속한 말씀을 듣고 소화됨으로 비로소 결실된 인격이 되기 때문이다. 혹자는 "모르는 소리 '믿습니다!'라고 말하는 순간에 걷지도 못하던 환자가 일어나서 걸어가던데!"라고 병 고침의 역사에 대해 말하는 사람도 있다. 물론 그러한 역사가 필요하다. 그러나 인격을 이룰 수 있는 기회가 그에게 주어지는 것이지, 사람의 **정신**(נֶפֶשׁ)의 **삶**(חַי)에 있어서 결실되어야 하는 **생명**(חַי)이 가지는 목적은 아니다.

그러한 사람의 **정신**(נֶפֶשׁ)의 **생명**(חַי)인 붉은 것(אָדָם)이라면 창조주(אֱלֹהִים)를 아는 지식이 없는 것이므로, 매일의 삶을 마무리하는 데 있어서 소망이 없는 자신을 스스로 속이는 자가 될 수밖에 없다. 그가 무엇을 어떻게 사회 속에서 조화를 이루어 살든지, 그 삶의 가치에 대해 길과 진리와 생명이 있는 목표가 뚜렷해야 하기 때문이다. 그렇게 하려면 삶의 생명에 대해서 판별력이 있어야 하지 않겠는가?

그것을 못하는 삶이라면, 그것은 창조주(אֱלֹהִים)께로부터 낳은 것이 아니라 사람의 **정신**(נֶפֶשׁ)의 **생명**(חַי)인 붉은 것(אָדָם)의 본래 바탕이 가지는 가치의 인식에 따라서 나타난 무지의 현상인 것이다. 이러한 것 역시 그 붉은 것이 타락해서 이루어진 것이 아니라 창조주를 알지 못하는 무지한 상태에 있는 그 자신의 **정신**(נֶפֶשׁ)의 **생명**(חַי)이 성장하지 못한 까닭이다. 그렇다고 해서 이제 그 붉은 것이 타락했다는 것을 인위적으로 기피하려고 하는 것이 아니라, <u>그 붉은 것은 처음부터 무지한 상태이므로 창조주 곧 하나님처럼 판단할 수 있는 지식에 이르기까지 자라가야 한다는 성장의 과정이 반드시 필요하다는</u>

것을 성서가 밝히고 있기 때문이다(원어성서로 밝혀본 신앙인이 알아야 할 정해진 규정들, 112-114).

〈반론〉 인간론의 한 부분만을 그대로 옮겨본 것인데, 쉬운 것도 어렵게 만드는 기술이 대단하다는 생각이 든다. 물론 어떤 것은 쉽게 설명하거나 언어로 표현하지 못할 것들도 있음을 시인한다. L목사가 말하는 인간이 처음에 만들어질 때부터 무지한 상태였다는 것은 어느 시점을 말함인가? 하나님께서 "생기"(חַיִּים נִשְׁמַת)를 불어넣기 전을 말함인가? 그 후를 말함인가?

"여호와 하나님이 흙으로 사람을 지으시고 생기를 그 코에 불어넣으시니 사람이 생령이 된지라"(창 2:7)

וַיִּיצֶר יְהוָה אֱלֹהִים אֶת־הָאָדָם עָפָר מִן־הָאֲדָמָה וַיִּפַּח בְּאַפָּיו נִשְׁמַת
חַיִּים וַיְהִי הָאָדָם לְנֶפֶשׁ חַיָּה׃ (창 2:7)

"생기"(생명의 호흡 혹은 신적인 영감)를 불어넣은 후에라야 비로소 아담은 "산 혼"(נֶפֶשׁ חַיָּה)이 되었다고 말한다. L목사가 말하는 "정신의 생명"이라고 강조하는 그 존재 말이다. 이 '네페쉬 하야'(산 혼)로서의 존재는 다른 짐승들도 같은 존재라고 성경은 말한다(창 1: 20,21,24,30에서 "생물"로 번역됨). 생기를 불어넣기 전에는 생명이 없는 흙덩이 존재이므로 더 말할 필요가 없다.

그렇다면 L목사가 말하는 아담(הָאָדָם)의 "무지"(無知)는 문제가 된다. 무엇에 대한 무지인가? 창조주에 대한 무지라고 말하는데, 그러면 하나님과의 교제가 불가능했을 것이고, 선악을 알게 하는 나무(지식의 나무)의 열매를 먹지 말라는 등의 명령조차도 부질없는 짓이 된다. 물론 완벽할 정도의 지식을 가지고 있다는 의미는 아니다. 그러나 "무지"란 단어를 사용할 때는, 범죄하여 하나님을 떠났거나 전혀 알지 못하는 이방인(불신자)

에게 적용되는 언어이다.

첫 아담을 만드시고 생기를 불어넣으실 때 이미 생명의 호흡과 함께 신적 영감을 넣으셔서 하나님을 알게 하시고, 그분의 말도 알아듣게 하셨으며, 대리자로서 만물을 다스릴 수 있는 권한과 임무를 감당할 수 있었다는 점을 간과해서는 안 된다. 이것을 신지식(神知識)이라고 한다. 아담에게 이끄는 짐승들의 이름을 지어주고, 에덴동산을 다스리며, 하나님께서 맡기신 일을 감당하는 모습을 성경을 통해 확인할 수 있다. 첫 아담은 완벽하지는 않지만, 분명한 신지식이 있었던 것으로 알아야 한다(그 지식은 점차 자랄 수 있다). 분명한 것은 하나님의 예정이 첫 아담에게서 모든 것이 완벽하게 이루어질 것으로 계획하심이 아니고, 마지막 아담으로 불리는 예수 그리스도를 통하여 완성될 것을 계획하셨다. 따라서 예수 그리스도의 장성한 분량까지 자라가야 함은 옳다. 첫 아담의 넘어짐도 예상된 것이었고, 넘어질 수밖에 없는 부족한 존재로 만드셨다는 것도 옳다.

그러나 우리 인생은 어차피 그리스도 안에서 온전해지는 것이지, 그리스도 없는 독립된 인격체로서 지식을 통하여 온전해지고자 함이 바로 영지주의 이론이다. 하나님을 떠나 독립하려는 탕자 같은 어리석음이요, 그것이야말로 어둠에 갇힌 무지요, 악인 줄 알아야 한다. 하나님은 첫 아담을 만드실 때부터, 이러한 계획을 가지고 인류 역사를 시작하셨다. 원어를 통하여 하나님의 뜻을 찾아가는 것은 귀하나 자기식의 이론이나 방법을 따라 접근하는 것은 이렇게 위험하기 짝이 없다. 사사로운 해석의 대표격이 이들의 해석방법이다.

"또 우리에게 더 확실한 예언이 있어 어두운 데 비취는 등불과 같으니 날이 새어 샛별이 너희 마음에 떠오르기까지 너희가 이것을 주의하는 것이 가하니라 (20)먼저 알 것은 경의 모든 예언은 사사로이 풀 것이 아니니 (21)예언은 언제든지 사람의 뜻으로 낸 것이

아니요 오직 성령의 감동하심을 입은 사람들이 하나님께 받아 말한 것임이니라"(벧후 1:19-21)

여기에서 "사사로이"라고 번역된 단어는 이디오스(2398, ἴδιος)로서 "독단적인, 자기 자신의"란 의미로 검증되지 않거나 객관적이지 않은 자기 자신만의 해석이나 설명을 말한다. 성경 해석의 가장 중요한 핵심은 성령의 감동으로 쓰여진 성경을 해석하는 것이므로, 해석자 역시 성령의 조명으로 해석해야 한다는 원리다. 성경 전체를 알지 못하는 상황에서 지엽적이며, 부분적인 것에 매여 그것을 전체적으로 적용하며 해석하려는 방식은 그야말로 주객이 바뀌는 위험을 예상해야 한다. "전체 속에서 부분"을 찾아가는 성경해석법을 기억해야 잘못을 범하는 것을 예방할 수 있다.

5) 단어연구에만 지나치게 몰입하여 오류로 빠지는 사례
('아델포스 원어연구원'의 L목사)

이 방식은 단어 하나를 가지고 꼬리에 꼬리를 무는 방식으로 찾아가는 방법을 취한다. 어근(語根)을 찾고, 유래한 단어를 찾아가고, 비교하라는 단어를 찾으며, 어군(語群)을 찾는 등의 방식으로 단어의 개념을 연구하여 그것을 전체에 적용하는 방식이다. 그러다 보니 나중에는 단어의 개념이 정확하게 무엇인지 헷갈릴 정도로 방대해지거나 모호해지는 경우가 많다. 문맥과 상황에 따라 같은 단어라도 다른 의미가 적용될 수 있는데, 일률적으로 같은 의미만 고집하는 것은 굉장한 문제점이다.
한 단어의 정확한 뉘앙스를 찾기 위해 위에서 열거한 방법을 일정 부분 사용할 수는 있다. 그러나 그것이 오히려 함정이 될 수도 있다는 것이 이들의 열매를 통해서 확인할 수 있다. 그것은 그들이 사용한 교재를 통하여 밝혀진다. L목사에게 배운 분

들의 증언에 따르면 3년을 배우면 더 이상 배울 것이 없어진다
는 이야기는 충분히 생각해 볼 만한 얘기다.

이들의 1단계 교재 『뜻이 하늘에서 이루어진 것 같이 땅에
서도 이루어지이다』에서 발췌한 부분을 소개하고자 한다.

(1) 번역의 문제점

한글 성경과 달리 헬라어 성경에는 "세상"이란 단어가 네 가
지로 나오며, 이 네 가지 세상을 공부할 때 자신의 신앙상태와
마지막 때 일어나는 일들을 알 수가 있다.

1. 3625, οἰκουμένη(오이쿠메네)

장/절	개역성경	KJV	헬라어
마 24:14	세상	world	οἰκουμένη
눅 21:16	세상	earth	οἰκουμένη
계 12:9	천하	world	οἰκουμένη

2. 2889, κόσμος(코스모스)

장/절	개역성경	KJV	헬라어
요 1:29	세상	world	κόσμος
요 3:16	세상	world	κόσμος
벧전 3:3	단장	adorning	κόσμος

3. 1093, γῆ(게)

장/절	개역성경	KJV	헬라어
마 13:8	땅	ground	γῆ
막 4:1	육지	land	γῆ
눅 6:49	흙	earth	γῆ

4. 165, αἰών(아이온)

장/절	개역성경	KJV	헬라어
눅 18:30	세	world	αἰών
요 13:8	절대	(ever)	αἰών
갈 1:4	세대	world	αἰών

▸ 영어 KJV도 많은 오역이 있음을 알 수 있다.

(2) 원어(헬라어) 성경을 푸는 열쇠

① 동의어(Strong No. 3625번과 같은 의미를 가지고 있는 동의어인 3611번을 먼저 풀어야 한다)

3625, οἰκουμένη(오이쿠메네)	3611, οἰκέω
거하다	세 상

② 어근(Strong No. 2889의 뿌리(어근)인 2865번을 먼저 풀어야 한다)

2889, κόσμος(코스모스)	2865, κομίζω
세 상	되돌려 받다

③ 참조 또는 유래어(Strong No. 154번을 풀려면 4441번을 참조해서 풀어야 한다)

154, αἰτέω	4441, πυνθάνομαι
구하다	묻다

④ 단어 자체에서(참고할 단어가 없기 때문에 단어 자체 안에서 뜻과 의미를 찾아야 한다.)

⑤ 히브리어는 헬라어에서, 헬라어는 히브리어에서 상호 보완되는 단어로 풀어야 한다(그의 책, 25-26.).

〈반론〉 원어 단어를 연구하는 방법에 있어서는, 한 가지가 빠진 것을 제외하고는 대부분 일반적으로 사용하는 방법이기도 하다. 구약성경에서는 헬라어 코스모스와 부합되는 "세계"에 해당하는 말이 없다. 구약성경에는 문자만 없는 것이 아니라 우주에 대한 헬라적인 개념마저 없다. 성경적 세계관에 따르면 "세상"(the world)이란 우주의 한 부분이라기보다는 사람이 사는 장소를 가리키는 말이다. 문자적으로 헬라어 게(γῆ)는 원래 하늘(Heaven)과 바다(물/water)로부터 "땅"(land)과 "토양"(soil)을 구별시키는 데에 사용한 말인데, 특히 사람이 살고 일하는 지역이나 이 지역의 부분으로서의 "지방"(country)을 가리키는 말로 사용되었다. 정치적인 의미보다 이 단어가 지닌 지리적인 의미가 강조될 경우에는 '테 오이쿠메네'(τῇ οἰκουμένῃ)가 더욱 흔히 사용되었다.

이 단어는 신약성경에서는 특별한 신학적인 중요성을 가지는 의미를 나타내고 있지 않다. 오히려 복음이 전파되어야 할 지역으로 묘사되고 있을 뿐이다. 상기한 두 단어는 모두 명백하게 구체적인 의미로 적용이 된다. 이와 대조적으로 코스모스(κόσμος: 세계)라는 단어는 대단히 철학적이고 종교적인 부대적 의미를 띤다. 종종 영어의 관용어적인 용법에 따라서 모두 "세상"(world)으로 번역해야 할 경우가 있음에 유의하라.

물론 문자적인 해석만이 능사는 아니다. 하지만 자주 강조하듯이 문자적인 해석이 1차적이요, 기본임을 무시해선 올바른 해석을 할 수 없다. 문자적으로 해석해보고 문맥이나 내용이 문자적으로 해석하면 어색하거나 말이 되지 않을 때 상징, 비유, 영적 해석 등의 여러 면을 생각해도 늦지 않다는 이야기다. 그렇게 해석할 경우 왜 그렇게 해석해야 하는지 설명할 필요가 있다.

주의할 것은 위와 같은 방식(L목사의 해석방법)으로 얻은 의미를 성경의 모든 문장에서 같은 단어가 등장할 때, 그 의미를 일괄적으로 적용해선 안 된다. 단어적인 의미에 초점을 맞추고 있을 뿐만 아니라, 단어연구를 이것저것 주제를 늘어놓는 식으로 전개하고, 질문을 만들어 정작 단어의 본뜻을 흐리거나 어원적으로만 찾아 나가는 방법이 문제로 지적된다.148)

다른 사례로는 'καλός 언어학박사'라는 S목사의 예를 들어보자. 그의 저서 『원어로 비추는 그리스도의 빛』이란 책에서 발췌한 부분이다.

"<u>너희는 세상의 빛이라</u> 산 위에 있는 동네가 숨기우지 못할 것이요 (15)사람이 등불을 켜서 말 아래 두지 아니하고 등경 위에 두나니 이러므로 집안 모든 사람에게 비취느니라. (16)이같이 너희 빛을 사람 앞에 비취게 하여 저희로 너희 착한 행실을 보고 하늘에 계신 너희 아버지께 영광을 돌리게 하라"(마 5:14-16)

이 구절에서 "세상의 범위가 어디까지인가?"라는 질문을 던짐으로 그의 원어적 해석은 시작된다. 다른 구구한 설명은 그의 책을 참고하기 바라고, 여기서는 원어를 다루는 방법을 통

---

148) 최소한 영어가 되는 분들은 다음의 책을 참고한다면 원어 단어해석에 더욱 정확하고 발전된 좋은 자료가 될 것이다. J. D. Douglas가 편집한 3권짜리 성경 사전(*The Illustrated Bible Dictionary* (Wheaton, IL: Tyndale, 1980).); M. C. Tenney가 편집한 5권으로 된 성경백과사전(*Zondervan Pictorial Encyclopedia of the Bible* (Grand Rapids: Zondervan, 1975).); P. J. Achtemeier가 편집한 하퍼 성경 사전(*Harper's Bible Dictionary* (San Francisco: Harper & Row, 1985).); G. W. Bromiley가 편집한 4권짜리 수정판 성경백과사전(*International Standard Bible Encyclopedia* (Grand Rapids: Eerdmans, 1970-86).); D. N. Freedman이 편집한 6권짜리 성경 사전(*The Anchor Bible Dictionary* (Garden City, NY: Doubleday, 1992).); T. C. Butler가 편집한 홀몬 성경 사전(*Holman Bible Dictionary* (Nashville: Broadman, 1991).); G. A. Buttrick이 편집한 4권짜리 성경해석사전(*The Interpreter's Dictionary of the Bible* (Nashville; New York: Abingdon, 1962)). 이들은 히브리어나 헬라어로 연구하기 어려운 해석자들이 구약과 신약의 단어들에 대한 귀중한 통찰력을 배울 수 있게 돕는 좋은 자료들이다.

한 그의 해석을 중점적으로 살펴보기로 한다.

세상을 의미하는 헬라어 단어에는 οἰκουμένη(오이쿠메네), γῆ(게), αἰών(아이온), κόσμος(코스모스) 등이 있다. οἰκουμένη (오이쿠메네)는 사람들이 살고 있는 세상 자체를 가리킬 때 사용하는데, 성경에는 "세상"(마 24:14; 행 11:28; 히 1:6; 계 3:10)으로 번역되어 있다. 또 γῆ(게)는 "땅"(마 2:6; 막 2:10; 행 1:8), 지구, 지면(계 20:9)으로 번역되어 있으며, αἰών(아이온)은 "세상, 세대"(딤후 4:10), 창세(요 9:32), 세세(롬 9:5) 등으로 번역하여 시간과 공간 개념의 복합적인 의미를 나타낼 때 사용했다. 그런데 마태복음 5:14에서의 세상은 κόσμος(코스모스)가 사용되었다.

κόσμος(코스모스)는 질서와 체계를 갖춘 세계라는 개념으로서 "우주, 각 생물 전체, 지역과 역사, 인류와 영의 세계 전체"를 포함하는 의미로 사용되는 단어다. 명사 κόσμος(코스모스)는 동사 κοσμέω(코스메오)를 어원으로 갖고 있는데, κοσμέω(코스메오)는 "질서 있게 하다, 준비하다, 정돈하다"(마 25:7), "치장하다, 단장하다"[149] 등의 의미를 지니고 있다. 여러 의미로 쓰이지만 가장 기본적인 의미는 "세상, 우주"라는 뜻으로 사용되어 전체성을 이루면서도 질서 잡힌 우주 자체를 가리킬 때 κόσμος(코스모스)를 사용하고 있다.

〈반론〉 사전적으로 명사 코스모스의 <u>어원은 불확실하다</u> (Biblelex 10.0). 어디서는 κομίζω(2865)가 어원이라고 하고(L목사), S목사는 어떤 사전을 사용했는지 모르지만 κοσμέω(2885, 코스메오)라고 하는데, 그 단어(코스메오)는 오히려 역으로 "코스모스"에서 유래된 단어라고 정의한다(superbible).

코스모스는 "세계"라는 의미를 가진다. 헬라 철학에서 코스

---

149) 마 12:44; 23: 29; 눅 11:25; 딤전 2:9; 딛 2:10; 계 21:19.

모스는 근본적인 용어로 등장하는데, 대체로 세계질서, 세계의 체계, 이러한 질서에 의해 유지되는 사물의 총체, 공간적인 의미에서의 "세계, 우주, 땅과 그 거민들, 인류"라는 의미를 가진다. 코스모스는 "질서(order)"라는 일반적 의미를 가지며, 이 의미에서 "바른 질서를 따라, 질서 정연하게, 바르게"를 의미한다. 아름다움이란 개념이 잘 정돈된 것과 분리될 수 없기 때문에 코스모스는 "장식, 꾸미기"라는 특별한 의미를 가지기도 한다. 코스모스는 조직의 대상들이 하나로 통합되는 개개인들로 구성될 때, 사람들 간의 질서를 의미하나, 노 젓는 이들이 앉는 배열, 전투를 위한 대형에 대해서도 사용되었으며, 이 군사 용어에서 코스모스는 도시 국가의 시민 사회의 삶의 규정, 제도라는 보통 정치적 용어가 되었다(Biblelex 10.0에서).

S목사는 마태복음 5:14에서 "세상"으로 번역된 κόσμος (코스모스)에 대해 다음과 같이 풀어간다.

> "코스모스는 광대한 우주 전체를 의미한다는 것을 하나님의 자녀인 우리들이 놓쳐서는 안 된다. 우리가 그리스도의 빛을 전파한다는 것은 사람 하나를 구원의 길로 인도한다는 단순한 의미가 아니라 우주 전체, 궁창의 은하계 전체가 그리스도의 빛으로 영향을 받게 된다는 의미이다. 우리는 하나님의 빛의 자녀이기 때문에 나약하고 시시한 존재가 아니다. 언약을 확실히 붙잡은 생각, 기도, 발걸음 하나하나가 광활한 우주에 절대적인 영향을 끼치는 존재이다. 하나님의 자녀인 우리는 그야말로 우주를 비치는 빛인 것이다."

〈반론〉 마태복음 5:14에서의 "세상의 빛"은 우주까지 언급할 필요가 없는 구절이다. 신자가 우주까지 비추어서 무슨 소용인가? 지구나 잘 비추어도 다행이다. 원어 단어를 연구한다고 하여 이런 식으로 적용하면 오해를 부를 소지가 있다는 이야기다. 문맥은 전혀 상관하지 않고 단어의 사전적 의미만을 붙들고, 성경을 해석할 경우 미혹의 영이 틈탈 기회를 제공하는 구실을 줄 수 있다.

이 구절에서 빛의 역할이 무엇인가 잘 살펴보라. 이 구절에서 빛은 세상을 드러내는 역할이 초점이다. 세상이 어떠한 곳인가를 드러내는 역할이란 말이다. 당연히 연결되는 세상의 의미 곧 κόσμος(코스모스)의 의미는 여기선 세상은 악한 자에게 속했다는 사실에 대한 "어둠"으로 이해해야 한다(요일 5:19). <u>어둠의 코스모스를 비추어 그 어두운 상태가 어떠함을 드러내는 것이 신자들의 역할이란 점을 밝혀야 한다.</u> 이때 세상의 어둠은 무지와 죄악의 어두움으로 가득 찬 것을 의미한다. 겉으로 보기에 아름답게 장식되고 질서가 잡힌 듯 보이지만, 오히려 세상적으로 꾸며지고 치장된 것이 곧 어두움의 증거일 수 있음을 그리스도인들은 밝히 드러내야 한다. 따라서 신자(神子)들은 착한 행실(빛의 역할)을 통하여 저들의 감추어진 모습의 정체를 드러내야 한다는 말이다. 마치 주님이 바리새인들의 율법적인 외식과 유대인들의 꾸며진 모습을 지적하시고 책망(빛-엡 5:13)하신 것처럼 말이다(이런 면에서는 주님이 세상의 빛이라고 하셨다.-요 8:12; 9:5).

"또 아는 것은 우리는 하나님께 속하고 온 세상(κόσμος)은 악한 자 안에 처한 것이며"(요일 5:19)

코스모스 세상은 악한 자 안에 세워진 것으로, 악한 자의 세력 안에 놓여 있는 상태라고 성경은 증언한다. 악한 자는 분명히 어둠의 주관자요, 머리임을 부정할 수 없다. 신자들은 자신의 선한 행실(빛의 역할)을 통해 이 세상 어둠의 주관자로서 인간의 조직과 질서 안에 은밀하게 숨어 있는 악한 정세와 권세자를 드러내야 할 사명이 있음을 알아야 한다.

"**그때에** 너희가 그 가운데서 행하여 <u>이 세상</u>(κόσμος) 풍속(αἰών)을 좇고 공중의 권세 잡은 자를 따랐으니 곧 지금 불순종의 아들들 가운데서 역사하는 영이라 (3)**전에는** 우리도 다 그 가운데서 우리 육체의 욕심을 따라 지내며 육체와 마음의 원하는 것을 하여 다른 이들과 같이 본질상 진노의 자녀이었더니"(엡 2:2-3)

원어라고 할지라도 단어적인 의미에만 매이면, 이런 왜곡의 현상은 반복될 수밖에 없다. 성경을 올바로 해석한다는 것은 얼마나 중요한 일인지 모른다. S목사 역시 성경해석의 중요성 특히 원문의 중요성을 말한다는 점에서는 다행으로 생각한다.

"성경 원문을 시대적인 배경과 함께 어원과 시상을 겸비하여 문법적으로 정확하게 아는 것은 어떤 신학자의 주장보다도 중요하며, 그것은 결국 성도로 하여금 하나님 앞에서 올바른 믿음 생활을 하게 하는 길잡이 역할을 한다."

따라서 성경해석에 있어서 항상 겸손함과 삼가 주의함을 잊지 말고, 성경을 대하되 성경을 어떻게 해석할 것인가부터 올바로 배워 성경해석에 있는 여러 함정들에 대비해야 한다.

6) 원어의 문법적인 면을 잘못 적용한 방식
「온전함에 이르는 길」의 저자 G

「온전함에 이르는 길」은 요한일서 강해서다. G씨는 기독교 단체에서 사이비한 위험인물로 선정된 인물이다. 무엇이 그의 문제인가? 그가 원어를 통해서 성경을 해석했다고 하여 살펴보았다. 이제는 마지막 때가 되어 웬만하면 원어를 들먹이는 시대가 된 것 같다. 사실 말씀의 마지막 단계가 원어적인 의미를 파악하는 것이니 그럴 수밖에 없다. 그럴수록 삼가 조심하여 원어 말씀을 대해야 한다. 원어를 가지고도 얼마든지 이단을 거쳐 사단의 자리에까지 갈 수 있으니까…

그의 요한일서 5:1-2의 번역을 살펴보자. 그에 앞서 다른 번역 성경을 참고해 보자.

[개역] 요일 5:1-2
"예수께서 그리스도이심을 믿는 자마다 하나님께로서 난 자니 또한 내신 이를 사랑하는 자마다 그에게 난 자를 사랑하느니라. (2)우리가 하나님을 사랑하고 그의 계명들을 지킬 때에 이로써 우리가 하나님의 자녀 사랑하는 줄을 아느니라."

[현대어 성경] 요일 5:1-2
"예수께서 그리스도이시며 하나님의 아들이시요, 여러분의 구세주이심을 믿는 사람은 다 하나님의 자녀입니다. 아버지 하나님을 사랑하는 사람은 그 자녀들도 사랑합니다. 2 따라서 여러분이 얼마나 하나님을 사랑하고 하나님께 순종하고 있는가는 여러분이 하나님의 자녀들, 곧 주님 안에서 여러분의 형제자매가 된 사람들을 얼마만큼 사랑하고 있는가를 보면 알 수 있습니다."

[공동번역] 요일 5:1-2
"예수께서 그리스도이심을 믿는 사람은 누구나 하느님의 자녀입니다. 아버지를 사랑하는 사람은 누구나 그 자녀를 사랑합니다. 2 우리가 하느님을 사랑하고 또 하느님의 계명을 지키면 우리가 하느님의 자녀를 사랑하고 있다는 것을 알 수 있습니다."

[한글 킹 제임스] 요일 5:1-2
"예수가 그리스도이심을 믿는 사람은 누구나 하나님께로부터 태어났으며, 낳으신 그분을 사랑하는 사람은 누구나 그 분께로부터 태어난 자도 사랑하느니라. 2 우리가 하나님을 사랑하고 그의 계명들을 지키면 이것으로 우리가 하나님의 자녀들을 사랑함을 아느니라."

[KJV] 요일 5:1-2

"Whosoever believeth that Jesus is the Christ is born of God: and every one that loveth him that begat loveth him also that is begotten of him. 2 By this we know that we love the children of God, when we love God, and keep his commandments."

[ASV] 요일 5:1-2

"Whosoever believeth that Jesus is the Christ is begotten of God: and whosoever loveth him that begat loveth him also that is begotten of him. 2 Hereby we know that we love the children of God, when we love God and do his commandments."

[NASV] 요일 5:1-2

"Whoever believes that Jesus is the Christ is born of God; and whoever loves the Father loves the [child] born of Him. 2 By this we know that we love the children of God, when we love God and observe His commandments"

[RSV] 요일 5:1-2

"EVERY ONE who believes that Jesus is the Christ is a child of God, and every one who loves the parent loves the child.2 By this we know that we love the children of God, when we love God and obey his commandments."

[NIV] 요일 5:1-2

"Everyone who believes that Jesus is the Christ is born

of God, and everyone who loves the father loves his child as well. 2 This is how we know that we love the children of God: by loving God and carrying out his commands."

이 구절에 대한 G씨의 번역을 보자.

"누구나 예수님께서 그리스도라는 사실을 <u>온전히</u> 믿는 사람은 하나님께로부터 <u>온전히</u> 태어난 사람입니다. 그리고 태어나게 하신 분을 사랑하는 사람은 또한 그분께로부터 <u>온전히</u> 태어난 사람을 사랑합니다."

이 번역이 무엇이 문제인가? 그의 주장을 들어보자.

"'믿는 사람'을 '<u>온전히</u> 믿는 사람'으로 번역한 것은 그것이 헬라어 사본에 분사형 현재로 되어 있어 그 시제를 헬라어 문법에 따라 그 문장의 주동사와 같은 시제를 사용해야 하기 때문이다. 본 문장의 주동사는 '태어나다'는 동사인데, 그것이 현재완료형으로 되어 있어 믿는 사람이라는 분사형의 시제도 현재완료 시제인 '<u>온전히</u> 믿는 사람'으로 해야 했다."

〈반론〉 문법적인 설명을 하기에 앞서 G씨의 사상 혹은 그의 개념을 먼저 이해해야 한다. 그는 요한일서 강해에서 신앙을 세 단계로 나눈다. 어린아이 신앙-청년 신앙-아버지 신앙이 그것이다. 이것은 요한일서의 전체적인 문맥상 그렇게 생각할 수 있다고 생각한다. 그런데 문제는 그 세 단계의 신앙의 정도를 말할 때 문제가 된다.
아버지나 젊은이로 성장한 신자들에게는 요한일서의 가르

침은 복습에 불과하다고 말하고(그의 책, 15쪽), 흔히 예수님을 믿으면 처음부터 영원한 생명을 받는 것으로 잘못 알고 있다고 주장한다. 예수님을 믿기 시작할 때, 영원한 생명을 받기 시작하는 것은 사실이나 이때는 영원한 생명을 온전히 받는 것이 아니며, 다만 장차 영원한 생명을 온전히 받을 것을 약속받았을 뿐이라고 한다(17쪽).

이때 G씨가 말하는 "온전하다"는 개념이 문제 된다. 그의 사상이 그러하기 때문에 전체적인 신앙 사상까지 잘못되어 있다. 그가 말하는 온전하다는 개념이 완성의 개념인가? 아니면 생명 자체가 불완전하다는 말인가? 완성은 자라나는 개념이고, 불완전하다는 것은 생명 자체에 문제가 있다는 개념이기 때문에 묻는 것이다. 거듭나는 순간 받는 영원한 생명(중생한 영)은 비록 어리지만 완전하다. 그 어린 영이 자라나 장성한 분량에 이른다는 것이 성경의 가르침이다. 그런데 G씨의 온전하다는 개념은 자라남의 개념보다는 외부에서 주어지는 것으로 이해한다. 그래서 <u>하나님께로부터 "온전히 태어난" 성도는 곧 아버지의 단계에 이른 것이라는 앞뒤가 맞지 않는 주장</u>을 펼치는 것이 문제다. 태어난 성도가 어찌 갑자기 아버지의 수준에 이른다는 말인가? "태어남"과 "아버지"의 개념이 논리적으로 맞지 않는다. 온전히 태어났든, 불완전하게 태어났든 말이다.

문법적으로 말하자면 현재완료 중에 "완성적인 현재완료"가 있는데, 이 용법은 동작의 완료 및 동작의 남아 있는 결과의 지속을 다 가지고 있지만, 동작이 이미 완료된 것을 강조한다. 다시 말하면 이것은 다른 동작의 개념보다도 <u>동작이 과거에 이미 완료되었던 것을 강조</u>한다. 완성적인 현재완료 시상은 노력으로 어떤 사건이나 과정의 완성되었던 사실을 묘사한다(헬라어 구문론, 침례신학대학교, 205쪽). 그래서 번역은 "…해 왔다, …했다"로 되지 "온전하다"는 의미는 없다. 이렇게 지나친 자기 나름대로의 문법적 자의 해석은 위험하다. 문법을 사용하려면 문법의 자의적 해석도 주의해야 한다.

7) 히브리어로 신·구약성경을 꿰뚫어야 한다는 주장
『성경의 잣대』의 저자 S목사

S목사는 최근에 『천지창조』란 책을 출간하며 자신의 주장을 알리기에 나섰다. 그는 히브리어 성경의 맥에 의한 『성경의 잣대』, 이 책을 한글로 쉽게 풀이했다는 『천지창조』, 히브리어 원전에 의한 성경 난해 구절을 다루었다는 『땅이여 들으라』, 히브리어 의미로 여는 강해 설교집 『죽으러 가자』 등을 출간했다. 그 가운데 그가 성경을 해석하는 잣대라고 주장하는 『성경의 잣대』를 살펴보자.

그는 성경이 하나님께서 자연현상을 창조하신 내용을 설명하기 위해 기록된 말씀이 아니라고 시작한다. 그러면서 자기는 하나님이 자연 만물을 창조하신 것을 부인하는 것은 아니라고 말한다. 다만 성경을 기록하신 목적과 내용이 자연 세계를 창조하신 과정을 설명하시는 것이 아니라는 말이라고 부언한다. 누가 성경을 자연현상을 창조한 것만을 위해 기록했다고 했는가? 그런 주장은 S목사가 최초로 주장하는 내용은 아니다. 그는 지구촌 전체가 창세기 1장을 현상의 세계와 사람을 창조한 6일로 보고 있으며, 믿고 있다고 단언한다. 그러나 이런 주장은 참으로 어처구니가 없는 그의 얄팍한 지식을 드러내는 증거일 뿐이다. 그에게 창세기 1장만 해도 얼마나 다양한 견해가 있는지 아는가 묻고 싶다.

하나님은 영이시기 때문에 성경도 영의 말씀이 되어야 옳다고 한다. 영의 말씀을 육의 생각으로 해석하면 불가피하게 하나님의 말씀을 가감하게 된단다. 그는 창세기 1장은 하나님께서 근본 의도하신 높으신 뜻과 계획을 청사진으로 설계해 놓으신 것이며, 집을 건축해 나가는데 설계도면과 같은 것이라고 주장한다. 그러면서 창세기 1장에서는 사람을 창조하지 않았다고 말한다. 그는 창세기 1:1은 성경 66권의 결론이라고 주장하면서(이런 주장은 S목사가 처음이 아니라 일부분 있다) 창세기 1:1을 다음과 같이 번역한다.

> "하나님께서 근본 의도하신 높으신 뜻과 목표 안에서 하늘들의 본체와 땅의 본체를 창조하시니라"

이것을 다시 풀어 설명하기를 "하나님이 근본 의도하신 높으신 목표인 하늘들과 인간의 마음 토대가 하나로 결합되어 일치된 결론"이라는 말이라고 한다. 즉 하나님께서 결론부터 내려놓으시고, 이 결론에 이르도록 인간의 마음 땅을 이끌어 올리시는 양육을 시행해 나가시는데, 그 과정을 구체적으로 기록한 내용이 성경 말씀이라고 한다. 그는 하나님이 근본 의도하신 뜻과 목표가 "태초"로 번역된 것이라고 주장한다. 그의 주장의 근거는 히브리어가 상형 문자라서 그대로 뜻이 들어있는 글자라는 인식에서부터 출발한다. 대개 히브리어로 주장하는 자들이 이런 논리로 히브리어 알파벳을 해석한다(앞에서 다룬 L목사도 비슷하다). 알파벳이 모여 하나의 의미를 전달하는 것은 배제하고, 자기 나름대로 문법을 만들거나 논리를 만든다. S목사의 논리를 들어보라.

> "창조주이신 하나님은 영이시다. 영이신 하나님이 계획하신 의도를 피조물인 인간에게 전달할 때, 매체를 통하지 않으면 인간이 인식할 수 없기 때문에 하나님께서 창조하신 그 현상에다 의도하신 뜻을 담아서 전하실 수밖에 없으시다. 그래서 상형 문자로 성경이 기록된 것이다."

그의 이런 생각으로 인하여 상형 문자가 아닌 헬라어는 배제할 수밖에 없었던 것으로 여겨진다. 그렇기 때문에 히브리어로만 성경을 이해하려는 자들은 신약도 히브리어로 번역한 것만을 사용한다. 신약도 원래 아람어(히브리어)로 기록한 것을 헬라어로 번역한 것이라는 주장을 펴기도 한다(이런 주장도 교계에 일부 퍼져 있다). 그의 해석의 원칙이라고 할까, 그의 의도가 드러나는 주장을 들어보자.

> "그렇기 때문에 성경은 비유와 상징으로 뜻을 담고 있는 하늘들의 글이다. 인간들이 사용하는 문자로 된 글과는 차이가 있다. 문자로 된 글은 문자 그대로 읽고 의사소통을 하면 된다. 그러나 비유와 상징으로 된 하늘들의 글은 하나님께서 계획하신 그 의도의 뜻을 떠내지 않으면 의사소통은 불가능하다. 이것이 성경이 가지고 있는 특징이다. 이렇게 뜻을 담고 있는 하늘들의 글이 바로 히브리어 성경이다."

어떤가? 그의 주장이 지금까지 나타난 문제 있는 해석방법의 전형적인 논리와 비슷하게 전개된다는 생각이 들지 않는가? 분별력이 필요한 세대라는 이야기는 귀가 아프게 말한다고 해도 부족하다는 생각이다(빌 3:1). 모든 주장을 다 믿지 말고 분별하라던 믿음의 선진들의 경계가 얼마나 적절한지 모르겠다. 결국 자기의 주장을 관철(혹은 정당화)하기 위해 비유와 상징을 동원하는 것은 동일하다. 어떻게 성경이 비유와 상징으로만 되어 있는가? 역사적 사실과 자연의 섭리와 시를 비롯한 각종 문학적 기교와 예언 등이 가득한데 말이다.

"사랑하는 자들아, 영을 다 믿지 말고 오직 영들이 하나님께 속하였나 시험하라. 많은 거짓 선지자가 세상에 나왔음이니라 (2)하나님의 영은 이것으로 알지니 곧 예수 그리스도께서 육체로 오신 것을 시인하는 영마다 하나님께 속한 것이요 (3)예수를 시인하지 아니하는 영마다 하나님께 속한 것이 아니니 이것이 곧 적그리스도의 영이니라 오리라 한 말을 너희가 들었거니와 이제 벌써 세상에 있느니라."(요일 4:1-3)

어리석고 굳세지 못한 여자(교인, 교회)들이 가만히 들어오는 이 같은 자들의 미혹을 받아 진리의 지식에 이르지 못하고 무너지는 사례가 많다는 것이 안타까울 뿐이다.

"저희 중에 남의 집에 가만히 들어가 <u>어리석은 여자를 유인하는 자들이 있으니</u> 그 여자는 죄를 중히 지고 여러 가지 욕심에 끌린바 되어 (7)항상 배우나 마침내 진리의 지식에 이를 수 없느니라."(딤후 3:6-7)

"또 그 모든 편지에도 이런 일에 관하여 말하였으되 <u>그 중에 알기 어려운 것이 더러 있으니 무식한 자들과 굳세지 못한 자들이 다른 성경과 같이 그것도 억지로 풀다가 스스로 멸망에 이르느니라.</u> (17)그러므로 사랑하는 자들아 너희가 이것을 미리 알았은즉 무법한 자들의 미혹에 이끌려 너희 굳센 데서 떨어질까 삼가라 (18)오직 우리 주 곧 구주 예수 그리스도의 은혜와 저를 아는 지식에서 자라가라 영광이 이제와 영원한 날까지 저에게 있을지어다."(벤후 3:16-18)

S목사의 주장을 조금만 더 살펴보자.

"히브리어 자음 23개의 철자는 그 자체가 뜻을 담고 있다. 최초의 히브리어 성경을 보면 한 단어, 한 단어의 구별 없이 전 성경이 자음만이 계속 이어져 기록되어 있는 것을 알 수 있다. 모음이 없기 때문에 맛소라 문법학자들이 단어를 올바르게 읽을 수 있도록 하기 위해서 모음을 만들고 단어와 단어를 끊어 분리하는 문법을 만들게 되었다. …… 그런데 문법에 의해서 성경이 완전하게 해석되지 않는 데에 문제가 있다. 이스라엘 언어인 히브리어 성경은 그리스도 예수로 시작해서 그리스도 예수로 진행되고, 그리스도 예수로 결론을 맺고 있음에도 불구하고, 이스라엘인들은 같은 히브리어로 기록된 성경에서 그리스도 예수를 드러내지 않고 있다."

히브리어 문법을 배제한 S목사는 무엇을 근거로 성경을 해석한다는 이야기인가? 그것을 먼저 분명하게 밝히는 것이 도리다. 성령의 감동? 하나님의 직접적인 계시? 문법으로 연구하는 학자들은 성령의 감동이나 계시의 영이 없이 인간적인 이성으로만 연구한다는 논리인가? 그런 무례하고 일방적인 주장이 어디 있는가? 문법으로 연구하는 학자들도 문법만 동원하는 것이 아니다. 또 문법으로 모든 성경을 완전하게 해석할 수 있다고 주장하는 학자들도 없다. 성경해석에 관한 기본적인 공부가 되어있다면 그런 주장을 하지 않는다. 또 S목사는 문법을 제외한 채 성경을 완전하게 해석하고 있다는 이야기인가? 결국엔 자기만이 올바른 해석을 한다는 궤변 아닌가? 이런 주장이야말로 사이비의 길을 걷는 사람들의 공통점이다.

히브리어 성경이 자음으로만 죽 이어 기록된 것은 처음부터 알파벳 중심으로 의미를 부여하기 위함이 아니라, 그 당시 인쇄술이 발전되지 않았고, 글을 기록할 종이(파피루스나 양털 가죽 등)가 없었기 때문에 부득이 그런 방식을 취한 것뿐이다. 한 글자라도 더 쓸 목적으로. 또 그의 '태초'에 대한 해석은 시간이 아니라 존재로 보아야 한다고 하는데, 무슨 근거로 그런 주장을 하는가? 밑도 끝도 없이 결론만 말하지 말고, 그렇게 해석하게 된 과정을 말하라는 이야기다.

"태초는 하나님이 근본적으로 의도하신 하나님의 높은 뜻과 계획인 머리의 안을 말한다. 그리스도 예수의 머리 안이 태초라는 말이다. 성경은 현상의 세계를 설명하는 것이 아니라 인간의 마음 토대 안에 하나님의 계획을 세우시고 그 토대를 계몽해서 하나님의 근본 의도하신 계획으로 이끌어 올리시는 구체적인 과정을 기록하신 하나님의 말씀이다."

그의 말마따나 그는 창세기 1장의 첫 단추를 그렇게 해석하기로 작심하고 시작했기에, 모든 성경을 그런 잣대로 볼 수밖에 없다. 그는 또한 첫째-셋째 시기는 하늘들이고, 넷째-여섯째 시기는 인간의 마음 토대란다. 첫째에서 셋째 시기는 그리스도이며, 넷째에서 여섯째 시기는 예수라고도 한다. 이런 글을 접하면서 계속 이런 주장을 읽으며 비판할 가치나 있는지 답답해진다. 계속 묻고 싶은 것은 도대체 그렇게 해석을 하는 근거가 무엇인가? 반복되는 이야기지만 하나님으로부터 직접 계시라도 받은 것인가? 아니면 자기 생각에서 나온 것인가? 그 근거부터 밝히라는 이야기다.

필자가 S목사의 해석의 근거를 추측하자면 이렇다. 태초를 "예수 그리스도의 머리 안"이라고 해석하는 근거는 "태초"(בְּרֵאשִׁית)라는 히브리어를 분석해야 하는데, 전치사 베(בְּ)와 로쉬의 여성형(רֵאשִׁית)이 합해진 전치사구이다. 전치사 베는 "…안에"라는 기본의미가 있고, 레쉬트는 로쉬(머리)의 여성형이므로 "머리 안에"라는 해석이 나온다. 머리 안에 있으니 그것은 생각과 계획이 될 것이고, 그 머리는 하나님의 머리가 된다. 왜냐면 이어지는 주어가 엘로힘(אֱלֹהִים; 하나님)이기 때문이다. 더구나 동사는 바라(בָּרָא)로서 창조와 개시를 의미하되 주로 하나님의 행위에 쓰이고, 신학적인 의미를 가진 것으로 이해되는 단어다(Biblelex 10.0).[150]
자기 논리를 가지고 다른 사람을 설득하려면, 최소한 자기주장의 근거는 납득할 만한 수준의 것으로 밝혀야 도리다. 필자는 그의 해석에 대해 영지주의적 해석이 아닌지 의심하고 있다. 만일 그가 자기주장에 대해 성령의 감동에 의한 하나님의 계시라고 주장한다면, 다음의 성경을 통해 분별하라고 권하고 싶다.

> "미가야가 가로되 그런즉 왕은 여호와의 말씀을 들으소서. 내가 보니 여호와께서 그 보좌에 앉으셨고 하늘의 만군이 그 좌우편에 모시고 서 있는데 (20)여호와께서 말씀하시기를 누가 아합을 꾀어 저로 길르앗 라못에 올라가서 죽게 할꼬 하시니 하나는 이렇게 하겠다 하고 하나는 저렇게 하겠다 하였는데 (21)한 영이 나아와 여호와 앞에 서서 말하되 내가 저를 꾀이겠나이다. (22)여호와께서 저에게 이르시되 어떻게 하겠느냐 가로되 내가 나가서 거짓말하는 영이 되어 그 모든 선지자의 입에 있겠나이다. 여호와께서 가라사대 <u>너는 꾀이겠고 또 이루리라 나가서 그리하라</u> 하셨은즉 (23)이제 여호와께서 거짓말하는 영을 왕의 이 모든 선지자의 입에 넣으셨고 또 여호와께서 왕에게 대하여 화를 말씀하셨나이다."(왕상 22:19-23)

> "만일 선지자가 유혹을 받고 말을 하면, 나 여호와가 그 선지자로 유혹을 받게 하였음이어니와 내가 손을 펴서 내 백성 이스라엘 가운데서 그를 멸할 것이라"(겔 14:9)

나머지 그의 해석이나 주장을 일일이 논박할 것이라면, 그보다 더 두꺼운 책을 써야 할 것이므로 이 정도로 해두련다. 나머지는 독자가 직접 읽고 분별하는 몫으로 남겨두려고 한다.

---

150) 폰 라드(Von Rad)는 그의 명저 창세기 주석에서 바라, 곧 "창조하다"란 동사는, 한 편으로는 전혀 힘들이지 않는다는 개념을 포함하고 있고, 다른 한 편으로는 재료에 대한 진술과 연결되지 않기 때문에 무에서의 창조란 의미를 포함한다고 말했는데, 이는 정당하다.

어쨌든 경각심을 주고 싶은 부분은 원어로 해석한다는 명분하에 이러저러한 종류의 책들이 수도 없이 나오고 있다는 점이다. 그러므로 분별하라. 다시 말하건대 분별력을 요구하는 시대가 된 것이 분명하니 기도하고 성령의 도우심을 구하라. 이것밖에 강조할 수 없는 필자의 한계를 용서하라.

8) Ch(둘로스 데우. C)의 성경해석

둘로스 데우. C라는 이름으로 활동한 Ch는 여러 권의 책을 저술하며 동대문구 답십리 의증 서원에서 성경을 가르친 사람이다. 십계명을 해설한 『가나안으로 가는 길』, 주 기도를 해설한 『너희는 이렇게 기도하라』 그리고 『육천 년 동안 창세기 속에 감추어져 있던 하나님의 비밀』(2006)이란 제목으로 출간한 창세기 해설서가 있다. 그 외에도 더 있지만 여기서는 대표적으로 창세기 해설서를 중심하여 살펴보고자 한다.

Ch은 그의 책(창세기 해설) 서론에서 "성경에 기록된 하나님의 모든 말씀은 영적인 비유와 비사로 기록되어 있기 때문에 영안이 없는 자들은 볼 수도 없고 들을 수도 없다"고 말한다.

"하나님의 말씀이 처음 시작되는 창세기의 말씀은 하나님께서 더욱 깊이 감추어 놓으신 것이다. 왜냐면 창세기는 성경에 기록된 말씀 가운데서도 가장 중요한 하늘의 보고이기 때문이다. 하나님께서 이렇게 하나님의 말씀을 철저하게 감추어 놓으신 것은 말씀을 유익의 재료로 삼아 교회에서 말씀을 팔아 장사를 하고 있는 삯군 목자와 거짓 선지자들 때문이다. 이런 자들은 지금도 하나님의 교회라는 간판을 걸어 놓고, 교회 안에서 성령과 말씀을 팔아 자기의 욕심을 채우고 있는 것이다. ……그러므로 오늘날 기독교인들은 <u>하나님께서 보내주시는 오늘날의 구원자 곧 참 목자를 믿고</u>, 그 입에서 나오는 말씀을 영접한다면, 하나님의 자녀가 되는 권세를 주신다는 것이다.”

그의 주장을 들어보면, 성경에 기록된 하나님의 모든 말씀은 영적인 비유와 비사로 기록되어 있다고 하는데, 이런 주장을 하는 사이비한 단체가 한국에 여럿 있다(신00를 비롯하여…). 이상하게도 그런 주장을 하는 사람들의 대부분이 자기만 옳다고 하는 자만에 빠져 있음을 발견하게 된다. 결과적으로 왜곡된 해석과 주관적인 자기 해석에 빠져 멸망의 길을 가고 마는 것을 숱하게 보아 왔다. 참으로 개탄스러우며 두렵고 떨리는 일이다. 현실적으로 분명히 거짓 목자가 있다는 것도 사실이지만, “그게 누구냐?”라는 문제에서는 너무 자의적인 기준을 정해놓았다는 느낌을 지울 수가 없다. 그가 주장하는 “오늘날의 구원자 곧 참 목자”는 누구인가? 자기인가? 아니면 자기와 같은 주장을 하는 자들인가? 나머지 기존 교회들은 모두 삯군 목자인가? Ch가 그런 종류의 주장을 하는 자들과 공통점을 가지고 있다고 느끼는 것은 필자의 왜곡일까?

그가 주장하는 창세기의 앞부분을 다루어보자(그의 책 전체를 분석하는 것이 본서의 목적이 아니다). 앞부분만 살펴도 그의 사상이나 주장을 알 수 있기 때문이다. 그는 창세기 1장의 말씀 속에는 하나님의 백성들을 향한 하나님의 뜻과 창조계획이 모두 함축되어 있다고 말한다. 그런데 오늘날의 기독교인들은 영적인 말씀의 무지로 말미암아 하나님께서 창조하신 천지창조를 자연 만물을 창조하신 것이라고 믿고 있을 뿐, 그 속에 감추어진 영적인 의미에 대해서는 전혀 모르고 있다고 주장한다. 그렇게 무지하게 된 이유로 그 영적인 의미를 분명히 깨닫고 가르쳐주는 사람이 없었기 때문으로 생각한다고 말한다.

그는 거듭나지 못한 혼적인 존재들은 표면에 나타난 말씀은 볼 수 있지만, 말씀 속에 깊이 감추어 있는 영적인 의미는 알 수가 없다고 강조한다. 그렇다면 자기는 그 깊은 영적인 의미를 아는 "천국의 서기관"(그의 표현에 따라)이란 주장이다(그의 책, 37쪽). 이런 이야기는 한국에는 자기 같은 사람이 별로 없다는 주장에 다름 아니다. 역사와 문화와 순리를 무시한 채, "영적"이란 가면을 쓰고 자기식 해석과 주장을 하는 사람들은 지겹게 많이 보아 왔다. 사실 영적이란 말을 자주 쓰는 사람일수록 온전한 사람을 만나보기 쉽지 않았다. 하지만 영적이란 말을 사용한다고 해서 모두 같은 사람으로 치부하는 것은 '절대' 아니다. 그러나 역사, 문법, 교리, 문화 등 다양한 배경이나 원리를 모르거나 무시하는 무지한 자들일수록 '영적'이란 말로 자기주장을 포장하여 합리화하려는 경우를 너무 많이 보아 왔기 때문에, 솔직히 말해서 그런 사람들을 인정하거나 믿기 어렵다. 그는 다음과 같은 불만을 쏟아낸다.

> "오늘날 기독교인들은 유대인들과 같이 하나님께서 보내주시는 구원자들을 외면하며, 영접하지 않을 뿐만 아니라 오히려 이단자로 배척을 하고 있다. (마태복음 13:14-17인용) …중략… 이러한 현상은 오늘날 기독교인들에게도 동일하게 일어나고 있는 일들이다. 왜냐면 오늘날 기독교인들도 유대인들과 같이 기독교의 교리와 기복신앙에 의식화되어 하나님께서 보내주시는 서기관이나 하나님의 아들들의 말씀을 외면하고 배척하고 있다."

작금의 이단자들이나 사이비한 자들은 거의 이와 동일한 말을 사용한다. "예수님도 이단의 괴수라고 불렸고, 바울도 그랬다"고 자기들을 합리화할 뿐만 아니라 오히려 자랑스럽게까지 생각한다. 그래서 어떤 목사는 "저들을 이단이라고 부르지 말고, 사이비한 자들이라고 하라. 그러면 발끈하여 덤벼들 것이라고." 말하기도 했다. 그가 주장하는 창세기 1:1의 해석을 보라.

בְּרֵאשִׁית בָּרָא אֱלֹהִים אֵת הַשָּׁמַיִם וְאֵת הָאָרֶץ: (창 1:1)

그는 이 말씀을 이해하려면 "먼저 하나님은 영이시라는 것과 그 하나님이 말씀하시는 모든 말씀도 영적이라는 것을 알아야 한다."고 주장한다(『성경의 잣대』의 저자 S목사의 주장과 똑같다). 그래서 이 구절을 다음과 같이 생각하며 시작해야 한다고 말한다. '하나님이 말씀하신 태초나 하늘과 땅이 영적으로는 무엇을 말씀하고 있으며, 하늘과 땅을 창조하신다는 의미는 무엇일까?' 본문 말씀을 영적으로 혹은 근원적으로 설명하기 위해서는 부득이 원문 성경에 기록된 단어들을 등장시킬 수밖에 없다고 부언 설명한다.

그는 성경에서 제일 중요한 부분이 창세기이며, 창세기 중에서도 1장이며, 1장 중에서도 1절이라고 강조하고, 그 1절 중에서도 제일 먼저 나오는 "태초에"라는 단어가 가장 중요하다고 강조한다.

"태초라는 단어를 알지 못하면 1절의 말씀을 풀 수가 없고, 1절의 말씀을 풀지 못하면 창세기의 말씀을 알 수가 없다. 이 말은 창세기 1장을 풀지 못하면 성경 전체를 올바르게 알 수가 없다는 말이다. 이렇게 '태초'라는 단어는 성경에서 가장 중요한 단어로서 말씀의 잠긴 문을 처음 여는 열쇠이며, 또한 태초는 하나님의 모든 것을 대변하고 있는 단어이기도 하다."

그는 1절을 원문 성경에 기록된 대로 직역을 하면, "태초 안에서 하나님들(복수)이 그 하늘과 그 땅을 만드셨다"고 한다. 하나님은 시공간을 초월해 계신 분인데, 지금의 기독교는 하나님을 시간 속에 가두어 놓는 해석을 하고 있다고 주장한다. 만일 하나님이 시간 속에 갇혀 있다면 하나님이라 할 수가 없다고 주장한다.151) 그러나 이런 주장은 하나만 알고 둘은 모르는 그야말로 유치한 생각이다. 하나님은 분명히 시공간을 초월해 계신 분이다. 그러나 반대로 시공간 속으로 친히 들어오셔서 우리와 함께 거하실(임마누엘) 수 있는 분이시고 또 그렇게 하셨다. 성육신이 대표적이지 않은가. 그렇게 모든 것을 주권적으로 하실 수 있는 분이기에 참 하나님이시다. 그가 "태초에"라는 해석을 어떻게 하는지 들어보자.

> "'태초에'라고 번역된 히브리어는 베레쉬트(בראשׁית)인데, 이 단어는 "…안에"라는 뜻의 전치사 베(ב)와 명사 로쉬(7218, ראשׁ)의 합성어다. 그런데 로쉬라는 단어의 뜻은 "태초"라는 뜻도 있지만, 주로 "머리, 우두머리, 최고, 근원, 근본" 등으로 사용하고 있다. 그러므로 로쉬는 하나님의 우두머리 즉 성부 하나님을 말씀하고 있는 것이다. 왜냐면 모든 창조의 근원이 성부 하나님이시며, 또한 모든 피조물과 하나님의 아들들까지도 하나님에 의해서 창조되고 관리되기 때문이다. 그러므로 1절 말씀의 진정한 뜻은 "성부 하나님 안에 있는 성자 하나님들이 천지를 창조하시니라"이다."

그는 또 요한복음 1:1과 연계하여 창세기 1:1의 "태초에"와 동일한 의미라고 말한다. 이는 시제가 아니라 성부 하나님 안에 성자 하나님이 계신다는 의미라고 강조한다. 또 이 때문에 예수님이 "내가 아버지 안에 있고 아버지가 내 안에 있다"고 말씀하신 이유라고 말한다. 이렇게 요한복음 1:1에 나타난 **말씀 하나님**은 창세기 1:1에서 말하고 있는 성자 하나님 곧 예

---

151) "하나님께서 천지 만물을 창조하셨다면 당연히 시간도 하나님이 만드셨기 때문에 하나님이 시간 안에 계신다는 말은 어불성설이다. 이것은 성경 번역자가 성경에서 가장 중요한 단어를 처음부터 오역을 해 놓았기 때문에 기독교인들이 성경을 올바로 볼 수 없게 되었던 것"이라고 주장한다.

수님을 뜻하는 것이라고 한다. 그렇게 말한다면 어디에 성부 하나님이 성자 예수님 안에 계신다는 근거가 있는가? 베레쉬트가 "성부 하나님 안에"라고 한다면, 성자 하나님이 성부 하나님 안에 있다는 말에 대해 백번 이해를 한다고 할지라도, 성자 하나님 안에 성부 하나님이 계신다는 근거는 어디에 있느냐는 말이다(요 14:10,11, 참고. 20절).

필자보고 그런 식으로 해석해보라고 한다면 차라리 이렇게 하련다. 베레쉬트를 "머리 안에"로 보고 그 머리를 예수님으로 보련다. 그래서 "예수 안에"라고 해석하고자 한다. 그러면 요한복음 1:10과 연계하여 모든 창조가 그리스도로 말미암아 이루어졌음과 또는 "머리"를 성부 하나님으로 본다고 해도 "성부 하나님의 계획 속에"라고 해석하는 것은 안 되는가를 묻고 싶다. 결국엔 자기 생각 안에서 좋다고 생각되는 방향으로 해석하는 것이 아닌가? 그게 성경적인 해석인가? 누구든지 자기가 좋게 생각하는 방향으로 해석해 놓고서는, 성경 원어의 뜻 중에서 하나 골라잡아 해석했으니 나는 성경대로 해석했다고 말할 수 있는가 그 말이다.

그가 해석하는 천지(하늘들과 땅)는 어떨까? 하늘과 땅도 당연히 영적인 해석 곧 구원을 전제로 한 세상의 존재들로 봐야 하지 않겠는가? 여기서 하늘은 쌍수이기 때문에 '하늘들'이라고 해석하는가 본데(이것도 어이없는 해석이다) 그러면 땅은 단수인데 왜 "죄인들"로 해석하는가? 그는 창세기 1:1을 예언으로 본다. 무엇을 근거로 예언으로 보는가? 또 갑자기 성자 예수님이 등장하여 아버지의 뜻을 이루기 위해 땅에 오셔서 땅(혼 적인 죄인들을 상징한다고 생각함)을 하나님의 생명으로 거듭나게 하여 하늘들(하나님의 아들들)로 만든다고 한다. 그게 창세기 1:1의 영적 해석이란다.

아마도 요한복음 1:1의 "태초에 말씀이 계시니라"에서 그 말씀이 하나님이라고 하니까, 말씀 하나님 곧 성자 예수님이 창세기 1:1에서 성부 하나님 안에 계신 것으로 해석하여, 그 성자 예수님이 하늘들과 땅을 창조하신 것으로 연계시킨 것으로 생각된다. 참으로 기가 막히다. 놀라워서가 아니라 어이가 없이 기가 막힌다. 그런 논리적인 비약과 또 여기저기 끌어다가 붙이는 식의 해석은 역시 모든 자의적인 해석자들이 사용하는 방법과 조금도 다르지 않다.

하늘과 땅이 천지자연이나 우주를 가리킴이 아니라 하나님의 백성들을 비유로 말한다고 하면서, 그런 해석을 뒷받침하는 근거로 인용하는 구절이 시편 19:1-4과 이사야 1:2-4이다. 하늘과 땅이 말도 못하고 알아듣지 못하는데 어떻게 그렇게 표현할 수 있느냐고 말하면서 그것들은 모두 인격체인 사람을 가리키는 것이라고 주장한다. 사람은 성령께서 조명하지 않으시면 무지할 수밖에 없다. 의인법152)으로 표현한 다양한 문학적 표현에 문외한이라는 사실만 드러날 뿐이다. 어디서 배웠는지는 몰라도 어떻게 비유와 비사라는 말은 쓰는지 모르겠다. 그것은 문학적 표현이 아닌가? "영적"이란 말을 써가며 해석하려면, 처음부터 끝까지 일관성 있게 그렇게 하든지 이것은 자기가 유리한 대로 이용하는 식의 안하무인격 해석이라고 볼 수밖에 없다.

이후에 전개되는 내용은 독자 여러분의 상상에 맡기겠다. 이런 사람들의 주장에 관해 연구할 분이라면, 책을 직접 읽어보라는 말밖에 할 말이 없다.

9) K목사

---

152) **의인법**; 사람이 아닌 무생물이나 동식물에 인격적 요소를 부여하여 사람의 의지, 감정, 생각 등을 지니도록 하는 방법이다. **활유법**; 생명이 없는 무생물을 생명이 있는 생물처럼 표현하는 방법. 단순히 생물적 특성만을 부여해야 활유법이고, 인격적 속성이 부여되면 의인법이 된다.

우연히 "말씀 사랑 마음사랑"이란 사이트를 알게 되어 검색하다가 다음과 같은 내용을 접하게 되었다. 또 김 목사는 세간에 알려진 서머나 교회 김성수 목사를 가르친 목사라는 사실도 알게 되었다. 그런데 저들 사이에 무슨 일이 있었던 것일까? 계시록 2:20을 해석한 "그러나 네게 책망할 일이 있노라 자칭 선지자라 하는 여자 이세벨을 네가 용납함이니"에서 발췌한 것을 소개해 본다.

"제가 말씀 강해를 놓으면 이런 상태들이 더더욱 나타나기도 합니다. 왜냐면 이 카페는 말씀=하나님임을 데이크뉘미로 보여주는 카페이기도 하기 때문입니다. 그 상태들이 나타나진다고 해서, 거기에 물들어 있을 필요는 없습니다. 자신들이 내가 그런 거구나(!) 호몰로게오로 시인 되어지면, 이 말씀 사랑, 사랑 말씀 누림으로 그냥 직행해서 누리게 됩니다. 회개할 수 없는 상태가 이세벨의 상태인 것도 맞습니다. 근데 그 모든 상태에 대한 죽음 사랑을 이미 사복음서에서 예수 그리스도로 다 통쳐 놓은 것이잖아요.

용서받지 못할 것이라곤 하나도 없습니다. 여러분들이 생물학적으로 살아있는 동안은 모조리 용서되어질 수가 있는 기간이기도 한 것입니다. 그러니까 스스로 이 죽음 사랑 단번에 되어지고, 말씀 사랑 누릴 기회를 스스로 저버리고, 생물학적 목숨을 끊는 김OO 목사와 같이 되지는 말기를 바랍니다.

정작 더 … 할 목사는 바로 김O 목사였습니다. '죽음 사랑 단번에'가 없는 상태에서 성경공부로, 지식의 유희로 듣는 이들을 이끌고 있기 때문입니다. 지금 김O 목사의 가르침은 이세벨의 상태에서 성경전서 66권을 우상의 제물로 먹고 가르치고 있는 형국인 것이지요. 자신이 '죽음 사랑 단번에'가 아닌 반쪽이니 이세벨로 매음, 매춘할 수밖에 없는 상태인 것입니다. 그토록 회개할 기회를 조폭 사랑, 회칼 사랑으로 해서 보여주어도 그 음행을 회개하지 않고 있으니, 그냥 나올 것이 간음이고, 포르노 연출만 하고 자빠진 것입니다. 이 상태는 김O 만이 아니라, 김OO 서머나 교회 측도 마찬가지

상태입니다. 역시 00이도 마찬가지인 것이구요. 메타노에오(회개, 그 마음 사랑 됨)가 없습니다. 말씀=하나님(사랑)임을 성경공부로 증명은 하는데, 그걸 믿는 믿음은 되어지질 않은 상태들인 겁니다."(http://cafe.daum.net/tobel)

폐 일언하고 이 카페에서 비판하는 K목사의 주장에 대해 생각해보자. 그의 성경을 다루는 시각이 어떠함에 따라 그의 주장을 파악할 수 있으니 중요하다 하겠다. 그를 통해 많은 사람이 배웠고, 분파되어 다투는 지경에까지 이른 것으로 분석된다. K목사가 강의한 파일을 들어보고 정리한 것을 일부분 이곳에 싣는다.

(1) 다바르(1697, דָּבָר)와 아마르(559, אָמַר)
그는 다바르와 아마르를 철저하게 구별하여 이해한다. 다바르는 지식에 머무르는 수준으로서 아마르에 비하면 진리에 이르지 못한 상태를 말한다고 주장하며, 아마르가 진리를 의미한다고 강력하게 주장한다. 광야교회 수준에서 접하는 수준이 다바르이고, 아마르는 가나안 땅에 들어가서 누리는 상태로 비교한다. 그가 그렇게 주장하는 이유 중 하나가 "광야"라는 히브리 단어를 분석함에 있다.

광야(4057, מִדְבָּר)는 '미드바르'인데, 이 단어는 도구, 장소를 나타내는 멤[mem]을 수반한다. 그래서 דָּבָר + מ="지식의 말씀이 있는 곳"이라고 푼다. 그러니까 광야교회는 지식수준에서 머무는 곳이라고 주장하며, 거기서 떠나 아마르 단계로 들어가야 할 것을 강조한다.

〈반론〉 이는 마치 신약에서 로고스와 레마를 구분하여 강조하는 사람들과 같다. 하지만 로고스와 레마를 다룬 항목에서도 밝혔듯이 실제 사용한 용례는 문맥에 따라 적절하게 배치했고,

같은 의미로서 상호 교차적으로 쓰일 때도 있었다는 것을 알아야 한다.

אמר(말하다)는 דבר에 가장 가까운 동의어지만 그러나 이 단어의 근본 의미는 명백하게 디베르(다바르의 Piel형)에 비하여 두드러진다. אמר의 경우에 있어서 그 초점은 언급된 것의 내용에 있으나 דבר의 경우에 있어서 일차적인 관심은 말하는 활동, 즉 어휘나 구절들을 내뱉은 것에 부여된다. אמר는(언급된 것에 관한 내용을 전달함이 없이) 독립적으로 사용될 수 없는 반면에, 디베르는 그렇게 사용될 수 있다.153) 더욱이 אמר는 의인화된 여러 가지 주어를 지닐 수 있는 반면에(땅, 동물들, 나무들, 밤, 불, 작품 등등), דבר는 거의 항상 주어로서 사람이나 사람의 언어 기관(입, 입술, 혀 등등)을 가진다. 이 단어들은 또한 언급되는 것에 따라 구별된다. אמר의 경우에 이 단어는 약한 전치사 레(ל)를 사용하는 것만으로 족한 반면에, דבר는 대체로 강한 전치사 엘(אל)을 요구하고 있다(ל보다 약 10회 이상).

그러나 이러한 차이점은 도덕적이고 이상적인 가치에 관한 대부분의 문제를 포함하는 다바르의 목적어로서 언급된 것에 관한 중요성을 약화시키지 않는다. 주로 피엘형으로 사용된 몇몇 다른 동사들에서처럼 칼(Qal)의 사용은 능동 분사에서 거의 독립적으로 쓰이며, 대체로 계명을 말하거나 내적인 충동을 설명하는 것을 나타내고 있다.

명사 **다바르**는 말에 관한 사항이나 문제에 의해 감당될 수 있는 어떤 것에서부터 하나님 말씀의 가장 숭고하고 생생한 의미에 이르기까지 모든 방면에 걸쳐 포괄한다. 많은 동의어들은 하나님으로부터 온 메시지가 찬양되는 시편 119편에서 발견된다. **아마르**의 가장 일반적인 용법은 직접적인 대화에서 나온다. 하나

---

153) 참고. 창 24: 14; 욥 1:16; 16:4,6.

님의 창조적인 말씀에 대해 사용되었다. 7일간의 창조사에서 10번 나타난다(창 1:6,9,11,14, 20,24,26,28,29). 여기서 이 단어는 통상적인 것보다 더 함축적인 의미로 사용되었다. 이 단어는 그것이 표현하는 것을 존재케 하는 신적 명령의 말씀, 곧 "창조적 말씀의 전능성"을 보여준다. 이같이 다바르와 아마르는 K목사가 주장하듯이 그렇게 명확하게 무 자르듯 구별되는 단어가 아니다.

(2) 산상수훈에서
K목사는 그의 산상수훈에서 마태복음 5:1 해석을 다음과 같이 시작한다.

"예수께서 무리를 보시고 산에 올라가 앉으시니 제자들이 나아온지라"(마 5:1)

여기서 "무리"는 헬라어로 τοὺς ὄχλους(투스 오클루스)로서 "그 무리"란 의미다. 같은 절 뒷부분에서 이들을 "제자들"이라고 설명한다. 이들은 4:25의 "허다한 무리"와 구별되는 무리다. 예수님은 허다한 무리가 좇았으나 관사가 있어 한 종류를 지시하는 "그 무리"를 향해서만 산상수훈을 가르쳤다.

"갈릴리와 데가볼리와 예루살렘과 유대와 요단 강 건너편에서 허다한 무리가 좇으니라."(마 4:25)

K목사는 "허다한 무리"가 어떤 자들인지를 설명하면서 구약 출애굽기 12:38을 인용하여 설명한다.

"중다한 잡족과 양과 소와 심히 많은 생축이 그들과 함께 하였으며" (출 12:38)

여기서 "중다한 잡족"이라고 번역된 단어가 에레브 라브(רַב עֶרֶב)다. 그런데 그는 에레브 라아(רַע עֶרֶב)라고 읽는다. 그에 따른 그의 해석은 "어둠(밤)에 속한 악한 자들"이다. 왜냐하면 "혼합, 혼합된 민족"을 의미하는 에레브(6154, עֶרֶב)를 "밤"을 뜻하는 에레브(6153, עֶרֶב)로 읽고, "풍성한, 많은"을 의미하는 라브(רַב)를 그는 라아(7489, רַע)라고 읽어 "악한"으로 해석하기 때문이다. 그러나 그가 어떤 원문 성경을 사용했는지는 모르겠지만, 히브리인들이 사용하는 알레프 성경에도 BHS와 동일한 단어가 사용되었다.

그렇다면 여러 사이비한 단체들처럼 그도 "다른 성경"을 사용하는가? 자기만의 원어 성경이 있는가? 그 역시 다른 잘못된 원어 해석자들처럼 자기만의 방식을 가지고, 교계를 혼란스럽게 하는 사단의 종노릇을 하고 있지는 않은지 두려운 생각이 든다. 그의 가르침을 따라가다 보면, 예수를 따르는 허다한 무리는 어둠에 속한 악한 무리들이 된다. 참으로 어이없는 극단적 해석으로 귀결된다는 의미다.

〈반론〉 K목사의 성경해석은 지나친 논리 비약이 많다. 이런 경우는 정당한 논리적 연결고리가 없이 자기 생각을 따라 연결을 지어 어떤 내용을 정의해버리는 폐단이 나타날 수밖에 없다. 많은 사이비한 자들이 이런 방식에 걸려 잘못된 주장을 하는 함정에 빠졌다. 또 그는 히브리 원문이 원래 모음이 없다는 주장에 근거하여 자기가 원하는 방향으로 자음 해석을 하는 것 같은 느낌을 받았다. 그가 사용하는 원문 성경은 어떤 것이며, 사전은 어떤 사전을 사용하는지 궁금하다. 참으로 성경을 바로 해석하려는 중심이 있는 자라면, 그것부터 밝히는 것이 도리다. 그가 해석하는 내용을 찾아보면, 보통 객관적으로 사용되는 사전에 없는 뜻을 동원하여 해석을 시도한다.

이것뿐만 아니라 같은 강의에서 헬라어 에피(1909, ἐπί)전치사와 아나(303, ἀνα) 전치사를 설명하면서 에피는 지상 바로 위를 가리키고, 아나는 공중 위를 가리키는데, 일반 문법 전치사로 취급하지 말고 시작(에피)과 완성(아나)으로 보라고 한다. 그는 매사를 이렇게 시작과 완성의 기준으로 성경을 보는 경향이 있다. 다바르는 시작, 아마르는 완성이라는 식이다. 그러나 K목사처럼 원어의 단어를 파자(破字)하여 나누는 식의 분석을 통한 해석은 위험하다(다만 이런 방식은 단어의 형성과정을 살필 때 참고할 수는 있다). 왜냐면 단어의 의미와 쓰임새는 단어 자체가 가진 의미보다는 문장과 문맥에 의해 결정되는 경우가 더 많기 때문이다.

더 많은 오류와 이상한 주장을 펼치는 자들이 여기저기에 암약하고 우후죽순처럼 퍼져 있지만, 본서에서는 여기까지 다루고, 이와 비슷한 부류들은 같은 종류의 영과 사상을 가지고 있는 줄 알고 주의를 요한다. 다만 바라기는 그들도 바른 신앙 안으로 돌아와 바른 진리를 펼치기를 기대한다.

성경을 오용하는 이유

　필자를 포함하여 신실한 그리스도인들조차도 성경을 하나님의 말씀으로 인정하면서도 자신도 모르게 오용하거나 혹은 다른 사람들이 오용하는 사례를 간파하지 못할 때가 있다. 하지만 의도적으로 성경 본문을 왜곡시키는 선생들이 큰 문제다. 신약에서 사도 베드로는 성경을 왜곡시키는 거짓 선생들의 미혹에 넘어갈 수 있음을 경고한다.

> "또 우리 주의 오래 참으심이 구원이 될 줄로 여기라 우리 사랑하는 형제 바울도 그 받은 지혜대로 너희에게 이같이 썼고 (16)또 그 모든 편지에도 이런 일에 관하여 말하였으되 <u>그 중에 알기 어려운 것이 더러 있으니 무식한 자들과 굳세지 못한 자들이 다른 성경과 같이 그것도 억지로 풀다가 스스로 멸망에 이르느니라.</u>"(벧후 3:15-16)

　베드로의 가르침에 따르면 성경을 왜곡하는 이유가 다음과 같다.

첫째, 성경 본문 자체의 어려움에 있다.
　사도 베드로도 바울의 글 중에 더러 어려운 것이 있다고 고백한다. 같은 시대 사람이요, 동료인 베드로도 어렵다고 말할 정도라면, 2,000년의 간격을 가진 오늘날의 우리에게는 얼마나 어려울까? 우리에게는 더더욱 낯설 수밖에 없다. 그렇기 때문에 주의 깊게 해석하는 자세를 가져야 한다. 이해하기 어려운 본문일수록 읽는 사람들의 왜곡이 일어날 가능성이 높다. 따라서 성경이 포함하고 있는 문화, 역사, 언어 및 문학부분에 대한 참고자료를 살피고 익히는 작업이 필요하다.

둘째, 타락한 인간 본성의 한계 때문이다.
사도 베드로는 이것을 묶어 "무식하고 굳세지 못한 자들"이라고 말한다. "무식하다"고 번역한 아마데스(261, ἀμαθής)는 부정 접두사 α와 만다노(3129, μανθάνω; 배우다)에서 유래했으며, "배우지 못한, 무지한"을 의미한다. 따라서 무지는 왜곡된 해석의 근원일 수 있다. 성경 본문을 연구하는 시간과 노력을 너무 적게 들이거나 일부 내용에만 과도하게 초점을 맞추기 때문에 본문을 곡해할 수도 있다. "굳세지 못한 자들"(793, ἀστήρικτος)은 어떤 자들을 가리키는가? 이는 부정 접두사 ἀ와 스테리조(4741, στηρίζω; 단단하게 하다, 고정시키다)에서 유래했으며, "불안정한, 흔들리는, 견고(확고)하지 않은"을 의미한다. 성경은 흔들리는 자의 모습을 다음과 같이 표현하고 있다.

> "음심이 가득한 눈을 가지고 범죄 하기를 쉬지 아니하고, **굳세지 못한 영혼들**을 유혹하며, 탐욕에 연단된 마음을 가진 자들이니 저 주의 자식이라"(벤후 2:14)

굳세지 못한 영혼은 저주의 자식에게 미혹 당해 흔들리는 신자들을 가리킨다. 그런 자들이 성경을 이해하는 일에 올바른 판단과 깨달음을 가질 수 있겠는가? 이런 사람들의 습관은 피상적으로 성경을 이해하며, 거짓 가르침에 쉽게 미혹 당하는 특성을 가지고 있다. 결론은 성경 왜곡이나 미혹 당하는 일은 항상 하나님과 성경에 대한 무지함에서 비롯된다(마 22:29). 억지 해석의 결과는 멸망이란 경고를 두려워해야 한다. 이들은 자신의 개인적인 견해와 기준과 신념을 증명하기 위해 성경을 끌어다가 자기의 주장을 뒷받침하려는 잘못을 범한다. 말씀 앞에 자기의 모든 생각을 사로잡아 내려놓고 복종하는 태도(고후 10:5)가 아니라, 반대로 자기주장을 옹호하는 일에 성경을 이용하는 악을 행하여 멸망의 길을 간다는 것이다.

셋째, 성령의 역사가 없는 영적 상태 때문이다.

"사랑하는 자들아! 너희는 우리 주 예수 그리스도의 사도들의 미리 한 말을 기억하라 (18)그들이 너희에게 말하기를 마지막 때에 자기의 경건치 않은 정욕대로 행하며 기롱하는 자들이 있으리라 하였나니 (19)이 사람들은 당을 짓는 자며 육에 속한 자며 성령은 없는 자니라."(유 1:17-19)

성령은 반드시 진리 가운데로 인도하시며, 주의 말씀을 생각 나게 하시고 하나님의 깊은 것까지도 통달하신 분이다. 따라서 그분의 인도하심(성령의 조명)이 없이는 성경을 올바로 깨달을 수가 없다. 이 말은 주관적인 체험을 말하는 것이 아니다. 자기 마음에 그럴 것 같은 생각이나 느낌이 드는 것을 말함이 아니다. 철저하게 객관적이고 검증이 가능한 해석을 말함이다. 왜냐면 이는 기록된 성경을 이해하는 일이기 때문이다. 성경을 억지로 푼다는 말 자체가 주는 뉘앙스는 육에 속한 자라는 증거다. "억지로 푼다"(4761, στρεβλόω)는 말은 말씀을 순리대로 풀지 않고 비틀고 이탈하여 왜곡시키는 것을 의미한다. 우리는 성경을 귀하게 여기되 성령의 인도를 좇아 겸손하게, 그리고 말씀을 사랑하는 중심을 가지고 해석하는 자세를 가져야 한다. 항상 성경을 오용할 수 있는 연약한 존재임을 잊지 말고 삼가 조심하여 성경을 대해야 한다.

올바른 원어 연구법

이제 올바른 원어 성경 연구법을 생각해보자. 어떤 성경을 연구하든 기본적인 것은 반드시 준비되어야 한다. 원어 연구를 위한 기본적인 준비는 본서 앞부분에서도 언급했으므로 자세한 것은 I, II장을 참고하라.[154] 원어 성경을 연구하고자 하는 중심이 있다면, 자신이 원하든지 원치 않든지 일단 기본적인 준비는 반드시 숙지할 필요가 있다. 이후에 자신이 성경을 좀 더 세부적으로 연구하다가 발견되는 문제점이나 의구심이 들거든 그때 다시 더 깊은 단계로 나가는 방법을 연구하면 된다. 어쨌든 전체적인 개념이 서야 다른 연구에 들어갈 수 있으며, 주관적으로 자기 오류에 빠지지 않을 수 있기 때문이다. 대다수의 사이비한 자들과 이단들의 특징은 전통적인 것을 무조건 부인하며 공격하는 것으로 자기주장을 전개하는 것이 특징이다. 물론 잘못된 부분은 언제든지 고치겠다는 개혁 정신은 기본이다. 이런 준비가 되어있다는 전제하에 원어 성경을 다루는 단계에 들어가 보자.

본서 앞에서 제시한 준비물들은 국내에서 현재 최소한의 원어 연구를 위해 필요하다고 생각하는 것들을 소개했다. 이 외에

---

154) ①성경의 배경 및 역사적인 지식습득, ②성경의 전체적인 교리(조직신학) 및 총론연구, ③교회사 연구, ④성경해석학 연구, ⑤히브리적 사고방식(및 관용어) 연구. 본서 I, II장을 참고하라.

도 더 많은 자료들을 참고하면서 연구하면 더 폭넓은 연구가
될 것이다(본인의 연구능력에 따라). 계속해서 새로운 연구물들이
쏟아져 나오기 때문에 행복한 부담감을 가지는 것도 좋은 동기
부여가 될 것이다. 그러나 근거가 희박하거나 정체불명의 원어
연구 책들은 조심하는 것이 좋다(분별력만 있다면 참고해 보는 것
도 좋을 것이다). 원어 연구에 있어 가장 기본적인 단어연구와
구문론은 연구를 위한 큰 틀만 제시하고 넘어가겠다.

1. 단어연구

1) 단어의 사전적인 정의; 어근, 비교, 참고, 유래 등을 연구
2) 단어의 성경적인 정의(원어 성구 사전 이용)
3) 동의어, 반의어를 비교연구 그리고 신구약 연결 사전을
   이용하여 단어를 비교연구
4) 단어의 의미적 연구도 필요하다. **문맥을 중시하는 연구**다.

2. 구문론 연구

1) 문장은 주어진 그 문장에만 충실하면 되는 것이 아니다.
   더 중요한 것은 문맥이며, 전체적인 성경에서 –각각의 성
   경의 주요 주제-각 장의 주요 포인트- 본문 텍스트이다.
2) 문장은 문법과 구문 그리고 단락과 문맥과의 관계에서 해
   석해야 탈선이 없지, 단어나 알파벳 혹은 그 자체 문장에
   만 초점을 맞추는 좁고 왜곡된 시각으로는 올바른 문장해
   석을 할 수 없다.
3) 원어에도 관용어가 있다. 단순하게 사전이나 문법적인 해

석으로 모든 것이 해결되는 것은 아님을 알아야 한다. 이에 히브리적 사고방식155)도 함께 연구해야 한다.

구문론에 대한 자세한 부분은 2권에서 다룰 예정이다.

3. 한글 성경과 원어 성경의 차이 비교연구

1) 단어 의미를 어떻게 적용할까의 문제

"예수께서 대답하여 가라사대 너희가 성경도, 하나님의 능력도 알지 못하는 고로 <u>오해하였도다.</u>"(마 22:29)

원어 성경을 사용하여 해석하면서 가장 쉽게 발견되며 적용하기 쉬운 사례이다. 이 문장에서는 "오해하였도다"(4105, πλανάω)로 번역된 단어의 오역이다.

🔎 4105, πλανάω **플라나오**
4106에서 유래; '방황하다'(안전, 진리, 도덕에서 부터), 헤매다, 속다, 죄를 짓다, 넋을 잃다, 길을 벗어나다 〈마 24:4; 계 20:3〉동. cause to go astray, mislead;

🔎 4106, πλάνη **플라네**
4108(추상명사로서)의 여성형; 대상이 '부정', 주체가 정통이나 신앙에서 '이탈', 기만, 미혹, 죄〈벧후 2:18〉여명. a straying away, error;

---

155) 2권에서 히브리 사고방식이 무엇인지 구체적으로 소개할 예정이다.

[KJV] Jesus answered and said unto them, "Ye do **err**, not knowing the scriptures, nor the power of God.

[NASV] But Jesus answered and said to them, "You are <u>mistaken</u>, not understanding the Scriptures, or the power of God.

[RSV] But Jesus answered them, "You are <u>wrong</u>, because you know neither the scriptures nor the power of God.

[NIV] Jesus replied, "You are in <u>error</u> because you do not know the Scriptures or the power of God.

[CJB] Yeshua answered them, "The reason you go **astray** is that you are ignorant both of the Tanakh and of the power of God.

KJV과 CJB가 원문의 뜻에 가장 가깝게 번역한 것을 알 수 있다. 본 절에서 πλανάω는 수동태(Πλανᾶσθε)로 쓰여 다음과 같이 번역되어야 한다.

"예수께서 대답하여 가라사대 너희가 성경도, 하나님의 능력도 알 지 못하는 고로 <u>미혹되었도다</u>." (마 22:29)

"오해"와 "미혹"은 아주 다른 의미를 가진 단어이다. 따라서 본문은 다시 번역되어야 한다.

2) 문맥을 어떻게 이해해야 하는가의 문제[156)]

---

156) 안유섭, 『원어로 여는 성경』, (서울: 프리셉트, 1999).

"여호와여 내가 주께 대한 소문을 듣고 놀랐나이다. 여호와여 주는 주의 일을 이 수년 내에 부흥케 하옵소서 이 수년 내에 나타내시옵소서. 진노 중에라도 긍휼을 잊지 마옵소서"(합 3:2)

이 기도(찬송)시는 하박국 선지자가 쉬가욘(7692, שִׁגָּיוֹן-쉬기오놋; 정도를 벗어난, 열광적인 시, 황홀하게 되다)에 맞춘 찬송이자 기도인데, 여기서 오해되는 부분이 바로 "부흥케 하옵소서"를 이해하는 면이다. 하나님의 종들이 오매불망 바라는 것이 바로 이 "부흥"이란 말이 아니던가? 부흥회를 열어 무엇이 부흥되는지 모르지만, 하여튼 부흥하려고 몸부림을 친다. 본문에서 말하고자 하는 부흥의 의미가 무엇인지 문맥에서 잘 확인하고 부흥이란 용어를 올바로 사용해야 한다. 하나님께서 참된 부흥을 일으키고자 사모하는 종들의 열망에 축복하시기 바란다.

부흥의 사전적 정의는 "쇠퇴하였던 것이 다시 일어남, 또는 그렇게 되게 함"이다. 본문에서 "부흥"이라고 번역된 단어는 '하야'(2421, חָיָה; 살다, 회복하다)동사 피엘 명령형 2인칭에 3인칭 단수 목적격 접미 대명사가 붙어 이루어진 단어이다. 직역하면 "당신은 그것을 회복하소서."라는 의미다.

무슨 말인가 하면, 이 말이 나오게 된 배경을 생각할 때, 하박국 1-2장에서 기록된 대로 선지자가 받은 계시 즉 유다의 죄악에 대해 갈대아를 통해 징벌하리라는 소식을 듣고 크게 두려워했다. 그때 "주의 일을 수년 내에 회복케 하라"고 구하고 있다. 여기서 "주의 일"(יְהוָה פָּעָלְךָ)이란 과연 무엇을 의미하는가? 이 말의 의미에 따라서 "부흥"이라고 번역된 말의 참 의미가 발견되기 때문에 중요하다. 본문의 문장 구조를 보면 중요한 주의 일에 대해 두 병행 구절로 반복하여 강조하고 있음을 보게 된다.

בְּקֶרֶב שָׁנִים חַיֵּיהוּ   수년 내에 회복하옵소서(피엘)

בְּקֶרֶב שָׁנִים תּוֹדִיעַ   수년 내에 알게 하옵소서(히필미완료)

בְּרֹגֶז רַחֵם תִּזְכּוֹר   진노 중에서도 긍휼을 기억하옵소서
                            (칼미완료)

이런 문맥을 따라 생각할 때, **"주의 일"이란 분명히 주의 진노와 징계가 분명**하다. 어떤 분은 "부흥케 하옵소서."를 재해석해야 한다고 하면서 "이루소서"라고 번역하기도 한다. 그런 주장도 일면은 옳지만 무엇을 이루라는 것인지 구체적으로 밝히는 작업이 필요하다.

왜냐하면 "진노 중에 긍휼을 기억해 달라"고 구하는 내용이 본문해석에 결정적인 역할을 하기 때문이다. 이 구절 앞에 "그러나"라는 접속사가 없다. 문맥상 그런 접속사가 있었더라면, 주의 일이 갈대아를 통한 하나님의 징계라고 쉽게 생각할 수 있었을 텐데, 없기 때문에 이미 하나님의 징벌성 진노가 주어질 것은 피할 수 없는 기정사실이라고 인정하고 구하는 기도가 되는 것이다.

주의 **진노 중에라도** 악한 갈대아 민족이나 이스라엘을 괴롭히는 대적들을 처리하여 궁극적으로 이스라엘을 회복시키는 일과 그 일에 대해 알게 해 달라고 구하고 있다. 이것이 진노 중에라도 긍휼을 잊지 말아 달라는 간구의 핵심이다. 따라서 본문이 말하는 부흥은 오늘날 생각하는 것처럼 숫자적인 부흥이 아니다. 내적인 부흥, 하나님을 다시 찾는 회복이란 의미로서 부흥이다. 잃어버렸거나 약화된 믿음을 회복하는 것을 의미한다. 다시 말해서 <u>마음의 회복(믿음의 회복)</u>을 가리킨다. 어서 속히 진노의 때가 지나가고, 하나님이 긍휼의 때를 허락하여 달라는 강한 소망을 나타낸 말이다.

3) 단어와 문장을 함께 살펴야 하는 문제

"사람이 감당할 시험밖에는 너희에게 당한 것이 없나니 오직 하나님은 미쁘사 너희가 감당치 못할 시험 당함을 허락지 아니하시고 시험당할 즈음에 또한 피할 길을 내사 너희로 능히 감당하게 하시느니라. (14)그런즉 내 사랑하는 자들아, 우상을 숭배하는 일을 피하라"(고전 10:13-14)

본문은 보통 신자들에게 시험에 대한 소망적인 구절로 많이 회자되고 있는 부분이다. 왜냐면 하나님께서는 믿을만한 분이시기 때문이다. 이 본문을 유의하여 살펴보면, 우상 섬기는 일을 피하는 것과 시험당할 즈음에 피할 길을 내는 것과 무슨 연관성이 있어 보이지 않는가? 사람이 시험당하는 것과 우상숭배와는 어떤 연관을 가진 것처럼 보인다. 또 여기서 "피할 길을 내사"란 무슨 의미일까? 원어 성경을 통하여 본문의 올바른 의미를 추적해보자.

본문에서 "사람이 감당할 시험"이라고 번역된 단어가 안드로피노스(442, ἀνθρώπινος)이다. 이 단어는 인간의 한계성을 강조하여 인간과 하나님을 구별하기 위해 사용되었으며, "대중의 태도를 좇아"라는 의미를 가진다. 이 단어가 쓰인 용례를 보더라도 주로 인간적인 것을 나타낼 때 쓰였다는 것을 알게 된다. 고린도전서 2:3,14에서는 "인간의 지혜"에 대해 말하고 있으며, 로마서 6:19에서는 다음과 같이 쓰였다.

"너희 육신이 연약하므로 내가 <u>사람의</u> 예대로 말하노니 전에 너희가 너희 지체를 부정과 불법에 드려 불법에 이른 것같이 이제는 너희 지체를 의에게 종으로 드려 거룩함에 이르라"(롬 6:19)

따라서 본문을 직역하면 다음과 같다.

"유혹(3986, πειρασμός)이 인간적인 것 외에는 너희에게 취한 것이 없다"

직역하니 말이 상당히 어색한데, 이 문장의 의미는 사람이 유혹 또는 시험을 당하는 이유가 인간적인 것 때문이란 이야기다. 그러나 하나님은 믿을만한 분으로 우리들이 감당할 수준을 넘어선 것에 대해서는 시험(유혹)당하는 것을 그냥 내버려 두지 않으신다. 그럼 어떻게 조치하시는가? 그 방법이 시험과 함께 피할 길을 만드신다는 이야기다(이것이 하나님의 방법이다; 참고. 막 10:30). 다만 그 피할 길이란 시험이나 유혹을 당하지 않게 만드는 것이 아니란 것을 성경은 다음과 같이 말한다.

📖 고전 10:13下

3588	1410	4771	5297
τοῦ-	δύνασθαι	ὑμᾶς	ὑπενεγκεῖν.
관소중단	동부현중소	명대목복2	동부과능
	할 수 있게	너희들을	참아내도록

문법적 번역: 너희들을 **참아내도록** 할 수 있게 하신다.

τοῦ- δύνασθαι ὑμᾶς ὑπενεγκεῖν.(투-뒤나스다이 휘마스 휘페넹케인) → 너희가 감당하게 하신다.

여기서 ὑπενεγκεῖν(휘페넹케인)은 ὑποφέρω(5297, 참아내다, 고생을 겪다)의 과거 능동태 부정사로 주어진 유혹이나 시험을 잘 참아내고 견디는 것을 말한다. 위 문장은 부정사의 의미상 주어가 목적격인 문장으로 목적격인 ὑμᾶς(휘마스)가 '너희들이'로 주어 역할을 한다. 유혹이나 시험 같은 그런 일이 생기지 않게 막아주거나 없애준다는 이야기가 아니다. 이런 이야기가 어떻게 우상숭배와 연관되는가? 신약에서 우상숭배는 인간의 탐심과 직접적으로 연관되는 것으로 묘사한다.

"그러므로 땅에 있는 지체를 죽이라 곧 음란과 부정과 사욕과 악한 정욕과 탐심이니 탐심은 우상숭배니라"(골 3:5)

"땅에 있는 지체"라고 표현된 인간적인 요소들로 인하여 우상숭배가 이루어지기 때문에 그것들을 피하라는 뜻이다. 즉 그것들로부터 멀리 도망하라는 말이다. 여기서 "피하라"는 말은 퓨고(5343, φεύγω)로 "도망하다"이고, 도덕적 의미로는 "삼가다, 멀리하다"란 의미를 가지고 있다. 따라서 우리의 지체가 요구하는 것을 그대로 따르는 일을 하고 가까이한다면, 우상숭배의 일은 피할 수 없게 되어 결국 주어지는 유혹이나 시험에 걸려들고 만다. 이때의 우상은 자기 자신이다. 하나님보다 자기의 육체적인 욕망을 더 사랑하여 따르게 되고 거기에 순종하기 때문이다.

우상숭배를 하게 만드는 요인 곧 인간적인 요소들(대표적으로 탐심)에 대해 우리가 취해야 할 태도는 그 땅에 속한 지체를 죽이는 것뿐이다. 이것이야말로 유혹을 진정으로 피하는 길이요, 능히 감당하는 길이란 가르침이다. 뭔가 하고 싶고, 갖고 싶은 욕망을 절제하며, 그 육을 쳐서 복종시키는 일이 쉬운 일인가? 이것은 낮아지는 인내와 현실의 유혹을 견디는 싸움이 필요하다는 점을 보여준다. 본문은 바로 이것을 교훈하며 가르치고 있는 구절이다.

이에 올바른 원어 연구법을 제시하는 과정 중에 우리의 관점이 선입견이나 성경 전체를 이해하는 시각(예를 들면, 구속사적 관점으로 보느냐 아니냐)에 따라 어떻게 왜곡될 수 있는지를 보여주는 설교사례가 있어 교훈을 삼고자 소개해본다.

노아의 저주와 축복

⋙⋙⋙ ⋘⋘⋘

"방주에서 나온 노아의 아들들은 셈과 함과 야벳이며 함은 가나안의 아비라 (19)노아의 이 세 아들로 좇아 백성이 온 땅에 퍼지니라 (20)노아가 농업을 시작하여 포도나무를 심었더니 (21)포도주를 마시고 취하여 그 장막 안에서 벌거벗은지라 (22)가나안의 아비 함이 그 아비의 하체를 보고 밖으로 나가서 두 형제에게 고하매 (23)셈과 야벳이 옷을 취하여 자기들의 어깨에 메고 뒷걸음쳐 들어가서 아비의 하체에 덮었으며 그들이 얼굴을 돌이키고 그 아비의 하체를 보지 아니하였더라. (24)노아가 술이 깨어 그 작은 아들이 자기에게 행한 일을 알고 (25)이에 가로되 가나안은 저주를 받아 그 형제의 종들의 종이 되기를 원하노라 (26)또 가로되 셈의 하나님 여호와를 찬송하리로다. 가나안은 셈의 종이 되고 (27)하나님이 야벳을 창대케 하사 셈의 장막에 거하게 하시고 가나안은 그의 종이 되게 하시기를 원하노라 하였더라."(창 9:18-27)

본문을 중심한 노아의 사건에 대한 해석은 참으로 분분하며 다양한 질문과 답변을 양산해 냈다. 오늘날까지 여전히 난제에 속하여 숱한 화제를 뿌리며 다루어지는 주제이기도 하다. 과연 하나님은 어떤 뜻이 있기에 노아의 술 취함에 대한 사건을 성경에 기록해 놓고, 오고 오는 세대에게 숙제로 던지신 것일까? 노아가 술 취하여 벌거벗음에 대해 책망을 하셨다면, 골치 아플 필요도 없이 노아의 잘못으로 일단락되었을 것인데, 그에 대한 언급은 전혀 없으신 채 노아의 저주와 축복이 그대로 실현되게 하심으로, 오히려 노아의 편을 드시며 옹호하는 것처럼 여겨지니 일반적인 사람의 생각으론 난감하다.

우리는 성경을 대할 때(읽을 때) 편견이 없어야 함은 물론이거니와, 성경을 기록한 당대의 문화나 배경을 올바로 알고 적용해야 바른 읽기(해석, 이해)를 할 수 있다. 오래전의 일을 오늘 현대의 문화나 감각으로 이해하려고 하면 오류가 생길 수밖에 없다. 마치 조선 시대의 윤리 도덕을 21세기 오늘의 윤리도덕으로 이해하고자 할 때 생기는 오류와 같다(예; 칠거지악). 창세기에 나오는 노아의 저주와 축복예언 사건이 이런 사례의 하나로 언급된다. 더구나 한국의 기독교 윤리는 술에 그다지 관용적이지 않다. 당대의 의인으로 인정받던 노아(창 6:9)가 술에 취해 추태를 보인 것처럼 묘사된 기록과 그것도 모자라 술이 깬 후에 엉뚱하게도 손자 가나안을 저주한 사건을 두고 말이 많다.

노아의 사건이 아무리 믿음이 좋고 당대에 완전한 자라고 할지라도 술에는 장사가 없다는 것을 보여주며, 술에 대한 경각심을 주려는 의도인가? 그런 발상은 술에 대한 안 좋은 이미지가 성경을 이해하는데 삽입된 결과다. 만일 그런 선입견이 첨가된 해석이라면, 다른 성경에 의해 여지없이 비판을 받게 된다. 왜냐면 우리의 주님도 포도주를 마셨을 뿐만 아니라(마 11:19; 눅 7:34) 혼인 잔치집에서 친히 아주 질 좋은 포도주를 만들어 제공하기까지 하셨으니 말이다(요 2:1-11). 주님을 비방하고 욕할 신자는 아무도 없을 것 아닌가.

성경을 대할 때 참으로 객관적 사고가 얼마나 중요한지 모른다. 그렇기에 성경을 읽을 때 일체 인간의 생각이나 선입견을 버리고, 본문 자체에 기록된 내용과 문맥 그리고 성경 전체의 핵심 주제와 연계하는 방식을 따라 단계-단계 생각을 전개해 나가야 한다. 본문을 올바른 해석방식을 적용하여 풀어가 보도록 하자.

1. 본문의 내용을 있는 그대로 면밀하게 살피면

먼저 본문에서 눈에 띄는 내용이 크게 두 가지다. 첫째가 함에 대한 소개다. 시작할 때부터 "가나안의 아비"라고 소개하는 것이 이상하다(18절). 셈과 야벳에 대해서는 일절 그런 군더더기가 없는데, 유독 함에게만 "가나안의 아비"라고 소개하는 것이 뭔가 저자의 의도가 있다고 느껴진다. 그 의도는 바로 이어지는 사건 전개와 설명에서 드러난다. 다음이 마지막 부분에서 나타나는 저주와 축복의 선언이다. 함이나 일부의 주장처럼 가나안의 잘못이라면, 함이나 가나안만 저주하면 되지 왜 셈과 야벳까지 끌어들여 축복하는가? 셈과 야벳이 노아의 허물을 덮어주어 너무 기특하고 고마워서 그랬다고 생각한다면, 그것이야말로 인간적인 생각에 불과하다. 성경은 노아를 어떤 인물로 묘사하는가?

> "노아의 사적은 이러하니라. 노아는 의인이요 당대에 완전한 자라 그가 하나님과 동행하였으며"(창 6:9)

"노아의 사적은 이러하니라."고 번역된 부분이 이해하기가 애매하다. 사적이라고 번역된 히브리어는 톨레도트(8435, תּוֹלֵדֹת)로서 "어떤 사건이나 사람의 역사"를 의미한다. 톨레도트는 역본에 "세대, 출생, 계보, 후손, 역사"라는 의미로 다양하게 번역되어 있지만, 이러한 의미는 톨레도트의 의미를 충분히 반영하지 못한다. 구약성경에서 톨레도트는 어떤 사람에 의해 생산된 것이나 생겨난 것을 가르치거나 하는 의미를 따른다고 보아야한다. 창세기에서 어떤 경우에도 이 단어는 어떤 사람의 톨레도트를 소개할 때, 그 사람의 출생을 포함하지 않는다(창 25:19은 예외임, 여기에서 이삭의 생애 기사는 그가 아브라함의 아들이었다는 사실을 언급함으로써 시작된다).

야곱이 주요 인물로 나오는 기사의 결론 뒤에서, 창세기 37:2은 "야곱의 톨레도트는 이러하니라."고 말하며, 이것은 그의 자녀들과 그들과 관련 있는 사건들에 관한 언급 앞에 나온다. 이런 용법을 따라 "천지의 창조된 대략이 이러하니라."는 말은 천지가 존재하게 되었다는 의미거나 앞에 나오는 사건들에 대한 요약이 아니라 천지창조에 뒤이은 사건들을 의미한다. 즉 이 구절은 창조와 인간의 타락에 관한 상세한 기사를 소개하는 것으로서 적절하게 위치하고 있다. 따라서 톨레도트를 해석할 때, 그 문맥에 따라 이러한 용법을 고려하고 접근해야 한다(참조: TWOT). 노아라는 인물에 대한 소개에서 얻을 수 있는 정보가 세 가지인데 ①의인, ②당대에 완전한 자, ③하나님과 동행한 자다.

성경에서 사람을 향하여 의롭다 함은 하나님이 그를 의롭게 만드시겠다는 작정과 함께 그렇게 인정하시는(간주하시는) 것을 가리킨다(창 15:6). 따라서 노아의 의는 자기 자신의 의로움이 아니라(참고. 창 8:21) 하나님이 그렇게 만드실 것이며, 그렇게 인정해 주시는 하나님의 행위이다. 여기서 "아브람을 향해 하나님이 작정하시고 그의 의를 생각하신" 것처럼(창 15:6) 노아의 의도 그런 맥락에서 이해해야 한다.

"완전한"(8549, תָּמִים)은 인간이 도달해야 할 하나님의 표준을 나타낸다(신 18:13; 32:4; 삿 9:16 등). 이 말은 완전하신 하나님을 닮으라는 의미로 해석할 수 있다(신 18:13; 마 5:48). 아브라함은 타밈(완전하라)하라는 명령을 받았다(창 17:1). 모든 이스라엘 백성들도 그러했다.[157] 이스라엘 백성은 하나님 앞에 완전해야 했다. 사람에 의한 완전한 결정이란 철저하게 하나님을 신뢰하여 맡기는 것이 의로운 결정이라는 뜻이다(삿 9:16,19). 그러나 어떤 인간도 스스로의 결단이나 노력에 의하여 하나님

---

157) 신 18:13, 참조: 삼하 22:23; 시 101:2a; 시 101:6.

의 완전에 도달할 자는 아주 없다는 것을 알아야 한다.

끝으로 하나님과 함께 동행했다는 것은 하나님을 따르는 행위를 말한다. 하나님이 걷는 길을 따라 같은 길을 걷는 삶을 가리킨다. 에녹의 동행도 같은 의미다. 신약에서 동행(190, ἀκολουθέω)에 대해 쓰인 단어를 보면, 같은 길에 있음을 나타낸다. 동행은 연합을 전제로 하여 한마음, 한 뜻을 가지고 같은 길을 걷는 것을 말한다. 노아가 어떻게 이런 인물로 인정받을 수 있었을까?

성경은 노아가 여호와 하나님에게서 은혜를 발견하고 구하여 은혜를 입은 자로 묘사한다(창 6:8). 일반화된 것으로, 우리는 "입었다"(4672, מָצָא)가 "구하는" 행위에 따르는 결과를 묘사하는데, 사용될 때마다 이 단어에 대한 번역이 "만나다" 혹은 "얻다"가 된다고 말할 수 있다. 따라서 신명기 4:29에서는 "그를 구하면 만나리라"라고 기록되어 있다(참고. 렘 29:13; 아 5:6). 우리는 타인의 눈에서 호의를 발견하는 것에 대한 풍부한 언급들을 첨가할 수 있을 것이다.[158] 여기에서의 개념은 분명히 허락을 받거니 인가를 얻는 것을 가리킨다. 이러한 개념의 구절은 구약성경에 거의 40회에 걸쳐 나타난다. "마짜"의 주체가 하나님이 되시는 용례가 12회 나타난다.[159]

따라서 노아가 술에 취하여 추태를 벌이고 술주정을 했다는 생각 자체가 오해의 여지가 다분하다. 물론 연약한 사람이기에 얼마든지 그럴 수 있다고 전제하더라도, 본문의 내용상 그렇게 생각하는 발상이 더 설득력이 떨어진다. 성경의 문맥으로 보아 노아가 만취하여 벌거벗고 수치를 보일 정도로 조심성 없는 사람으로는 보이지 않는다. 노아는 경건한 자였다. 그의 행동은

---

158) 창 6:8; 18:3; 19:19; 32:5 [H6]; 33:8,10,15; 34:11; 39:4; 47:25, 29; 50:4.
159) 창 18:26, 28,30; 44:16; 신 32:10; 렘 23:11; 겔 22:30; 호 9:10; 시 17:3; 시 89:20[H21]; 욥 33:10; 느 9:8.

우리 일반 사람의 눈에는 추태로 보일지라도 그런 행동의 배경에는 그의 내면에 어떤 마음의 상태가 되었고(참고. 삼하 6:12-22), 그 또한 하나님이 허락하심(기뻐하심)이 있는 것으로 이해된다. 하지만 노아는 왜 자녀들조차 민망하게 여긴 이 같은 모습을 보인 것일까?[160] 노아가 포도주에 취함이 어떤 의미인가를 살피는 것이 순서일 듯싶다. 즉 노아가 언제, 어디서 포도주에 취해 어떤 행동을 취했는가가 노아의 행동을 이해하는 일에 더 중요하다고 생각한다.

먼저 노아는 자기 장막에서 벌거벗은 모습으로 발견되었다고 한다(창 9:21). 자기 장막은 오늘날 자기 집이다. 이것은 함이 밖으로 나가서 노아의 벌거벗었음을 누설하는 내용과 대비를 이룬다(22절). 술에 취해 노상에서 추태를 벌인 것이 아닌 자기 집 실내에서 술에 취해 벌거벗고 잠든 상태란 것에 주목해야 한다. 벌거벗었든 옷을 입었든 그게 중요한 것이 아니라 자기 집안에서 조용히 잠을 잤다는 말이다.[161] 그럼 그게 문제가 안 된다면 노아가 술에 취했다는 자체를 정죄할 것인가? '어떻게 노아 같은 의인이요, 완전한 자요, 하나님과 동행하는 사람이 술 취할 수 있는가?'라는 반문을 하겠는가?

그럴 때 그렇게 훌륭한 노아가 술에 취해 벌거벗고 잠들었기 때문에 비난의 빌미를 제공한 것이라면, 무조건 도덕적 잣대를 들이대며 비난의 칼날을 앞세우기 전에 "왜 그랬을까?", "무슨

---

160) 이런 일에 대해 노아의 술 취함을 실수로 여긴 창조과학회 조덕영 박사는 다음과 같은 과학적 견해를 밝힌다. "홍수 이후 지구 생태계에는 상상을 초월하는 커다란 변화가 찾아왔다. 특별히 미생물의 세계에 미친 변화는 그 어느 생명체보다도 심각하였다. 홍수 이후 지구 생태계의 미생물들을 통한 발효와 부패의 균형 현상은 완전히 지구 생태 지도를 바꿀 만큼 달라져 버렸다. 당연히 노아는 홍수 이후 술 발효의 비밀에 대해 무지할 수밖에 없었을 것이다. 따라서 노아의 실수는 홍수 이후 바뀐 생태계가 만들어낸 실수였음이 분명하다!"

161) 윤석준, 『한국교회가 잘못 알고 있는 101가지 성경 이야기』, (서울: 부흥과 개혁사, 2011), 64.

이유가 있는 것은 아닐까?"를 생각하는 방향으로 생각의 훈련을 해야 한다. 또 구약에서 술 취함에 대한 문제도 집중적으로 생각해보아야 한다.

2. 성경에서 말하는 술 마심

성경에서 언급하는 포도주를 마시는 문제와 술 취함은 반드시 정죄의 대상은 아니다. 고대 근동지역에서는 포도주가 술 외에도 음료로서도 사용되었기 때문이다. 본문에서 "취하다"로 번역된 단어 쇠카르(7937, שָׁכַר)는 극소수의 용례를 제외하고, 그 파생어들은 매우 좋지 못한 부정적인 문맥에서 사용된다. 그러나 이 어근이 허용적 의미로 사용된 소수의 구절들을 관찰해 보고자 한다. 애굽의 요셉과 그의 형제들이 어울리는 장면 중에서 창세기 43:34은 문자적으로 이렇게 기록하고 있다.

"그들은 마셨다. 그리고 그와 함께 '취하게 되었다'(즐거워하였다)"

여기에서 강조점은 취할 때까지 마셨다는 데 있는 것이 아니라 주흥(즐거움을 느끼는 것)에 있다. 둘째로 "(독)주"는 전제(포도주를 붓는 제사)에 사용되었다(창 35:14; 민 28:7).[162] 물론 그것을 마신 것이 아니라 헌주(獻酒)로서 부었다. 셋째로 토지의 소유주인 여호와께 바쳐야 할 십일조에는 술도 포함되어 있었을 것이다(신 14:26). 아가서 5:1에서는 흡족하기까지 많이 마

---

162) 구약성경 민수기 15장을 보면, 하나님께 드리는 제사는 삼 단계로 이루어졌다. 먼저 살아있는 짐승을 잡아서 번제로 불태워드렸다(번제). 그런 다음 고운 가루에 기름을 섞은 소제를 그 위에 뿌렸다. 그리고는 마지막으로 번제물과 소제물 위에 포도주를 부었다. 이때 마지막으로 포도주를 붓는 것을 가리켜 전제라고 칭한다. 이는 하나님께 향기로운 제사를 드리기 위함이었다. 이같이 전제는 제사의 마지막 단계이다.

시라고 권하고 있다. 쇼카르는 거의 60회에 달하는 용례 중 오직 이상의 5회 용례만이 긍정적인 의미로 사용된다.

　성경에서 포도주는 신학적인 면에서 안식과 관련이 있다.163) 광야 생활(신 29:5-6)과 가나안 정착 생활의 때를 구분하여 말씀하셨다. 광야 생활의 목적은 사람이 할 수 있는 일은 전혀 없고, 오직 하나님의 도우심(공급하심)으로만 살 수 있다는 것을 가르치기 위함이다. 다른 말로 해서 인간의 무능을 철저하게 알게 하여 마침내 복을 주고자 하심이었다(신 8:16). 즉 인간을 낮추어 궁극적으로 하나님을 의지하여 복을 받는 길을 가르치고자 함이란 의미다. 광야에서는 떡은 물론 포도주와 독주 등도 일절 마시지 못하게 하셨다. 하늘에서 내려주는 만나 외에는 먹을 것이 없도록 계획하셨다. 하늘 곧 하나님이 제공하시는 음식(만나)만이 광야에서 유일하게 얻을 수 있는 음식이었다. 이는 사람이 사는 것은 하나님이 주시는 양식으로 산다는 것을 알게 하심이라고 가르치셨다(신학적 해석). 그에 비해 신명기 14장의 말씀은 포도주가 허락되는 내용이다.

> "네 하나님 여호와 앞 곧 여호와께서 그 이름을 두시려고 택하신 곳에서 네 곡식과 포도주와 기름의 십일조를 먹으며 또 네 우양의 처음 난 것을 먹고 네 하나님 여호와 경외하기를 항상 배울 것이니라. (24)그러나 네 하나님 여호와께서 그 이름을 두시려고 택하신 곳이 네게서 너무 멀고 행로가 어려워서 그 풍부히 주신 것을 가지고 갈 수 없거든 (25)그것을 돈으로 바꾸어 그 돈을 싸서 가지고 네 하나님 여호와의 택하신 곳으로 가서 (26)무릇 네 마음에 좋아하는 것을 그 돈으로 사되 우양이나 포도주나 독주 등 무릇 네 마음에 원하는 것을 구하고 거기 네 하나님 여호와의 앞에서 너와 네 권속이 함께 먹고 즐거워할 것이며"(신 14:23-26)

---

163) 이런 주장에 대해 윤석준 목사는 그의 책에 잘 분석해 놓았다. 67-78.

여기서 여호와의 이름을 두시려고 택하신 곳이 어디인가? 넓은 의미에서는 가나안 땅이지만 구체적으로는 여호와 하나님의 이름을 두시려고 택하신 곳은 성막(성전)이 있는 곳이다. 처음엔 실로였고(수 18:10; 삼상 1:24) 이후에는 예루살렘이다. 물론 이것은 전쟁 중에는 누릴 수 없는 호혜임에는 틀림이 없다. 가나안 정복으로 얻어진 안식의 상태에서 실로와 예루살렘에 여호와의 전을 준비하고 거기서 포도주와 독주를 마실 수 있었다. 하나님은 가나안 땅에 복을 내리셔서 풍성한 수확을 얻게 하시고 포도주를 마시게 허락하셨다(신 11:14; 12:17-18).

성전은 안식과 떼려야 뗄 수 없는 상호관계성을 가진 곳이다. 다윗의 성전 짓는 소망도 이 안식과 관련이 있기 때문에 다윗에게 허락되지 않았다. 다윗이 피를 많이 흘려 성전 짓는 것을 거부한 것처럼 묘사된 것(대상 22:8)은 다윗의 사명이 군인으로서 전쟁을 통해 나라를 굳건하게 세우는 것이기 때문이다(대상 28:3). 다윗이 주위 세력을 모두 정복한 후 평화의 시기에 솔로몬에게 성전을 짓도록 허락하셨다는 솔로몬의 고백이 뒤따랐다(대상 22:9-10). 전쟁 중에는 성전을 짓는 일을 허락하지 않으시다가 전쟁이 끝나고 화평의 시기 곧 안식이 찾아왔을 때 성전을 짓도록 허락하신 것처럼, 이스라엘이 광야를 지나며 전쟁을 통해 약속의 땅에 정착할 때까지 포도주를 마시지 못하게 하시다가 가나안 땅을 정복한 후 여호와의 택하신 곳 곧 성전이 있는 곳에서 포도주를 마시고 즐거워하도록 허락하셨다.

성경에서는 포도주가 언약을 이룰 새 언약의 종말적 음료로 이해한다(사 25:6). 신약에서 새 언약의 성취자이신 예수님이 공생애를 시작하실 때 첫 기적이 가나의 혼인 잔치 집에서 물을 포도주로 만든 사건이 이를 강력하게 시사한다. 성경의 가르침을 따르자면, 주님은 하나님 나라의 궁극적 도래 곧 영원한 안식이 이루어질 때까지 포도주를 마시지 않겠다고 선언하신다(마 26:29). 따라서 성경에서 언약과 관련된 포도주에 관한 내용을 이해할 때, 발효된 술기운에만 초점을 맞추지 말고 포도라는 열매 자체에 초점을 기울여야 한다. 특히 나실인으로서 서원하는 사례를 보면 이해에 도움이 된다.

"이스라엘 자손에게 고하여 그들에게 이르라 남자나 여자가 특별한 서원 곧 나실인의 서원을 하고 자기 몸을 구별하여 여호와께 드리거든 (3)포도주와 독주를 멀리하며, 포도주의 초나 독주의 초를 마시지 말며, 포도즙도 마시지 말며, 생포도나 건포도도 먹지 말지니 (4)자기 몸을 구별하는 모든 날 동안에는 포도나무 소산은 씨나 껍질이라도 먹지 말지며"(민 6:2-4)

구약성경에서 이스라엘을 상징하는 포도와 무화과나무는 또한 종말적이며, 안식의 상태를 나타내기도 한다. 종말적이라 함은 심판과 안식을 함께 다루는 것을 말한다. 바로 이런 종말적 의미를 나타내는 것이 무화과나무와 포도나무다. 심판(렘 8:13; 욜 1:7,12)과 안식(왕상 4:25; 미 4:4; 슥 3:10)을 말할 때, 무화과와 포도나무를 등장시켜 설명하고 있는 것을 볼 수 있다. 특별히 하박국 3:17에서는 믿음으로 사는 자는 하나님의 심판으로 인해 무화과와 포도의 열매가 없을 때라도 하나님 한 분만으로 즐거워할 것을 고백하고 있다.

3. 노아의 술 취함에 대한 신학적 평가

노아의 술 취함에 대해 사도행전 2:11-15에 근거하여 성령의 술에 취한 것이라고 해석하는 사람도 있다.[164] 소위 영적으

---

164) 어떤 이는 지금 노아가 홍수에서 살아남은 모습은 말씀의 물로 침례를 받은 것을 상징하고, 포도주에 취한 것은 성령이 그의 몸에 임한 것을 상징한다. 그러므로 노아의 이 모습은 물과 성령으로 거듭난 자를 예표 한다고 주장한다(자유교회, 정덕영 목사).

로 해석한다는 사람들의 시각이다. 영적으로 해석하는 것은 주관적인 해석일 위험이 많기 때문에 자기 합리화의 방편으로 쓰일 수 있음에 주의해야 한다. 노아가 술을 마신 인류 최초의 인물인가? 모르긴 몰라도 성경에 기록된 사실로는 최초의 언급이다. 노아 이전에는 술에 대한 기록이 없어 알 수 없으나 성문화된 기록으로는 창세기 9장에서 최초로 발견된다. 더구나 창세기 9:21에는 포도주(3196, יַיִן), 마시고(8354, שָׁתָה), 취하여 (7937, שָׁכַר), 벌거벗었다(1540, גָּלָה)는 단어들이 줄줄이 나오는데, 이런 단어의 사용이 모두 이곳에서 처음 사용되었다는 점이 특색이다. 노아를 비롯하여 세 아들들도 포도주(술)에 취한 모습은 처음 경험하는 일임을 연상케 한다.

벌거벗었다는 단어는 창세기 2:25의 벌거벗음(6174, עָרוֹם)과 다르다. 아롬(עָרוֹם)은 빈번히 벌거벗은 것을 지칭하고165), 또한 노출, 즉 은폐와 위장이 없음(욥 26:6)과 자원의 결핍(암 2:16)을 나타낸다. 흔히 이 용어로 해석되는 벌거숭이는 상징적 의미를 지닌다. 아담과 하와가 그들의 벌거벗었음에 대하여 당황하지 않음은 그들의 무죄함을 암시한다. 그에 비해 창세기 9:21에 쓰인 깔라[גָּלָה; 덮개를 벗기다, 폭로하다, 옮기다, 유형(포로)의 몸이 되다]는 하나님뿐만 아니라 사람들에게도 사용되었으므로, 이 단어를 하나님의 계시를 뜻하는 전문 용어로 생각해서는 안 된다. 그러나 어간에서 이 단어는 금지된 성적 행위를 나타내기 위해 가장 자주 사용되었다. 이 단어는 레위기 18장과 20장에서 금지된 상황에서의 성교, 일반적으로 근친상간을 의미하는 "수치를 드러내다"(uncover the shame)라는 표현으로 24회 나온다(신 22:30; 27:20).166) 이 단어는 또한 덮여있는 것

---

165) 창 2:25; 삼상 19:24; 사 20:2; 미 1:8.
166) 이런 근거에 의해 함이 노아와 근친상간 심지어 동성애를 나타낸다는 해석까지 한다. 참조. 구자수, "여호와의 전쟁에 나타난 헤렘의 이중성 연구", 미간행 박사학위 논문, 서울성경신학대학원대학교, 2013,

을 벗겨 내거나 제거하는 것에 대해서도 사용되었다. 즉 여자의 치마(사 47:3; 나 3:5), 유다를 보호해주는 덮개(사 22:8)에 대해 사용되었다. 게다가 많은 구절들에서 이 단어는 "부끄럽다"(shame)라는 의미를 지닌다.167)

노아가 벌거벗은 일에 대해 자기 자유요, 사적인 일이라고 할지라도 분명한 것은 범죄한 이후의 인간 본성에서조차 수치스럽게 여겨지는 일이란 것은 부인할 수 없다는 점이다. 노아가 비록 술에 취해 벌거벗었으나 밖에서 벌거벗지 않았기 때문에 추태라고 보기 어렵다는 주장은 인정할만하다. 그러나 노아의 벌거벗음이 무죄함을 증명하는 것이란 증거가 없는 이상, 이 또한 수치스런 모습이란 점도 부인하기 어렵다. 그가 벌거벗은 모습이 다른 사람에게 드러나지만 않았다면 별문제가 되지 않았을 것이다. 포도주를 마시고 즐거워하며 취한 것까지는 아무런 비난받을 일이 아니라 할지라도 꼭 옷을 다 벗어 나체가 되어야 했느냐는 질문에는 노아 역시 변명의 여지가 많지 않을 줄 안다. 아무리 개인적이며 사적인 자유라 할지라도 그는 한 가정의 지도자요, 온 인류의 새로운 시조나 마찬가지인 자기 위치를 인식해야 했기 때문이다.

또 세 아들의 반응이 노아의 실수를 인정하는 듯하다. 함은 못 볼 것을 본 듯 이야기 소재로 삼았고, 셈과 야벳 또한 아버지의 나체를 보지 않으려고 애쓴 모습이 노아의 모습이 자연스러운 일은 아님을 증거 한다. 아무리 인간의 죄악 된 것을 심

75-79.

167) 이 단어는 레위기 18장, 20장 외에도 이스라엘이 "자신들의 수치를 드러내었다"고 하는 선지자의 불평에서도 나오는데, 이것은 이스라엘이 여호와께 대한 충성을 던져버렸음을 나타내는 하나의 은유이다. 이에 대하여, 여호와 혹은 그녀의 전에 사랑하던 자가 "벗은 몸을 드러낼" 것이다. 믿음 없는 민족을 "수치스럽게" 할 것이다(호 2:10; 겔 16:36), 니느웨에 대한 위협(나 3:5)과 바벨론에 대한 위협(사 47:3)을 참조하라.

판하고 새로운 세계를 시작하는 단계라고 하더라도, 인간은 여전히 죄인 된 몸이기에 가려야 될 필요가 있다(창 3:7,21). 범죄 이전의 아담의 상태로 돌아간 것은 아니기 때문이다. 이런 제반 검토사항을 인정한다면, 노아의 벌거벗음에 대한 시선은 어쨌든 고울 수가 없다.

4. 노아의 저주와 축복

노아가 포도나무를 심어 거기서 얻어진 열매로 포도주를 만들어 마시고 취한 행동이 안식 후에 얻어진 기쁨과 만족을 나타내는 즐거움이라면, 하나님이 허락하신 것으로 이해할 수 있다. 필자는 노아의 행동에 대한 하나님의 침묵이 이를 뒷받침한다고 생각된다. 이어지는 노아의 저주와 축복 또한 그대로 성취되는 것을 보아 하나님의 계시를 선포한 것으로 생각할 수 있다. 다만 그의 개인적 즐거움의 표현이 지나쳐 실수로 치부되는 벌거벗음의 문제가 생기긴 했지만, 그렇다고 해서 그것을 들추어 나팔 부는 행위는 함의 잘못이 분명하다.

이에 노아가 자신에게 직접적으로 잘못한 함을 저주하지 않고, 함의 막내아들이며 자신의 손자인 가나안을 향하여 저주한 것은 노아가 개인적이며 사적인 분노로 저주한 것이 아니란 사실을 증명한다. 술에 취한 노인이 술이 덜 깨어 취중에 망발한 것이 아니고, 하나님의 계시적 선언을 한 것이다. 만일 노아가 자기에게 잘못한 사항에 대해 저주할 것 같았으면 함을 직접 겨냥했을 것이고, 일반적으로 자식에게 그렇게까지 심한 저주를 할 필요도 없었을 것이다. 따라서 노아의 사건은 절대 사적이며 도덕적인 문제가 아니란 것이 이런 정황에서도 드러난다.

이 견해에 대한 결정적인 뒷받침은 본문 뒷부분에서 나타난다. 25-27절까지의 내용을 보면 이후에 나타날 족장 야곱의 예언적 축복의 구조(창 49:1-28)를 예시한다는 것을 알 수 있다. 이는 하나님께서 앞으로 그의 자녀들을 어떤 방식으로 이끄시며 일해 나가실지를 보이시는 중요한 계시다. 따라서 노아의 사건을 바라보는 시각의 문제가 중요하며 크다는 사실을 알 수 있다.

노아(5146, נֹחַ)라는 이름이 가지는 의미는 "안식, 위안"이다(창 5:29). 노아가 포도주를 마신 것은 그 시대를 안위할 자로서 안식의 음료인 포도주를 마신 것이고, 이는 자기 맡은 바 일을 이루고 만족함을 표시한 것으로 이해한다. 그렇기 때문에 비난받을 이유가 없다는 주장에 관하여는 동의할 여지가 있다고 생각한다. 그러나 그가 벌거벗은 문제에 대해 아담과 같이 된 상태로 보는 것에 대해서는 아담의 범죄 이전으로 돌아간 것으로 이해하는 것 같아 지나친 비약으로 볼 수 있다.168) 범죄한 아담 이후에 인간의 죄악의 관영함을 심판하고 새롭게 하신 것이지, 아담의 범죄 이전으로 돌아간 것은 아니다. 요한계시록의 새 하늘과 새 땅도 그런 맥락에서 이해해야 함과 같다. 기존의 세계를 새롭게 한 것이지 무에서 유를 창조하듯이 새 하늘과 새 땅을 창조하는 것이 아니다.

노아 사건에서 아담 사건과 유사성을 발견하는 것은 신학적으로 충분한 논리적 근거를 가진다고 할 수 있다. 아담과 같이 노아는 새 시대의 첫 대표자로서 근신하지 못하여 후손에까지 그 결과가 미치게 한 문제점을 드러낸 점에서 유사하다. 구약에서 인간이 범죄한 후의 알몸은 가장 수치스런 것으로 여겼다(삼하 6:20). 타락하기 이전의 알몸(6174, עָרוֹם; 창 2:25)과 이후의 알몸(6172, עֶרְוָה; 창 9:22-23)은 다르다.

이에 노아의 저주와 축복 사건을 해결하는 제안으로는 구속사적이며 신학적인 대안을 들 수 있다.169)

---

168) 윤석준, 77.

분 류	아담 사건	노아 사건
하나님 대리자의 수치를 드러낸 자	뱀	함
하나님의 뜻을 수행할 대리자	아담	노아
하나님 대리자의 수치를 가려준 자	하나님	셈과 야벳

뱀과 함의 공통적인 잘못은 하나님의 창조질서를 무너뜨리는 죄를 범했다는 점이다. 그로 인한 결과는 후손들 사이의 전쟁으로 나타난다.

구 분	아담 사건	노아 사건
저주의 예언	저주받을 뱀의 후손	저주받을 함의 후손
축복의 예언	구속받을 여인의 후손	구속받을 셈과 야벳의 후손

따라서 이와 같은 구속사적 맥락에서 함이 아닌 그의 아들 가나안의 후손에게 저주의 예언이 선포되었고 성취되었다. 노아의 이 예언은 이스라엘의 가나안 정복 사건을 통해 성취되었다. 실제 노아가 저주한 '가나안'은 함의 아들 가나안을 직접 겨냥한 것이 아니었다. 함의 후손 중에 가나안이란 지경에 살 모든 종족을 통틀어 말한 것이 드러났다. 결국엔 가나안의 후손들을 향한 예언이며 계시였다. 이는 실제 역사적으로 함의 아들 가나안은 노아의 저주처럼 저주받지 않았기 때문이다(창 10:15-19). 그런 맥락에서 셈과 야벳도 마찬가지로 그의 후손들이 복을 받았다. 이는 창세기 3:14-15의 예언에 대비되는 구속사적 맥에서 이해해야 한다는 주장을 강하게 뒷받침한다.

---

169) 구자수, 81.

V. 설교 석의를 위한 지침

Ⅴ. 설교 석의를 위한 지침

설교를 위한 석의 작업은 앞에서 다룬 신·구약주해방법에 따라 수행해야 할 작업과 다를 바가 없다. 다만 그 목적과 들어가는 시간의 차이는 있다. 최종적인 설교는 모든 면에서 하나님의 계시에 충실해야 하되, 학문적으로 경건하고 건전한 탐구에 기반을 둘 수 있어야 한다.

설교를 위한 석의 작업

성경 본문에 대한 설교는 궁극적으로 오늘날의 신자들에게 성경이 기록될 당시에 전해진 하나님의 말씀을 만나도록 하는 작업이다. 그 시간의 간격은 수천 년의 공백이 있다. 설교의 사명은 그만큼 막중하고 어려운 과업이다. 본문의 올바른 해석뿐만 아니라 오늘의 세대에게 살아있는 하나님의 말씀으로 전달해야 하기 때문이다. 설교는 성경의 정보를 전달하는 정도가 아니다. 설교는 건전한 석의를 바탕으로 어떻게 오늘의 신자들에게 하나님의 말씀을 적용할 수 있을까를 고민하는 목적을 가지고 전달되어야 한다.

1. 설교할 본문을 충분히 읽고 내용을 숙지하라.

설교자가 설교할 본문을 선택한 후 그 본문의 요점이 무엇인지 충분히 숙지하고 있지 않으면, 설교의 중심이 흐트러져 신자들이 무슨 이야기를 하는지 혼란스러워 할 수 있기 때문에 주제 파악은 중요하다. 실상 설교 본문은 전체의 작은 한 부분이란 점을 간과해서는 안 된다. 본문의 의미를 아는데 급급한 나머지 큰 문맥을 놓치면 안 된다는 말을 하고 싶다. 이런 자세는 하나의 습관이 되는 것이 좋다.

본문과 연관성이 있는 논리적인 더 큰 단락까지 선택하여 본문의 앞뒤 문맥의 내용까지 충분히 파악하고 석의 작업을 시작해야 한다. 어떤 책의 한 부분에 대해 석의하기 전에 그 책 전체에 대한 이해가 선행되어야 가장 바람직한 시작이 된다. 다만 그 범위는 현재 정해진 장이나 단락 표시에 매이지 않을 필요가 있다. 왜냐면 그것은 모두 후대에 사람에 의해 구분된 것으로 편리를 위한 작업이었지 본래부터 원 저자가 표시한 것이 아니기 때문이다.

2. 사역(자신의 번역)을 하라.

다른 여러 번역본을 참고하여 비교 분석하는 일도 필요하지만, 자기가 직접 원문에서 번역해 보는 것이 가장 유익하다. 그때 다른 번역본을 통해 느끼던 감각과는 다른 맛을 느낄 수 있다. 원어에 대한 지식이 부족하여 손을 대고 싶지 않아도 시도하는 것이 필요하다(실수할 수 있다는 위험성이 있을지라도 주의 은혜를 의지하여 시도하라). 이때는 중요하다고 여겨지는 단어와 설교할 때 언급하면 좋을 것 같은 목록이 작성되어야 한다. 처음에는 이런 자료들을 많이 확보하는 차원에서 연구하며 작업해야 한다. 나중에 설교를 본격적으로 작성할 때는 선별하며 조절해야 하겠지만, 석의 과정에서는 충분히 다루어야 한다.

3. 중요한 단어와 문법에 주목하라.

설교할 본문해석에 영향을 미칠 문법적 특징들을 가려내는 작업이 있어야 한다. 신자들에게는 일일이 설명할 필요가 없지만(때로는 설명이 필요한 경우도 있다), 해석자는 반드시 선별하고 다루어야 할 과제다. 본문의 의미를 올바로 파악하기 위해 주요 단어의 특별한 뉘앙스를 알아야 한다. 이때 약식으로라도 단어를 연구할 필요가 있다. 한 단어가 본문에서 쓰일 때와 다른 곳에서 쓰인 때의 뉘앙스를 상호 비교하여 본문에서의 개념을 얻어내야 한다.

4. 단어나 문법보다 더 신자들에게 도움을 줄 수 있는 것은 역사적이며 문화적인 배경들을 설명해 줄 때이다.

역사적인 맥은 일반역사뿐만 아니라 본문이 주어질 때의 상황을 다루어야 하며, 문학적인 맥은 본문의 현재 위치에서 논쟁 혹은 서사 가운데 어디에 부합되는지를 다룬다. '왜'라는 질문과 '무엇'이라는 질문에 대해 만족스러운 답을 할 수 있다는 확신이 들기까지 석의를 다했다고 끝낼 수 없다. 때로는 불분명할 때도 있을 수밖에 없기 때문에, 늘 본문과 씨름하고 묵상하며 성령의 조명을 기도해야 한다.

5. 주석을 참조하라.

먼저 주석을 읽고 시작하는 것은 피하되 무조건적으로 주석을 보지 않는 것도 잘못이다. 다른 사람의 주장을 무조건 배격하고 자기만이 옳다는 주장은 교만이다. 주석을 보아야 하는 이유로는

① 자신이 석의 도중 봉착했던 어려움에 대해 다른 사람은 어떻게 이해하고 다루었는지를 점검하기 위해서,
② 다른 해석과 비교하여 더 나은 것을 선택하며 배우기 위해서,
③ 자신이 미처 발견하지 못한 중요한 깨달음을 얻기 위해서 주석을 보아야 한다.170)

---

170) Gordon D. Fee, 200.

설교로 전환

지금까지는 설교를 위하여 본문의 의미를 발견하는 석의 작업이었다. 이제부터는 준비한 자료들을 토대로 실제 설교를 작성해야 한다. 좋은 설교는 자신이 연구하고 발견한 것을 자기에게 주어진 신자들을 대상으로 행하는 자기의 설교여야 한다.

1. 본문에 대한 묵상과 기도에 시간을 투자하라.

설교는 단순히 생각하는 것과 연구의 문제가 아니다. 본문이 자기 자신에게 어떤 메시지를 주며, 자신의 삶에 어떤 필요를 느끼게 하는지를 발견해야 한다. 거기에 자신이 어떤 반응을 보여야 할지를 묵상하되, 본문에서 얻어진 내용을 자기 자신에게 먼저 설교하는 것처럼 묵상하고 기도해야 한다는 것을 의미한다. 그때 신자들의 다양한 필요와 하나님이 신자들에게 어떤 메시지를 주기 원하는지 폭넓게 발견하게 된다.

2. 설교의 초점이 무엇인지 분명히 하라.

연구한 내용을 두서없이 늘어놓는 것이 설교가 아니란 것을 알테니까 서론, 본론, 결론의 구조를 정하여 확실한 목적을 가지고 설교원고를 작성해야 한다. 이때 주제를 결정할 수 있는 좋은 팁은 본문 자체가 무슨 이야기를 하는가와 그에 대한 자신의 반응이 어떠했는지를 알면 된다. 본문에서 중시하는 초점이 설교의 초점이 되기 때문이다.

생각의 변화가 주목적인가, 아니면 행동의 변화를 바라는가? 위로, 동기부여, 회개 촉구, 하나님과 만남 등 설교자가 어떤 기대를 가지고 설교할 것인지를 정하고, 그 방향으로 설교 작성에 임해야 할 것이다.

3. 설교원고를 작성하라.

요약 설교문을 작성하면 더욱 좋다. 이 단계에서는 극히 개인적인 성향과 기술에 따라 내용이 달라지게 마련이다. 설교를 작성하는 데 어려움을 느낀다면, 이 분야에 뛰어난 설교학 도서를 참조하는 것도 필요하다(이 분야는 필자의 전공이 아니기 때문에 설교학을 전공한 분들의 도움을 받을 것을 권한다).

3

적용의 문제

성경해석이 중요한 이유는 그 내용이 실천이 따르는 부분일 때, 적용의 면에서 크나큰 오류가 발생하기 때문이다. 어떤 성경 본문은 난해할 뿐만 아니라 그 해석조차도 다양하여 상호간에 견해가 충돌하는 경우가 있다. 그런 본문에 대해 추측으로 해석하고 적용한다면 어떤 결과가 나타날지 불 보듯 뻔하다.

적용의 문제는 많이 일반화된 QT에서 가장 빈번하게 발생한다. 성경의 대적들(이단, 사이비한 자들)은 물론 심지어 신실한 신자들도 가끔 성경의 적용을 잘못하는 사례가 나타나기 때문에 뭔가 제시해야 할 기준이 필요하다는 생각이다. 특별히 성경의 어떤 약속이나 예언이 나타날 때, 그것이 오늘날 나에게 적용되는 일인지 아닌지 신중하게 고려해야 함에도 너무 성급하게 자신에게 혹은 오늘날 교회에 적용하여 혼란을 부추기는 일들이 발생한다.

적절한 성경해석이 분명히 성령의 도우심으로 이루어지지만, 지나치게 성령을 강조하며 인간의 열정(이성, 감정, 경험, 열심 등)이나 기타의 지침이 필요 없는 것처럼 가르치는 거짓 선생들을 조심해야 한다. 소위 극단적 실용주의(서구문화의 특징)에 오염된 방법을 따라 성경을 해석하고 적용하는 일이 자주 벌어진다. 그 결과 현실적으로 일이 잘 풀리기만 한다면, 어떤 해석이든 상관하지 않고 옳은 것으로 받아들이려는 경향이 강하다. 이렇듯 자기 자신의 생각을 뒷받침하기 위하여 성경을 이용하는 악을 범해서는 안 된다.

1. 적용의 함정들

성경의 올바른 해석도 중요하지만, 적용 또한 해석만큼 중요하다. 부정확한 의역 곧 자기 자신의 사상이나 선입관이 들어간 의역과 다양한 역본들의 활용, 그리고 문자적으로 이해한 짧은 본문의 인용 등이 소위 영적 해석이란 포장 하에 수없이 많이 오용되고 있다. 하지만 영적 해석은 자칫 성경해석의 원리에 무지한 사람들이 쓸 수밖에 없는 방법으로 오해되기도 한다. 왜냐면 해당 본문의 전체적 의미를 간과한 채, 자기의 해석이나 관점을 관철하기 위해 성경 구절을 임의로 사용하는 실수를 저지르기 때문이다. 그렇기 때문에 적용도 자기 생각대로 끌어다 붙이는 사례가 자주 나타난다.

일반적으로 올바른 성경해석이라고 말할 때, 해석의 과정을 두 단계로 본다. 즉 성경 본문의 원래적 의미(역사적이며 문자적인 해석)와 현실에 적용하는 의미로 구분한다. 성경은 기록할 당시의 문화나 배경을 따라 말씀하지만 담겨 있는 메시지는 그것을 초월한다. 따라서 기록된 성경 자체의 의미는 변하지 않는다고 하더라도 적용할 경우에는 현 시대적 상황에 따라 다르게 적용된다는 것을 알아야 한다. 어떤 경우에는 해석은 올바로 하고도 적용을 잘못하는 사례가 발생한다. 여기서 성경 본문을 오늘에 적용할 때, 범할 수 있는 실수에 대해 살펴보는 일이 필요하다.

1) 본문을 잘못 적용하는 오류

성경을 읽으면서 "하나님이 지금 나에게 주시는 말씀"이라고 생각하는 신자들이 의외로 많다. 자기의 상황과 꼭 들어맞지 않는 상황임에도 무리하게 적용하는 일이 발생한다. 모든 세대의 모든 신자들에게 적용될 수 없는 약속이나 명령까지 임의로 적용하여 잘못된 신앙으로 흐르는 경우가 적지 않다.

> "너희는 주께 받은바 기름 부음이 너희 안에 거하나니 아무도 너희를 가르칠 필요가 없고 <u>오직 그의 기름 부음이 모든 것을 너희에게 가르치며</u> 또 참되고 거짓이 없으니 너희를 가르치신 그대로 주안에 거하라"(요일 2:27)

이 말씀을 어떻게 이해해야 하고, 또 누구에게 적용해야 하는가? 일단 요한의 시대에 어떤 상황이었는가를 아는 게 필요하다. 그 당시는 신약성경도 완성되지 않았고, 순회 설교자들에 의해 말씀을 듣고 배울 때였다. 오늘날과 상황이 전혀 같지 않다. 본문이 주어지게 된 배경은 바로 앞 절(26절)에서 "거짓 교사들 때문에 내가 이 글을 쓴다"고 서신의 목적까지 밝혔다. 요한의 서신을 받는 독자들은 교사들에게 의존하는 형편이다. 그래서 거짓 교사들이 저들을 잘못 인도할 위험성이 있었다. 따라서 편지를 통하여 성령의 기름 부음을 말하고 있음을 알아야 한다.

궁극적으로 요한일서 2:27의 말씀은 성경해석에 대한 문제를 이야기하는 것이 아니다. 누구든지 성령의 기름 부음을 받은 자들은 성경을 이해할 때, 성령이 친히 감동하여 바른 것을 깨닫게 해 준다는 차원에서 말하는 것이 아니란 의미다. 이 구절의 바른 이해를 위해서는 넓게는 요한일서 전체, 좁게는 2:20-27까지의 문맥을 살펴보아야 한다. 그때 다음과 같은 바른 이해가 생긴다.

요한을 비롯한 사도들은 생명의 말씀에 관해서는 직접 보고, 듣고, 손으로 만지기까지 한 자들이다(요일 1:1). 그런 사도들이

와서 너희에게 진리의 말씀을 전하고 가르쳤다. 그래서 내가 또 다른 혹은 더 깊은 진리를 가르치기 위해 이 편지를 쓰는 것이 아니고, 너희들은 이미 진리를 받았고 그래서 잘 아는 사람들이다(2:20-21). 그렇기 때문에 거짓 교사들이 와서 다른 복음을 전하다고 할지라도 미혹되지 않고, 이미 받은 진리를 굳게 붙들도록 성령의 기름 부음이 너희들을 지키시고 도울 것이다(26-27절).

> "보혜사 곧 아버지께서 내 이름으로 보내실 <u>성령 그가 너희에게 모든 것을 가르치고</u> 내가 너희에게 말한 모든 것을 생각나게 하리라."(요14:26)

여기 기름 부음은 어떤 '현상'을 말하는 것이 아니라 '인격'을 말하는 것이다. 따라서 요한이 말한 기름 부음은 성도 안에 내주하시면서 주께서 말씀하신 모든 것을 가르쳐 생각나게 하시고, 진리로 가르치시는 성령님을 말하는 것이다.

2) 특별한 것을 일반화하는 오류

성경의 핵심인물들(예를 들면, 아브라함, 모세, 다윗 등)을 일반화하여 이해하는 것이 성경을 적용할 때 흔히 범하는 오류다. 하나님의 큰 구속사의 틀 안에서 특별사명을 감당하기 위해 부름 받은 인물들이 있다. 그들만의 독특한 경험을 너무 일반화하여 각 개인에게 적용하는 것은 지나친 비약으로 자기가 마치 그러한 사명을 받은 특별한 인물처럼 오해할 수 있다. 그런 인물들의 경험을 통해서는 하나님의 일하심, 하나님의 섭리와 하나님의 하나님 되심을 발견하고 깨닫는 것이 핵심이다. 하나님의 일하심이나 하나님 되심이 오늘의 나에게 어떻게 적용되는지 하나님의 섭리적 교훈을 받을 수는 있다. 그러나 성경의 인물처럼 그런 극적인 사건이나 상황까지 나에게 적용된다는 보장은 없다.

분문에 명확한 지시가 없는 이상 성경의 특정 진술이나 상황을 모든 그리스도인들에게 적용하는 것은 문제다. 비유나 은유 같은 문학적 표현을 잘못 문자적으로 적용하는 것도 마찬가지다. 예를 들면, 하나님은 자신을 자기 백성과의 관계에서 남편(사 62:5) 혹은 왕(출 3:10; 렘 3:8…), 주인(창 15:2…) 등으로 묘사한다. 이것은 우리와의 관계성을 설명하고 이해시키기 위해 밀접한 관계적 표현을 사용한 것이다. 그런 면에서는 얼마든지 공동체(교회)에 적용이 가능하나 개인적인 차원에서는 아니라고 본다. 그분은 근본적으로 우리의 창조주시다. 따라서 우리는 일반화될 수 있는 핵심적인 메시지나 강조점과 일반화되어서는 안 되는 특정한 내용을 구분해야 하는 분별력을 요한다.[171]

3) 심리적 고찰의 오류

우리는 성경을 읽을 때 행간을 읽을 필요가 있다. 그것은 문맥적 해석에 있어 필요한 단계. 하지만 여기에도 함정이 있으므로 주의해야 한다. 그것은 성경 인물의 표현되지 않은 생각과 동기를 읽어 본문의 의도를 밝히고자 시도할 때 발생할 수 있는 오류다.

"하나님이 우리를 사랑하시는 사랑을 우리가 알고 믿었노니 하나님은 사랑이시라 사랑 안에 거하는 자는 하나님 안에 거하고 하나님도 그 안에 거하시느니라. (17)이로써 사랑이 우리에게 온전히 이룬 것은 우리로 심판 날에 담대함을 가지게 하려 함이니 주의 어떠하심과 같이 우리도 세상에서 그러하니라. (18)사랑 안에 두려움이 없고 온전한 사랑이 두려움을 내어 쫓나니 두려움에는 형벌이

---

171) 성경을 우리 삶에 적용하려고 할 때, 성경 본문에서 예시하는 간접적 원칙뿐만 아니라 직접적 교훈까지 자연스럽게 일반화하려고 할 것이다. 그 과정에서 본문에서 묘사되는 내용이나 상황을 자기에게 대입하려고 하게 된다. 하지만 그때 해당 본문이 정말 자기에게 적용해도 되는지의 여부를 신중하게 확인하는 작업이 필요하다. 슐츠, 212.

있음이라 두려워하는 자는 사랑 안에서 온전히 이루지 못하였느니라. (19)우리가 사랑함은 그가 먼저 우리를 사랑하셨음이라 (20)누구든지 하나님을 사랑하노라 하고 그 형제를 미워하면 이는 거짓말하는 자니 보는 바 그 형제를 사랑치 아니하는 자가 보지 못하는바 하나님을 사랑할 수가 없느니라. (21)우리가 이 계명을 주께 받았나니 하나님을 사랑하는 자는 또한 그 형제를 사랑할지니라." (요일 4:16-21)

본문에서 요한은 심판 날에 있을 두려움에 대해 말한다. 이 두려움은 분명히 하나님의 심판에 대한 두려움이다. 그 두려움에 대해 담대함을 가질 수 있는 것은 온전한 사랑 때문이라고 한다. 온전한 사랑이라 함은 하나님과 다른 성도에 대한 성숙한 사랑을 가리킨다. 그 사랑이 두려움을 몰아내므로 심판 날에 담대할 수 있다고 한다. 그런데 이 구절을 가지고 적극적 사고방식을 주장하는 노만 빈센트 필은 다른 사람을 존중하고 인정할수록 "열등감"을 덜 느끼고 관계성이 순탄해질 것이라고 가르친다. 이에 대해 슐츠는 근거도 없이 갑자기 심리학적 용어를 사용하며 열등감을 말하는 것에 대해 비판한다.[172] 그리고 심리학적인 동기를 나타내고자 할 때는 성경이 드러낸다고 부언한다(왕하 5:11-12,20). 따라서 성경이 아무런 감정 상태나 동기를 언급하지 않으면, 해당 본문 이해에 있어 그리 중요하지 않을 수 있음을 전제해야 한다.

4) 영적 적용의 오류

영적 해석의 오류는 해석사에서도 다루는 심각한 문제다. 이는 성경 본문 특히 내러티브의 영적 해석으로서 거의 모든 세부 내용에서 영적 메시지를 찾는 방식이다. 이 방식은 예표론과 알레고리를 자유롭게 이용하며, 종종 성경의 매 구절과 예

---

172) 슐츠, 205-206.

수님을 연관시키려는 경향이 있다. 이 접근법을 취하는 사람들은 성경 구절로서 그것을 정당화한다. 슐츠는 이에 대해 샌디 프리드(Sandie Freed)의 영적 해석의 극단적인 사례를 제시하며 아래와 같이 비판한다.[173]

> "당시에 시날 왕 아므라벨과 엘라살 왕 아리옥과 엘람 왕 그돌라오
> 멜과 고임 왕 디달이"(창 14:1)

이에 대한 해석으로 "롯의 가족을 해방시켰던 아브람의 발자취를 따름으로써 우리도 마귀에게 사로잡힌 사랑하는 사람들을 해방시킬 수 있다"고 말한다. 여기서 프리드의 주요 해석기법으로 내러티브에 등장하는 핵심인물의 이름에 "근거 없는 어원"을 제시하여 거기서 영적 진리를 도출하는 방식을 사용했다.

▸ 히브리 사람 아브람(건너는 자); 하나님이 죽음과 절망으로부터 우리 가족을 구원해주신다고 믿는 의혹의 강 건너기의 본보기.
▸ 엘람 왕 그돌라오멜(얽맴); 이 악령은 앞으로 나아가지 못하도록 우리를 가두거나 얽맨다.
▸ 고임 왕 디달(무서운, 두렵게 하는); 이 악령은 전투에서 물러서도록 우리 속에 두려움이 생기게 한다.
▸ 시날 왕 아브라벨(어둠을 말하는 자); 이 악령은 모든 상황에서 우리 속에 의심을 조장한다.
▸ 엘라살 왕 아리옥(사자 같은); 이 악령은 우리를 죽이며 멸망시키려고 사자처럼 울부짖는다.

프리드는 이방 왕들에게서 조카를 구해냈던 아브람의 용감하고 성공적인 구출에 관한 역사적 내러티브를 네 악령을 축출하

---

173) 슐츠, 219-220.

는 내용으로 전환시킨다. 이와 같은 프리드의 영적 해석으로 인하여 창세기 14장의 서술목적이 완전히 사라졌다.

2. 적용이 잘못된 사례

한동안 한국교회에서 인기를 누렸던 브루스 윌킨슨의 「야베스의 기도」[174]가 잘못된 해석과 적용의 대표적인 사례라고 할 수 있다. 간략하게 살펴보자.

> "야베스는 그 형제들보다 강성한 자라 그 어미가 이름하여 야베스라 하였으니 이는 내가 수고로이 낳았다 함이었더라. (10)야베스가 이스라엘 하나님께 아뢰어 가로되 '원컨대 주께서 내게 복에 복을 더하사 나의 지경을 넓히시고 주의 손으로 나를 도우사 나로 환난을 벗어나 근심이 없게 하옵소서.' 하였더니 하나님이 그 구하는 것을 허락하셨더라."(대상 4:9-10)

윌킨슨은 자기의 책의 부제로 "복된 삶으로 나아가기"로 정했는데, 그는 역대기 본문에서 야베스의 기도를 4단계 간구로 이해했다. 즉 각 단계가 이루어진 후 다음 단계로 나아간다는 이야기다. 그가 분석한 4단계는 다음과 같다.

1) 내게 복에 복을 더하사
2) 나의 지경을 넓히시고
3) 주의 손으로 나를 도우사
4) 환난을 벗어나 근심이 없게 하소서

---

174) Bruce Wilkinson, *The Prayer of Jabez: Breaking through to the Blessed Life*(Sisters, OR: Multnomah, 2000). 이 소책자는 출간 첫 해 600만부 이상 팔렸다. 한국에서는 도서출판 디모데에서 「야베스의 기도」라는 이름으로 2001년 출판되었다. 어린이용 야베스의 기도라는 책도 출간했다.

이에 대해 슐츠(『문맥, 성경이해의 핵심』의 저자)는 윌킨슨의 분류는 전형적인 히브리 문학 양식과 민수기 6:24-26에 나타나는 대제사장의 축복의 구조와 비교할 때 잘못된 구조분석이라고 지적한다.[175]

역대상 4:10

일반적인 간구	구체적인 간구	비고
주께서 내게 복에 복을 더하사	나의 지경을 넓히시고	더 많은 땅
주의 손으로 나를 도우사	나로 환난을 벗어나 근심이 없게 하소서	더 적은 고통

민수기 6:24-26

일반적인 축복	구체적인 축복	비고
여호와는 네게 복을 주시고	너를 지키시기를 원하며	보호
여호와는 그 얼굴로 네게 비추사	은혜 베푸시기를 원하며	은총
여호와는 그 얼굴을 네게로 향하여 드사	평강 주시기를 원하노라	강건

야베스는 유다 지파에 속한 사람으로 그 이름의 의미는 "슬픔, 근심"이다. 야베스의 어미가 야베스를 낳을 때 고생하며 낳은 것으로 인해 이름을 그렇게 지은 것으로 이해된다. "수고로이"로 번역된 단어의 어근이 창세기 3:16-17에서 여자의 범죄로 인한 하나님의 저주선언에 제일 먼저 쓰였다. 여자에게 주어진 저주의 하나로 고생하며 출산하는 육체적 고통을 가리킨다. 야베스는 그런 육체의 근심, 고통이 싫어 하나님께 그런 기

---

175) 슐츠, 26-29.

도를 드렸다고 해석한다.

슐츠는 "해석자가 본문의 실제 내용을 벗어나서 그 인물들의 생각이나 동기와 관련하여 자신의 추측에 근거한 무엇인가를 성경 원문에다 덧붙일 수 있다"고 말한다. 야베스는 과거의 슬픔과 암울함의 짓눌림에서 벗어나고 싶어서가 아니라 이미 누리고 있는 평탄한 삶에서 더욱 평탄한 삶을 위해 더 많은 재물을 구하는 것이라고 말한다.

야베스의 기도는 분명히 물질적이며 육체적인 기도의 한 예로서 풍성하게 응답받은 하나의 사례임에는 틀림이 없다. 그러나 그런 사례에 대한 적용이 문제다. 윌킨슨의 주장처럼 이제 하늘 보고를 여는 기도를 발견했으니, 나머지는 그대로 따라하면 되는 것이라는 잘못된 주장이 문제다. 성경 본문의 내용이 우리의 현실과 항상 직접적으로 관련을 맺는 것은 아니라는 점을 기억해야 한다고 말했다. 따라서 누구든지 야베스처럼 응답받을 것을 믿고 기도하면 그대로 이루어지는 것이 아니다. 야베스의 기도가 하나의 주문처럼 취급되어서는 안 된다. 한 시대의 특별한 상황에서 나온 기도요, 한 개인에게 주어진 응답일 뿐이다. 역대기는 포로에서 돌아온 유다 백성들에게 하나님의 도우심을 상기시키며, 하나님 의식을 회복하기 위한 노력들이 나타나는 때다. 따라서 그 사이에 야베스의 기도가 삽입된 것은 나름의 이유가 있었던 것인데, 그것을 오늘날에 보편적인 진리로 적용한다면 문제가 심각해진다.

이에 어느 특정한 시대와 환경 가운데 체험한 한 사람의 일화가 모든 시대에 모든 사람에게 적용되는 보편적 진리로 비약시키는 일에 주의해야 한다는 것을 지적하고 싶다. 한 개인의 경험이요, 체험으로 그치는 경우가 허다하다. 누구에게든지 적용되는 보편적이고 객관적인 진리는 따로 있다. 하나의 본문에서 발견되는 의미를 섣불리 오늘의 자신에게 적용하려는 시도는 심각한 왜곡으로 이어질 수 있기 때문에 삼가 조심해야 한다.

사람들은 어떤 한 개인이나 교회가 성공하거나 커지는 이유가 있을 것이라고 믿기 때문에, 그것이 무조건 하나님의 사랑과 축복의 증거라고 생각하는 경향이 있다. 정반대의 경우도 있다. 테스트하거나 심지어 마귀의 술수일 수도 있다. 따라서 일방적이고도 주관적인 해석과 적용이 우리의 신앙과 삶을 그릇된 방향으로 인도할 수 있음을 알고 신중하게 분별해야 하며 삼가 주의해야 한다.

나가는 말

　본서는 4년 전에 쓴 필자의 책을 개정한 것이다. 이런 책을 쓰고자 결심하게 된 이유는 너무나 혼탁한 설교와 원어로 미혹이 많아진 세대라는 인식 때문이다. 필자보다 유능한 설교자나 학자들이 이런 종류의 책을 내기를 바랐으나, 각자의 연구와 사역 그리고 교회 일에 바쁜 관계로 시간을 내기에 어려움을 겪는 것 같아서 나 같은 사람이라도 시작은 해야겠다는 생각에서 시작했다고 이미 1권에서 밝힌 바 있다.

　그렇게 서둘러 시작하다 보니 책이 완벽할 수가 없었고, 편집상 오류도 발견되었다. 그래서 부분적인 개정을 할 필요성을 느끼게 되었고, 이번에 개정판을 내게 되었다. 시대적인 필요에 의해 시작한 일이었다는 명분을 가지고 두서없이 작업하다가 빚어진 일로 너그럽게 받아주길 바라는 마음이다. 요즘은 잘못된 사이비·이단들이 당당하게 거리를 활보하고 미혹에 열을 올리며 활개를 치는 시대다. 하긴 세상이 어둠에 속해 동성애허용과 차별금지법이나 만들려고 하며, 그들의 활동에 날개를 달아주는 꼴이니 할 말이 무엇이 있겠는가.

　그러나 그 이면에는 우리 기독교가 참으로 할 말 없게 만든 요소도 있음을 부인할 길이 없다. 목사나 직분자들, 그리고 교회가 세습문제나 간음문제, 재정문제로 시끄럽지 않을 날이 별로 없고, 세상 미디어에 오르내리는 일도 심심치 않다. 지금도 철이 없는 것인지, 아니면 어둠의 영에 사로잡힌 것인지 부끄럽고도 어이없는 일들이 목사란 직함을 가지고 정치권에 뛰어들어 하나님의 이름에 욕을 돌리는 일을 서슴지 않고 행하며, 여전히 깨닫지 못하고 잘하는 짓인 양 큰소리치며 떠들어대는 실정이니 오호라! 이 나라를 어찌할꼬.

1권을 쓸 때는 박 대통령이 최순실이란 여자로 인하여 온 나라를 떠들썩하게 만들더니 개정판과 2권을 쓸 즈음에는 이단들과 사이비 한 목사들이 활개 치며 나라를 어지럽히는 꼴을 보게 되니 탄식을 금할 길이 없다. 다시 한번 더 강조하지만, 반드시 원어 설교를 해야 교회가 부흥되고 성도들이 변화된다는 주장은 결코 아니라고 언급했다. 1권 서문을 쓸 때도 밝혔지만, 시대적으로 원어에 관심이 높아지고, 성도들의 지식수준도 높아진 만큼, 이제는 성경의 바르고 깊은 뜻을 찾는 수고가 따라야 할 때이기 때문이며, 작금에 나타나는 교계 내에 여러 가지 부정적인 현상들이 모두 하나님의 바른 말씀을 모르기 때문에 빚어지는 일들로서, 원어를 통한 하나님의 바른 뜻이 드러나길 바라는 중심에서 시작되었다.

올바른 말씀에 입각한 바른 신앙을 가진 참 신자라면, 그런 말이나 행동, 그리고 부정적인 사건들에 휘말리지 않을 것이다. 하나님이 그런 바른 중심을 가진 신자들을 보호하실 것이기 때문이다. 부디 원어 성경을 통하여 바른 말씀을 찾기 바란다. 그래서 해석자 자신을 먼저 설득하고, 지적하여, 바로 서게 하고, 다음으로 그에게 맡겨진 양무리들을 올바로 인도하는 역사가 일어났으면 정말 좋겠다. 이 책에 인용된 저자들 가운데에는 필자의 주장에 반박할 사람도 있을 줄 안다. 혹시 글을 읽다가 지나친 표현으로 인하여 마음 상하거나 거부감이 생긴 분이 계신다면, 그것은 순전히 필자의 소양 부족이니 너그럽게 용서하기 바란다.

아무쪼록 한국교회에도 새로운 말씀의 역사가 일어나길 고대한다. 작금의 한국교회의 상황은 이구동성으로 위기라고 입을 모은다. 모든 성도가 말씀화 되지 않은 모습으로 외식하고 형식으로 기울어졌으며, 세속화된 경향이 많기 때문이라고 판단된다. 따라서 하나님께서 우리에게 주신 말씀에 대한 사랑과 주의 종을 포함한 모든 성도가 더 이상 외적이며 세상적인 것에 한 눈 팔지 않고, 다른 사람에게 보이기 위한 바리새적 신앙생활에서 벗어나길 간절하게 바란다. 더 이상 세상으로부터 손가락질과 욕을 먹는 일이 없어야 한다. 교회 외에는 소망이 없다는 칭찬과 존경의 소리가 듣고 싶다. 필자와 독자 여러분의 헌신과 자기 부인으로 인하여 세상에 하나님의 영광을 드러내고 싶은 마음뿐이다.

부록/ 참고문헌

부록

1. 헬라어 문법서

1) 초급
▸ 윌리엄 D. 마운스, 『마운스의 헬라어 문법』, 조명훈, 김명
일, 이충재 옮김, 서울: 복 있는 사람, 2017.

2) 중급
▸ 다니엘 B. 월리스, 『월리스 중급 헬라어 문법 신약 구문론의
기초』, 김한원 옮김, 서울: IVP, 2019.

3) 고급
▸ 신현우, 『신약 헬라어 주해 문법』, 용인: 킹덤북스, 2018.

2. 헬라어 구문론

▸ 어니스트 D. 버튼, 『신약성서 헬라어 구문론』, 권성수 옮김,
서울: 기독지혜사, 1988.
▸ 고재봉 이환익, 『신약 헬라어 구문론』, 대전: 침례신학대학교
출판부, 1996.
▸ 이정철, 『직통 헬라어』, 용인, 도서출판 목양, 2016.
▸ 지종엽, 『헬라어 성경해석 구문론으로 하라』, 서울: 비블리아,
2010.

3. 히브리어 문법서

1) 초급
▸제임스 D. 마틴, 『데이빗슨의 기초 히브리어 문법(27판)』, 김지호 옮김, 서울: 은성, 2009.
▸게리 D 프라티코, 마일스 반벨트, 『베이직 비블리칼 히브리어』, 변순복 옮김, 서울: 대서, 2009.

2) 중급
▸E. Kautzsch, 『게제니우스 히브리어 문법』, 신윤수 옮김, 서울: 비블리카 아카데미아, 2018.

3) 고급
▸폴 주옹, 『성서 히브리어 문법』, 김정우 옮김, 서울: 기혼, 2012.

4. 히브리어 구문론

▸Ronald J. Williams, 『윌리엄스 히브리어 구문론』, 김영욱 옮김, 서울: 그리심, 2012.
Bruce K. Waltke and O'Connor, *An Introduction to Biblical Hebrew Syntax,* Eisenbrauns: Winona Lake, Indiana, 2004.
▸이정철, 『직통 히브리어』, 용인, 도서출판 목양, 2017.
▸이용호, 『히브리어의 구문론과 문장론』, 인천; 도서출판 바울, 2012.
▸지종엽, 『히브리어 구문론』, 서울: 비블리아, 2014.

5. 석의 지침서

- 마틴 마이저, 『신약성경 주석 방법론』, 김병모 옮김, 서울: CLC, 2013.
- 고든 피, 『신약성경 해석방법론』, 장동수 옮김, 서울: 크리스챤 출판사, 2003.
- 더글라스 스튜어트, 『구약주석 방법론』, 박문재 옮김, 파주: CH북스(크리스천다이제스트), 2004.
- 류근상, 『구약 원어 성경주석에서 강해까지』, 서울: 크리스챤 출판사, 2003.
- 앤드류 나셀리, 『신약, 어떻게 해석할 것인가』, 송동민 옮김, 서울: 죠이북스, 2019.
- 제이슨 S. 드루치, 『구약, 어떻게 해석할 것인가』, 정옥배 옮김, 서울: 죠이북스, 2019.

6. 성경 해석학

- 버나드 램, 『성경 해석학』, 정득실 옮김, 서울: 생명의 말씀사, 2019.
- 노튼 스테레트, 리처드 슐츠, 『성경해석의 원리』 (개정판 3판), 이진경 옮김, 서울: 성서유니온, 2015.
- 게르하르트 마이어, 『성경 해석학』, 송 다니엘 옮김, 서울: 영음사, 2015.
- 번 S. 포이트레스, 『하나님 중심의 성경 해석학』, 최승락 옮김, 고양; 도서출판 이레서원, 2018.
- D. A. 카슨, 『성경해석의 오류』, 박대영 옮김, 서울: 성서유니온 선교회, 2002.

참고 문헌

[국내 서적]

▶ 고재봉·이환익, 신약 헬라어 구문론. 대전: 침례신학대학교 출판부, 1996.
▶ 권성달, 구약성경 히브리어. 서울: 도서출판 그리심, 2011.
▶ 권성수, 성경해석학Ⅰ. 서울: 총신대학교출판부, 2008.
▶ 김주석, 히브리적 사고로 성경을 생각하라. 대구: 도서출판 동행, 2012.
▶ 남병식, 바이블 문화코드, 서울: 생명의 말씀사, 2006.
▶ 둘로스 데우. C, 육천년 동안 창세기 속에 감추어져 있던 하나님의 비밀. 서울: 의증서원, 2006.
▶ 박미섭, 성서 히브리어 문법. 서울: 도서출판 기혼, 2012.
▶ 서균석, 히브리어 성경의 맥에 의한 성경의 잣대. 서울: 도서출판 히브리어, 2012.
▶ 서말심, 원어로 비추는 그리스도의 빛. 서울: 예빛, 2007.
▶ 송연석, 영문법 무조건 따라 하기. 길벗, 2010.
▶ 송영목, 신약과 구약의 대화. 서울: CLC, 2010.
▶ 신성윤, 성서 히브리어. 부산: 부산외국어대학교 출판부, 2009.
▶ 신현우, 신약주석학 방법론. 용인: 킹덤북스, 2014.
▶ 안유섭, 원어로 여는 성경. 서울: 프리셉트, 1999.
▶ 윤석준, 한국교회가 잘못 알고 있는 101가지 성경이야기 2. 서울: 부흥과 개혁사, 2011.
▶ 이민영, 원어성서로 밝혀본 신앙인이 알아야 할 정해진 규정들, 서울: 삶 배움터, 1996.
▶ 이용호, 히브리어 기초문법, 서울: 도서출판 대서, 2010.

‣ 이화남, 신약성서 그리스어 중간태 연구, 대구: 영한문화사, 2001.
‣ 임창일, 알기 쉬운 성경히브리어 문법, 서울: 서울성경신학대학원대학교 출판부, 2000.
‣ 임택순, 뜻이 하늘에서 이루어진 것 같이 땅에서도 이루어지이다(제1권), 서울: 아델포스 출판부, 1997.
‣ 장동수, 신약성서 헬라어 문법, 서울: 요단출판사, 2008.
‣ 장석조, 신약성경 헬라어, 서울: 그리심, 2010.
‣ 장재일, 목사님 밥하고 설교하세요. 서울: 쿰란출판사, 2009.
‣ _____, 히브리적 관점으로 다시 보는 마태복음 1,2. 서울: 쿰란출판사, 2011.

[번역서]

‣ Benjamin L. Merkle, Robert L. Plummer, 헬라어 성경 읽기 가이드, 이기운 옮김, 서울: CLC, 2019.
‣ Bernard L. Ramm, 성경해석학: 프로테스탄트 성경해석학의 교과서. 정득실 옮김. 서울: 생명의 말씀사, 2008.
‣ Donald A. Carson. 성경해석의 오류, 박대영 옮김. 서울: 성서유니 온선교회, 2002.
‣ Douglas Stuart, 구약주석방법론. 박문재 옮김. 고양: 크리스챤 다이제스트, 2008.
‣ Ernest D. Burton, 신약성경 헬라어 구문론, 권성수 옮김, 서울: 기독지혜사, 1988.
‣ Gary D. Pratico, Miles V. Van Pelt, 베이직 비블리칼 히브리어, 변순복 옮김, 서울: 도서출판 대서, 2009.
‣ Gordon D. Fee, 신약성경 해석방법론. 장동수 옮김. 고양: 크리스챤 출판사, 2003.
‣ Gregory K. Beale, 신약의 구약사용 핸드북. 이용중 옮김. 서

울: 부흥과 개혁사, 2013.

▸ I. Howard Marshall, 신약해석학. 이승호·박영호 옮김. 고양: 크리스챤 다이네스트, 2007.

▸ John Goldingay, 구약해석의 접근방법. 김의원·정용성 옮김. 고양: 크리스챤 다이제스트, 2004.

▸ John H. Hayes, Carl R Holladay. 성경주해 핸드북, 임요한 옮김, 기독교문서선교회, 2014.

▸ Marvin R. Wilson, 기독교와 히브리 유산, 이진희 옮김, 서울: 컨콜디아사, 2010.

▸ Paul Manwaring. 영광이란 무엇인가?, 임정아 옮김, 서울: 순전한나드, 2014.

▸ Richard L. Schultz. 문맥, 성경이해의 핵심, 김태곤 옮김, 서울: 아가페북스, 2014.

▸ Robert B. Chisholm. Jr. 구약원어성경 주석에서 강해까지. 류근상 옮김, 고양: 크리스챤출판사, 2003.

▸ Steve Moyise, 신약의 구약사용 입문. 김주원 옮김. 서울: CLC, 2011.

▸ Walter C. Kaiser, Jr., 신약의 구약사용. 성기문 옮김. 고양: 크리스챤 다이제스트, 2003.

▸ William W. Klein, Craig L. Blomberg, & R. L. Hubbard, 성경해석학 총론. 류호영 옮김. 서울: 생명의 말씀사, 2008.

▸ Gardiner Frederic, "The New Testament Use of the Old" In *The Old and New Testament*. New York: James Pott, 1885.

▸ Weir Jack, "Analogous Fulfillment: The Use of the Old Testament in the New Testament," Perspectives in Religious Studies 9 (1982): 67-70.

▸ Wilkinson Bruce, *The Prayer of Jabez: Breaking through to the Blessed Life*. Sisters, OR: Multnomah, 2000.

[논문 및 학술지]

- ▸ 구자수, "여호와의 전쟁에 나타난 헤렘의 이중성 연구", 미간행 박사학위논문, 서울성경신학대학원대학교, 2013.
- ▸ 김경래, "풍습과 관련된 히브리어 관용어 연구", 전주대학교: 미 간행 논문, 1997.

[사전 및 프로그램]

- ▸ A dictionary of English Linguistics(시사영어사)
- ▸ D. A. Black, Learn to Read New Testament Greek
- ▸ Biblelex 9.0
- ▸ Super Bible

[기타]

- ▸ 김강섭, 스타우로스 원어성경연구원(http://www.stauros.net)
- ▸ 김 건, 화요 오전 산상수훈 01-2013. 11. 12.(녹음파일)
- ▸ NET Bible, www.bible.org/netbible
- ▸ http://blog.naver.com/rhiesooyoung/40155173521

Image License
Designed by pikisuperstar, azerbaijan_stockers, BiZkettE1,rawpixel.com
/ Freepik

프로그램을 활용한 원어로 설교 작성하기(개정판)

발행일   2020. 3. 18.
지은이   구자수
발행처   헤이스 출판사
편편집   가은숙
등편록   제 2015-000025
주편소   인천 미추홀구 한나루로 412번길 24, (학익동) 파크타운 A동 1202호
문편의   전화 032-227-5327, 팩스 032-873-0581

ISBN 979-11-957929-7-9(03230)

* 잘못된 책은 바꾸어드립니다.